ロボットの描き方

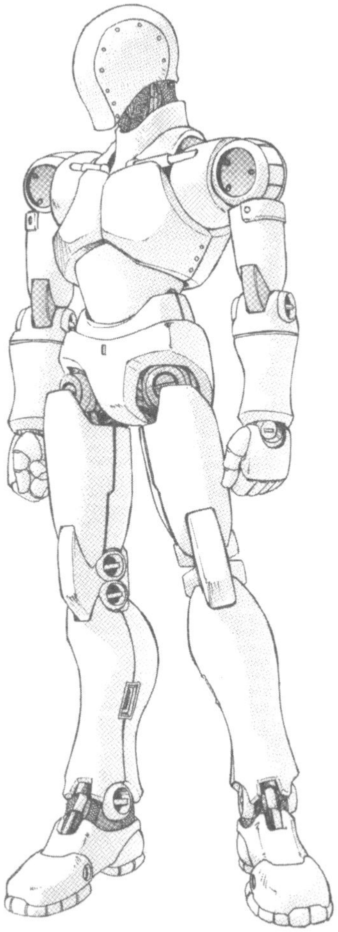

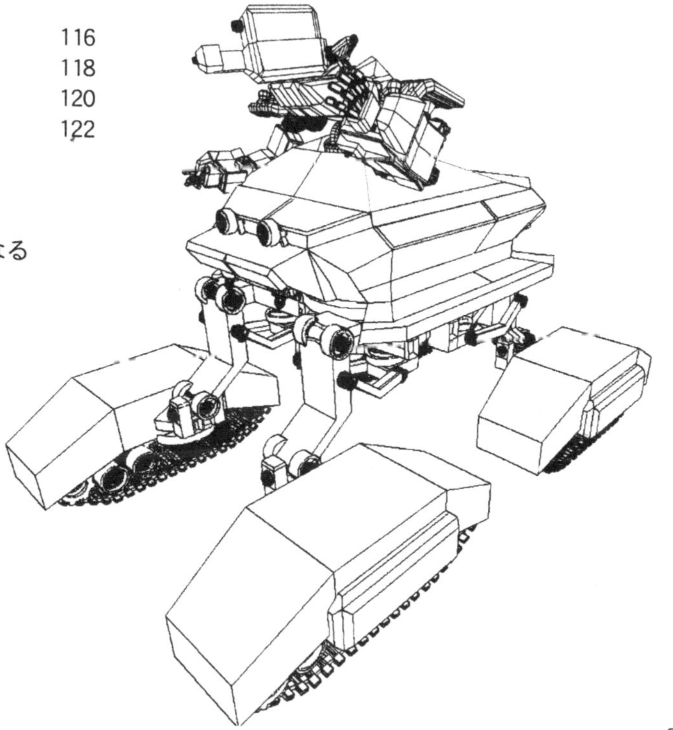

作画・制作……船堀斉晃　森田和明　草野紅壱
吉田創　松本剛彦　萩月光
超時空阿闍梨
〈順不同〉

カバー原画・彩色……秋本行治　草野紅壱

構成・シナリオ……ゴー・オフィス／林　晃

カバー・扉デザイン……株式会社エイジ

編集……中西素規（グラフィック社）

船堀斉晃ホームページ：堀鈴の部屋
http://www1.odn.ne.jp/~cah53420/

吉田創ホームページ：仙人掌堂本舗（SABOTENDOH HONPO）
http://www.fuji.sakura.ne.jp/~sabo/

超時空阿闍梨ホームページ：超時空間
http://www.geocities.co.jp/AnimeComic-Cell/4662/

第1章
ロボットデザインの基本

全身　人型フィギュアから

体の部品、パーツを考えて描いていこう。

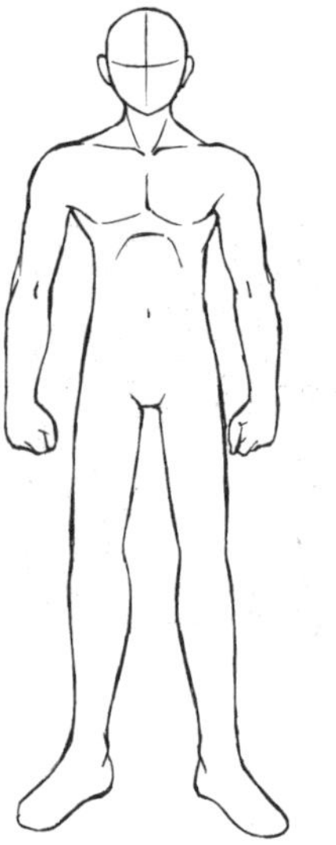

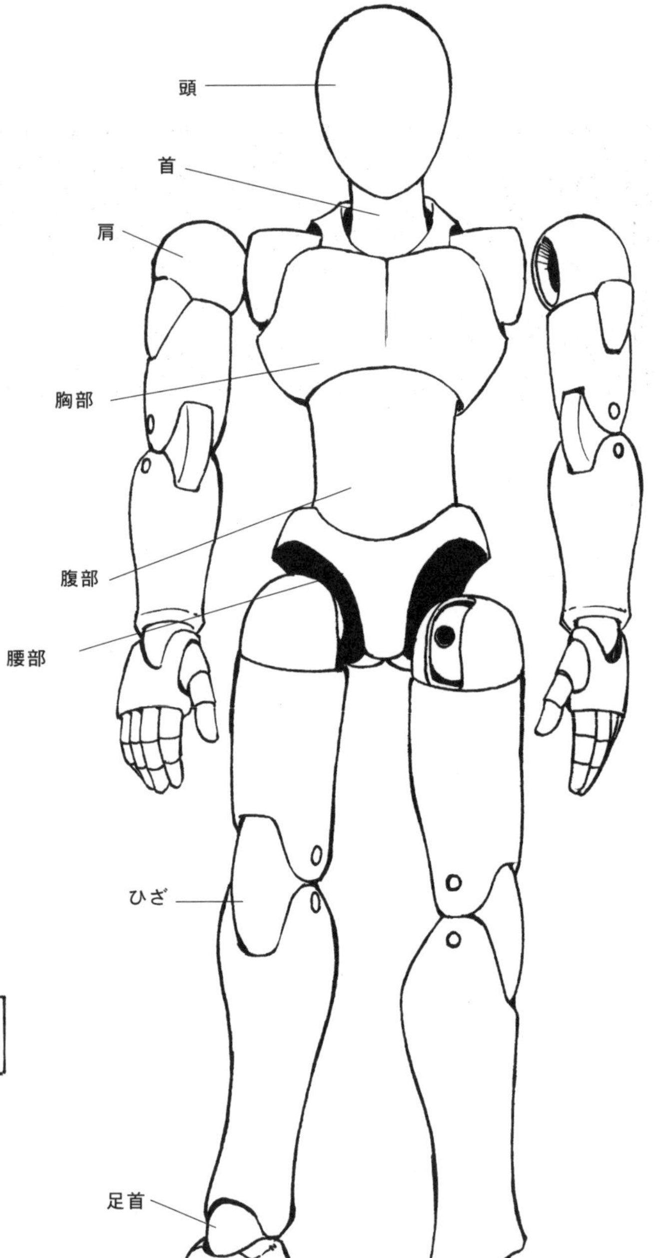

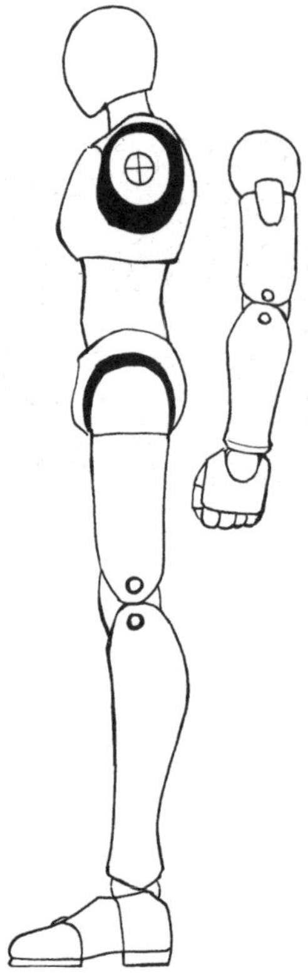

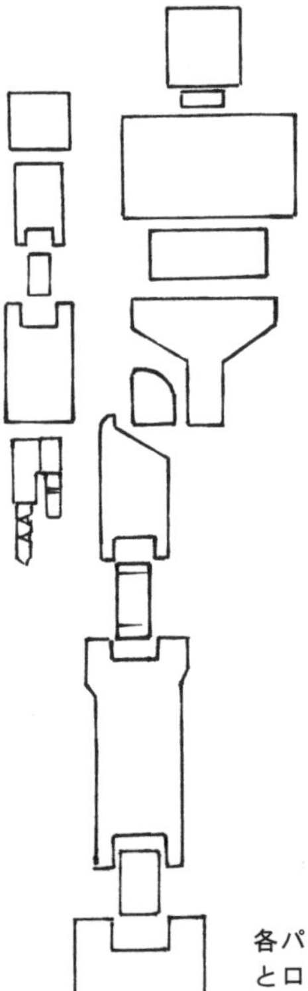

各パーツを角張って描くとロボット=つくりものらしくなる

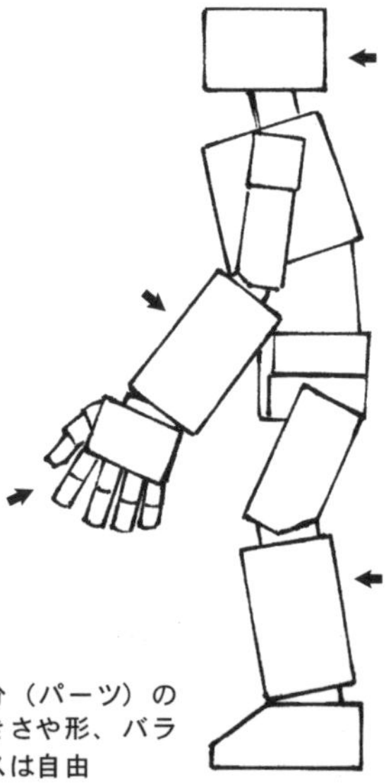

部分（パーツ）の大きさや形、バランスは自由

【基本パーツだけでロボットらしく描く】

… 継ぎ目を太く大きく描こう
… 金属的なコントラストの強い表面処理をする

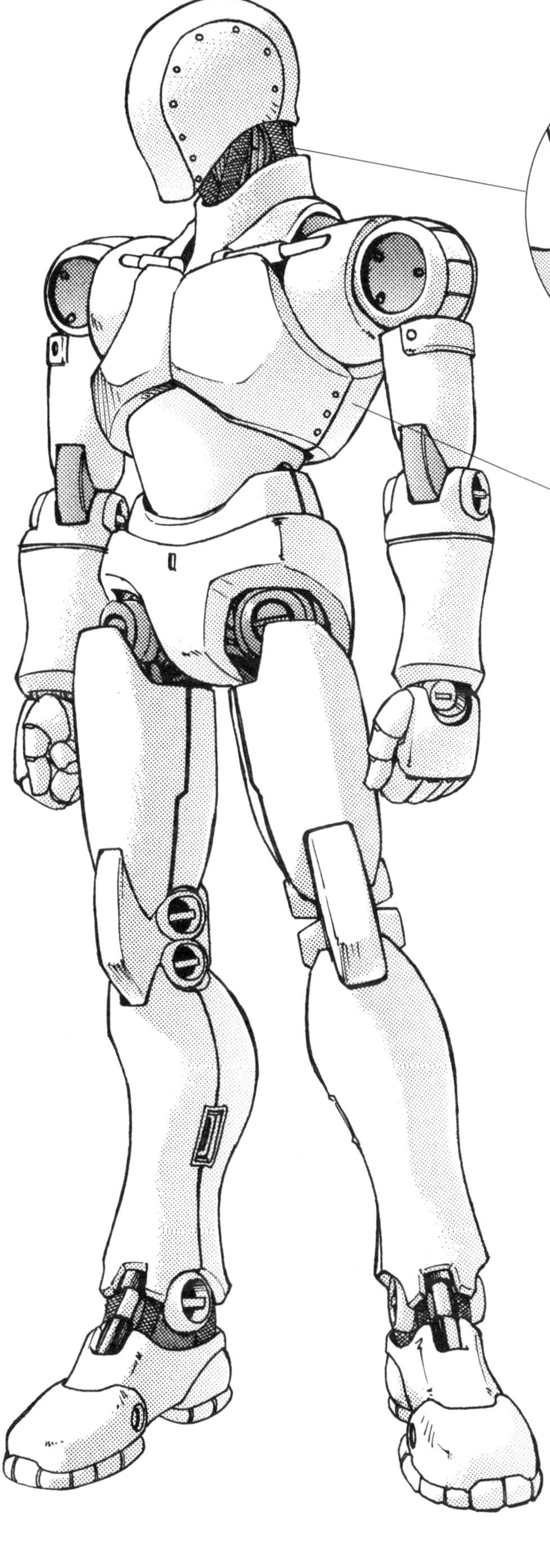

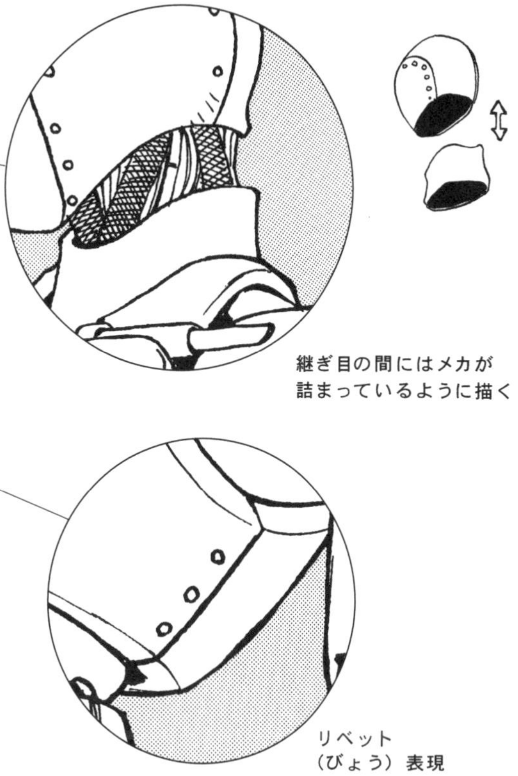

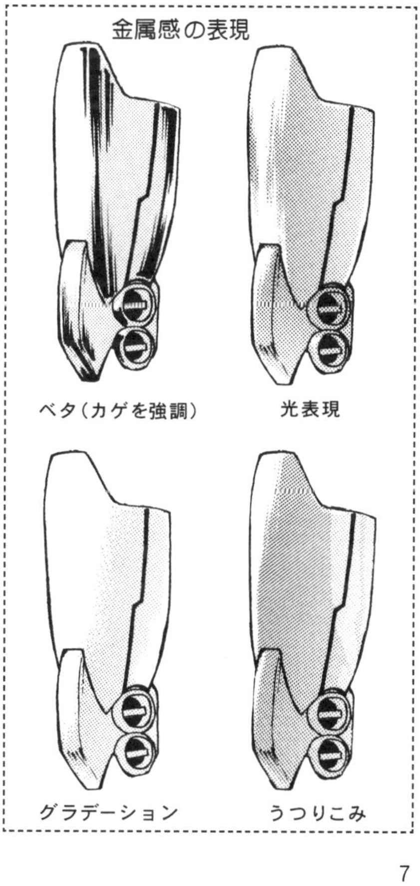

直線的なパーツのロボ

直線的な箱形パーツは、カドを落とすと金属風の立体になる。

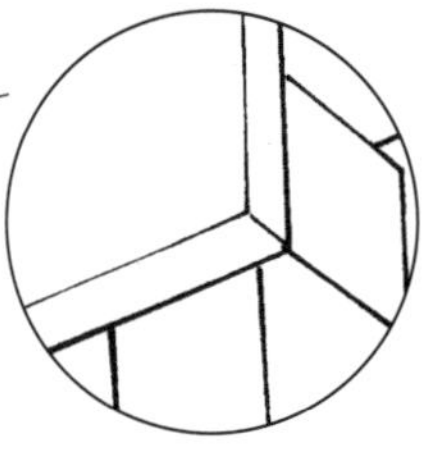

ヘリの線をりんかく線より細い線にすると、立体感がでる

カドを落とさないで描いたもの

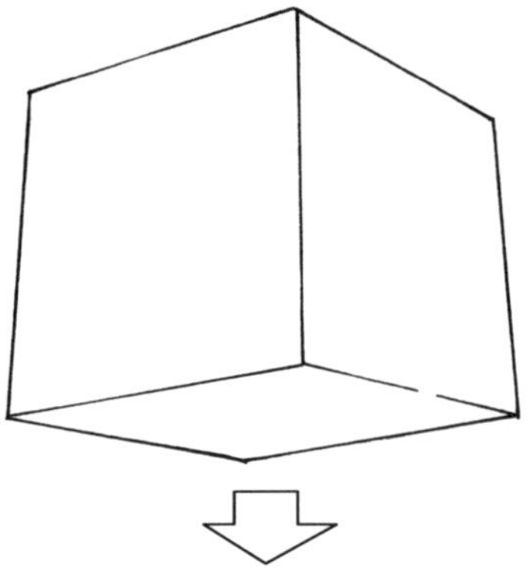

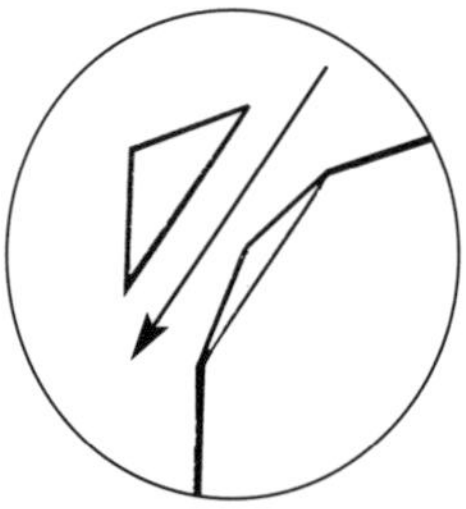

斜めにカット

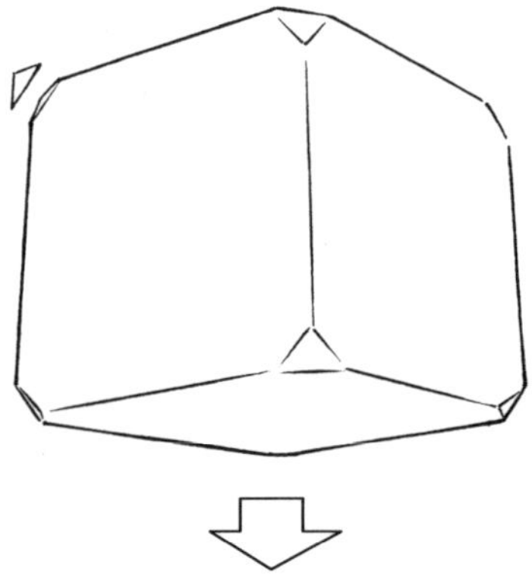

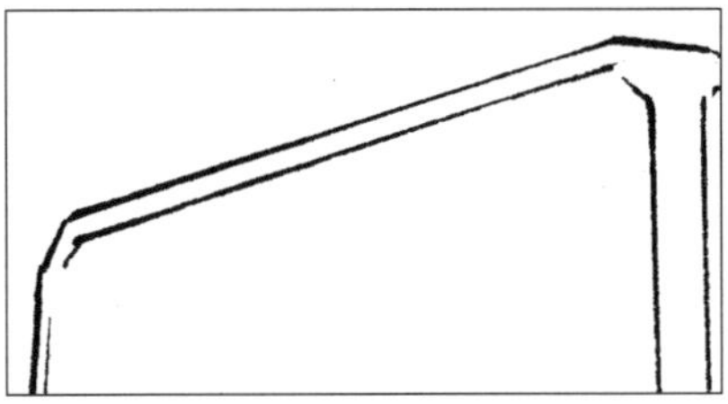

さらにりんかくを二重にしよう。
幅は狭い方が良い。なめらかな金属のヘリのてかりを表現する効果がある

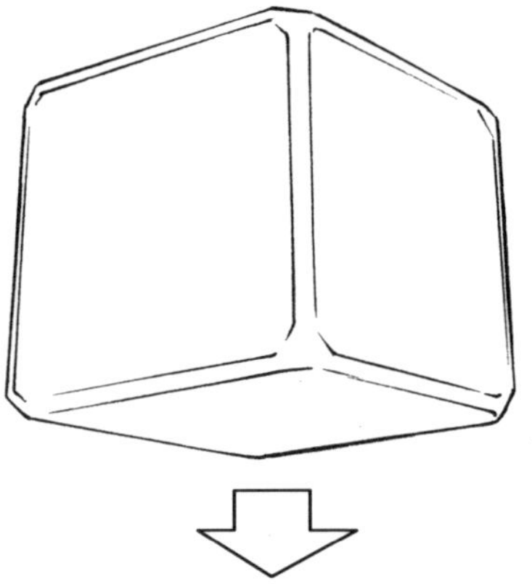

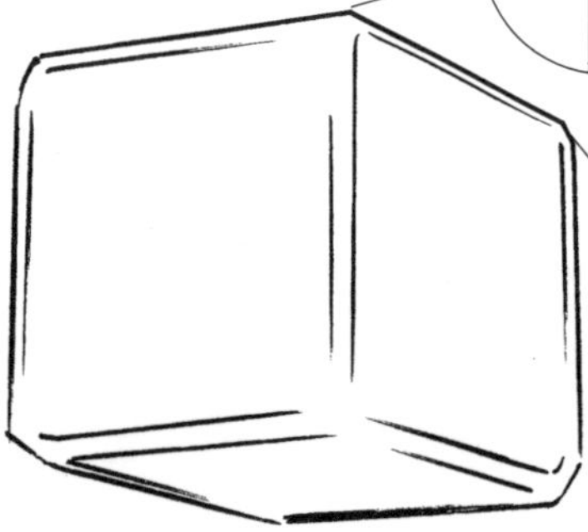

カドの部分で線と線の間をあけても、同様の金属立体表現になる

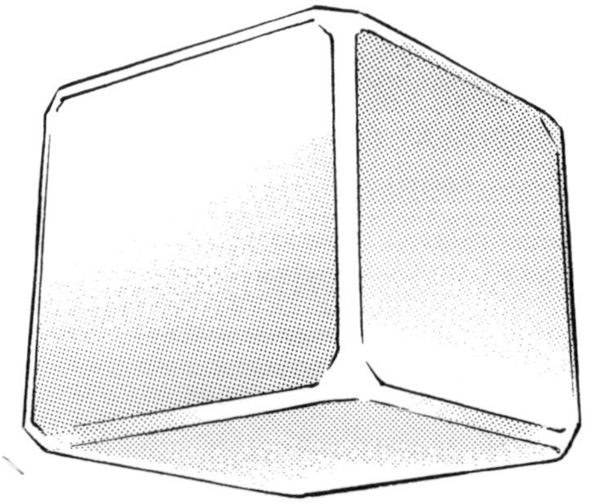

完成例。トーンを貼って削る

部分的にカドをとり、二重りんかく線を使用して作画。トーンを貼って表面の金属感のメリハリを出す

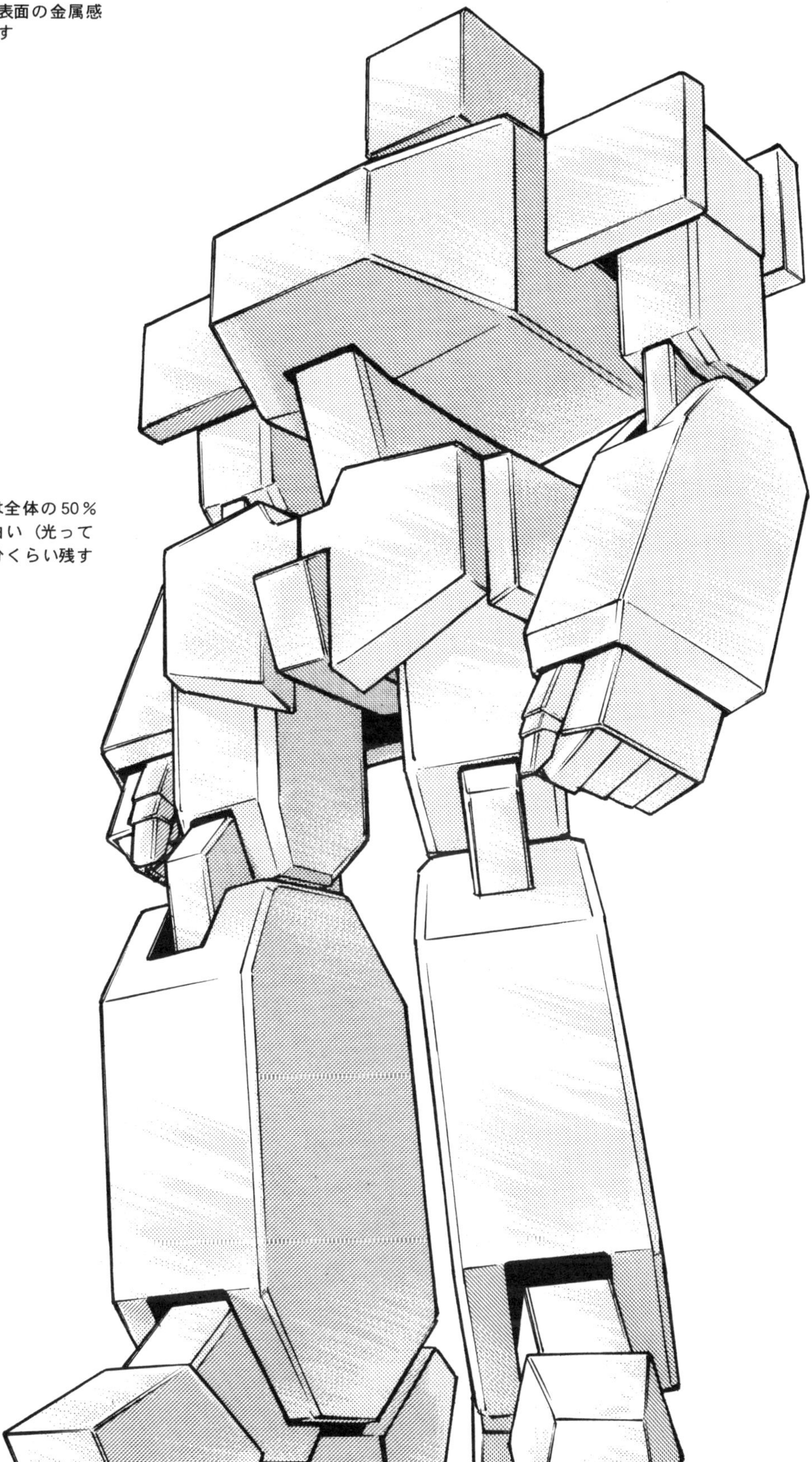

貼るトーンの量は全体の50％くらいにして、白い（光っている）部分を半分くらい残すのがコツ

頭部　顔・面取り像をベースにデザインする

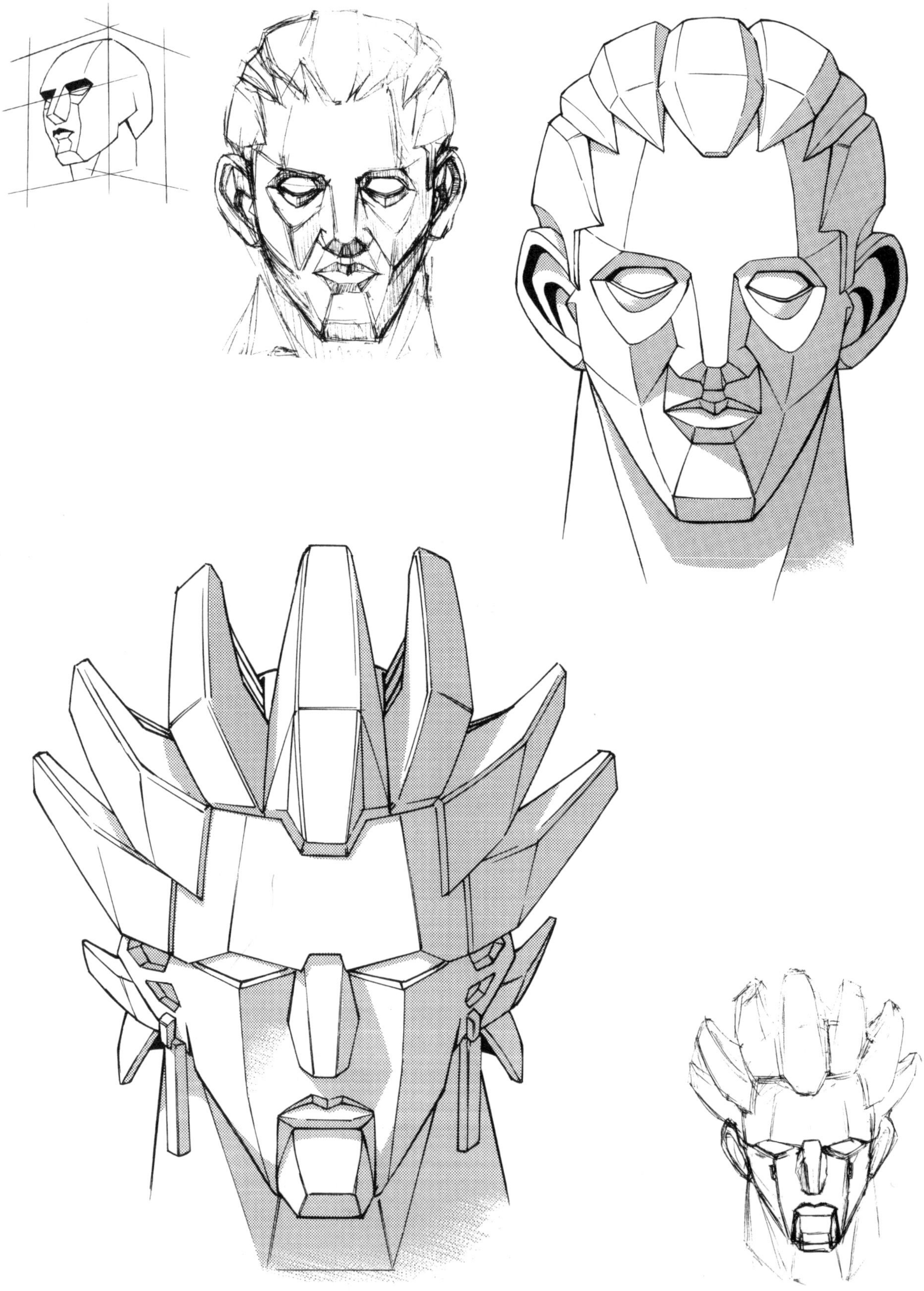

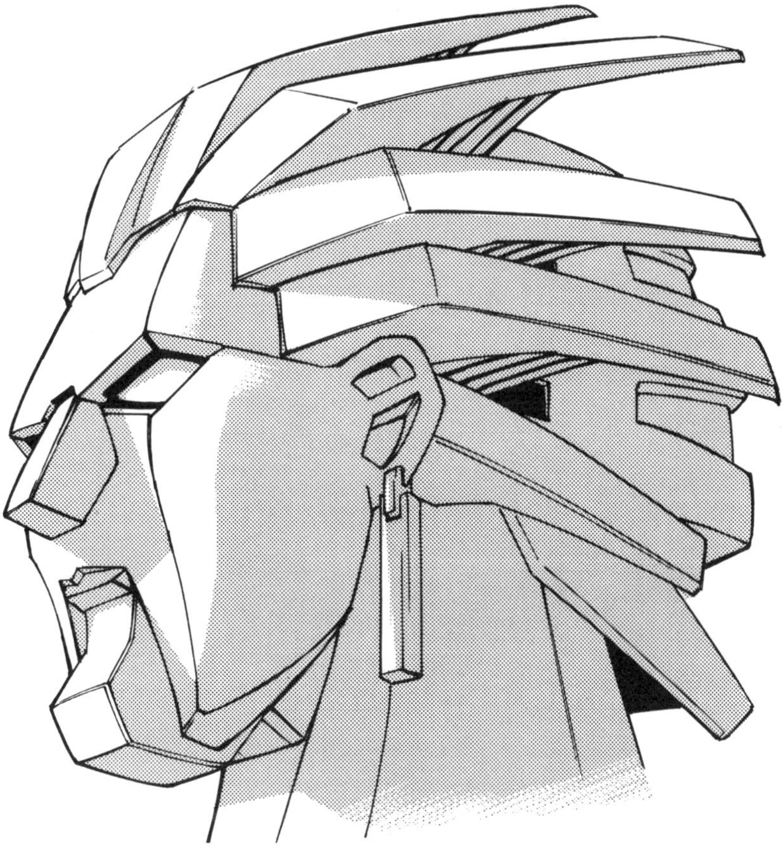

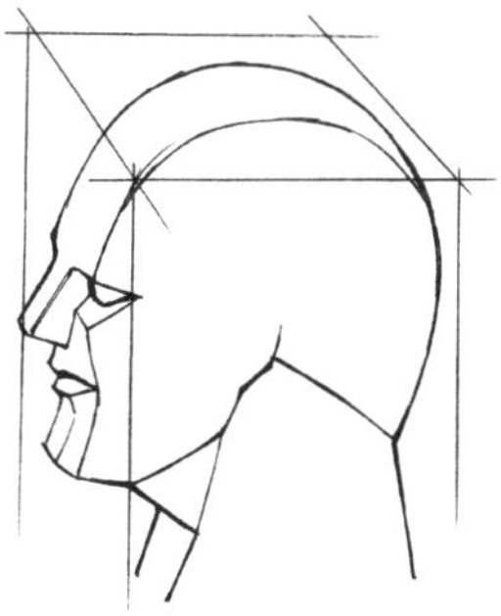

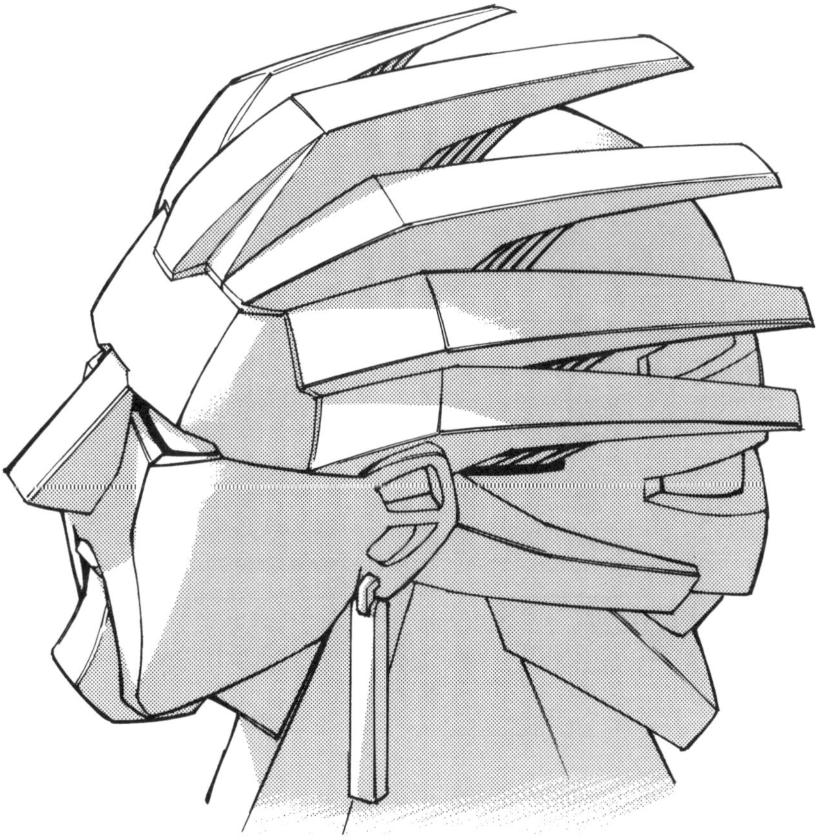

頭部　置き換えと省略

目・鼻・口・耳の部品をメカ的なパーツに置き換えよう。

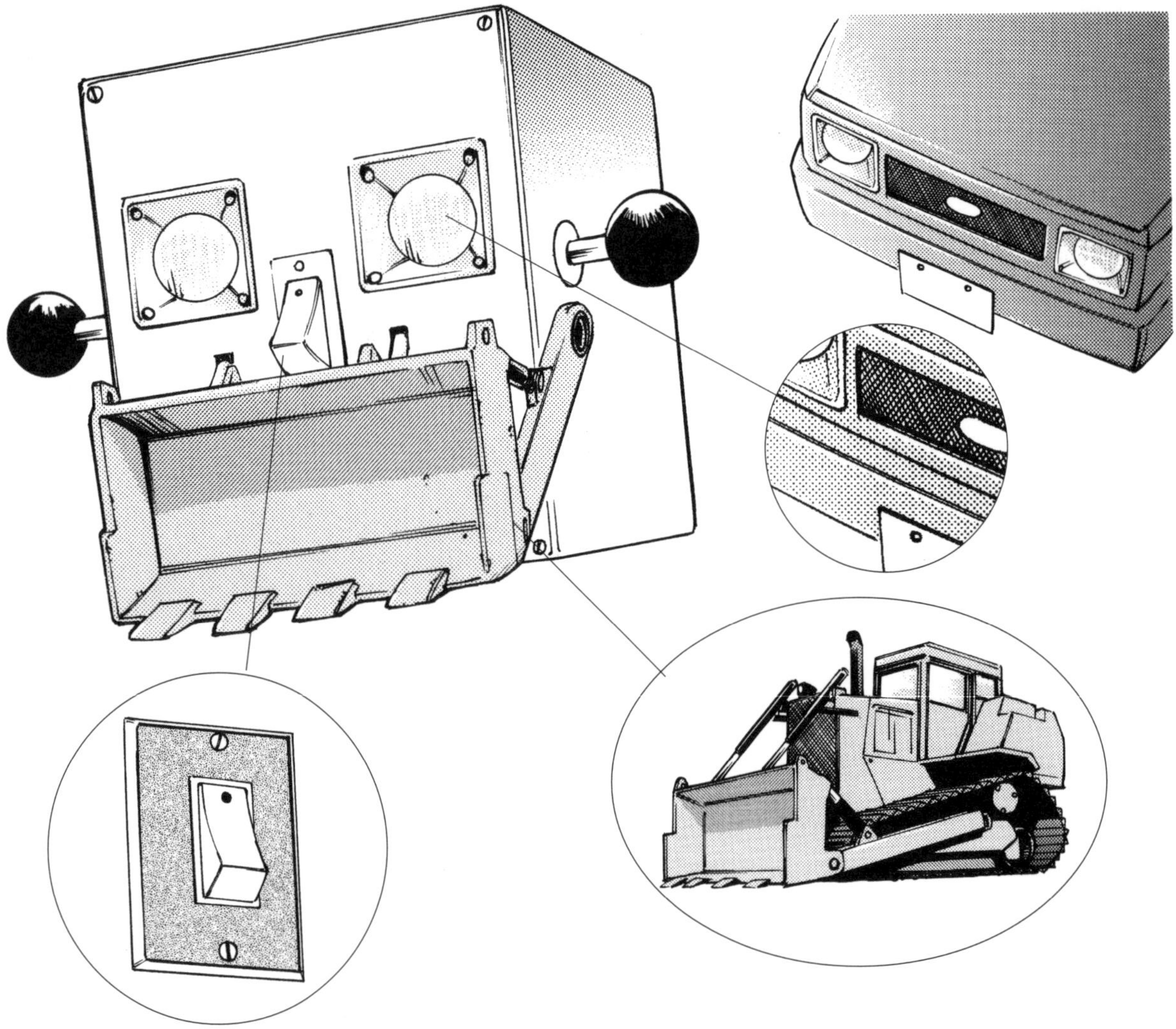

【顔パーツの省略】

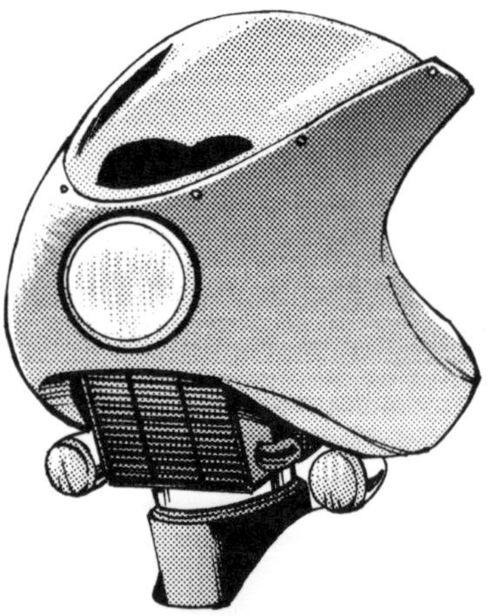

目1つと、鼻を省略

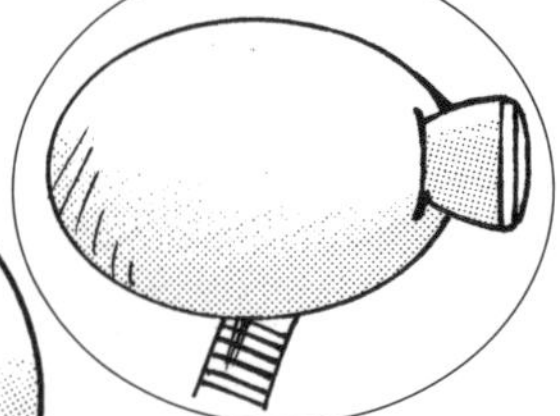

鼻と口を省略

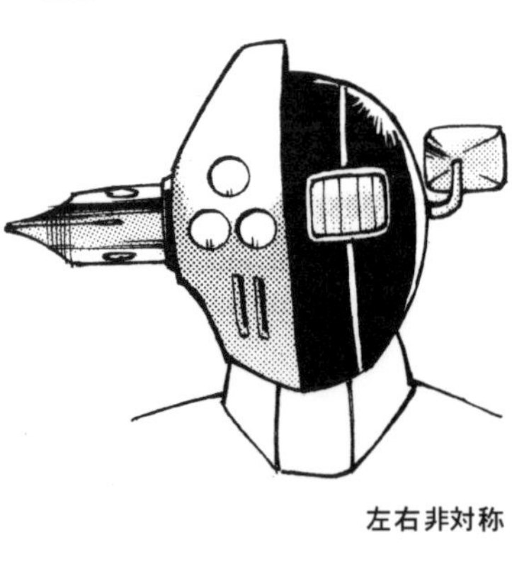

左右非対称

頭部の形は自由、耳や鼻、口は省略されることも多い

【頭部そのものの置き換え】

別のメカやパーツを頭部にしても顔に見える

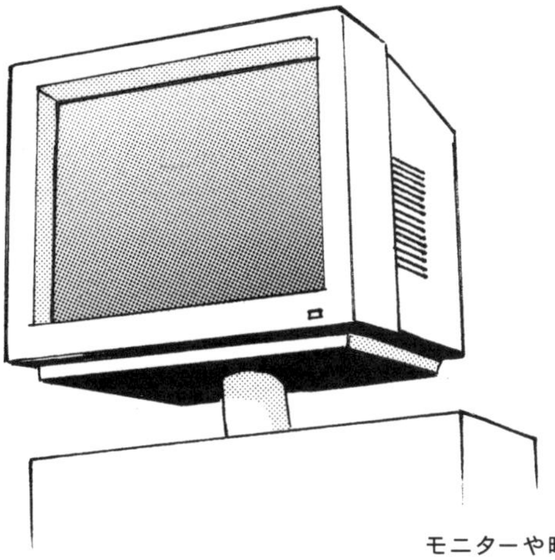

モニターや時計

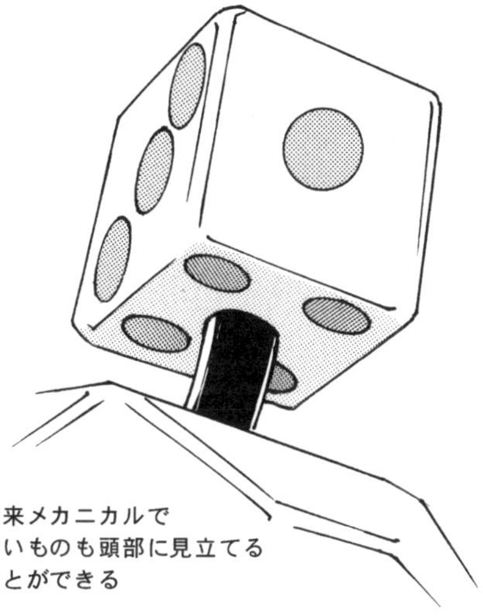

本来メカニカルでないものも頭部に見立てることができる

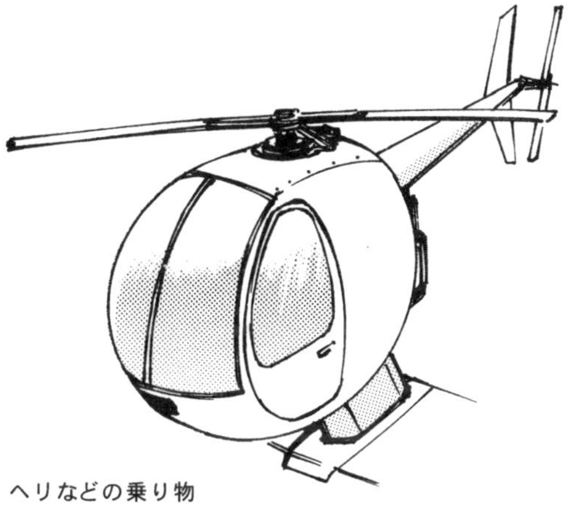

ヘリなどの乗り物

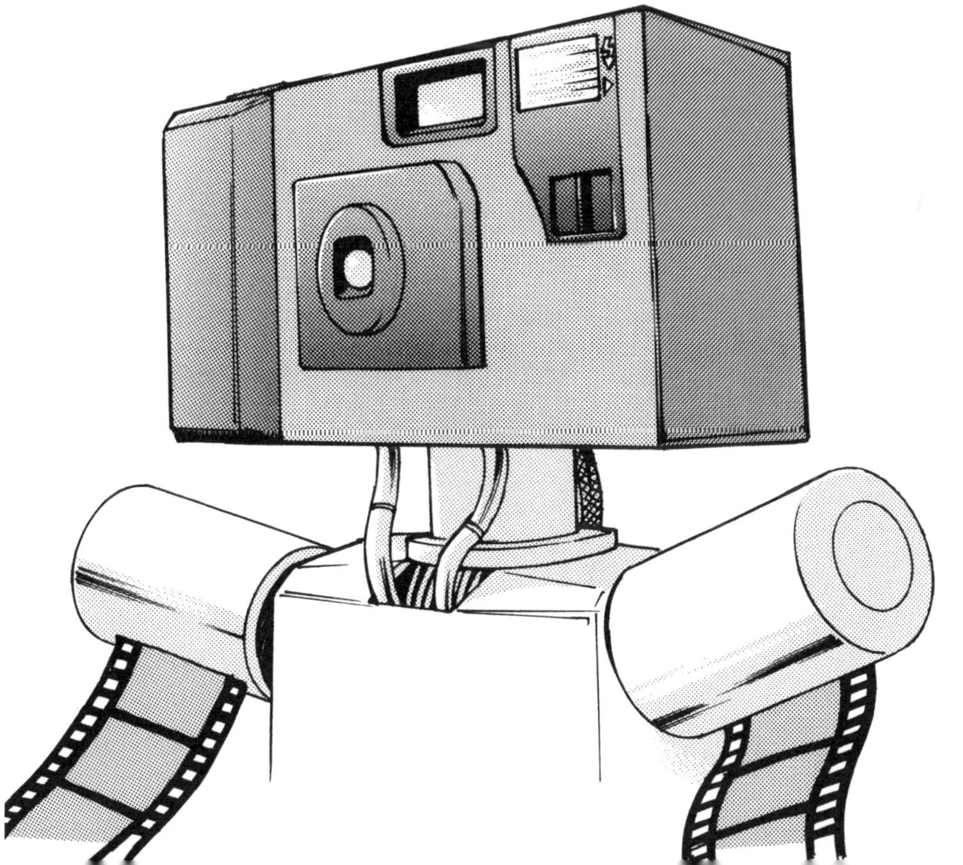

頭部　目の形と処理

目の形は基本的な図形（丸・三角・四角）がベース。

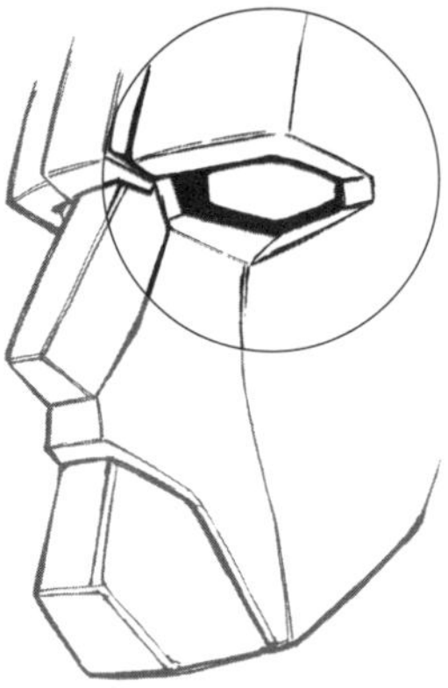

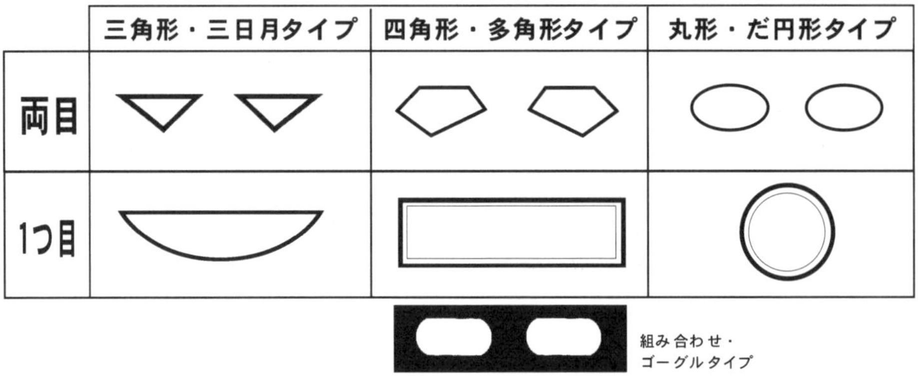

【メカアイの処理】

ゴーグルタイプ

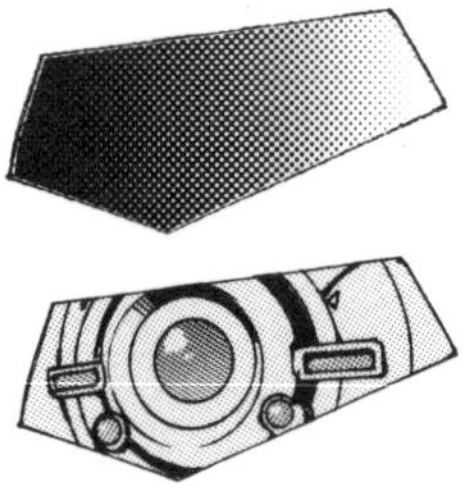

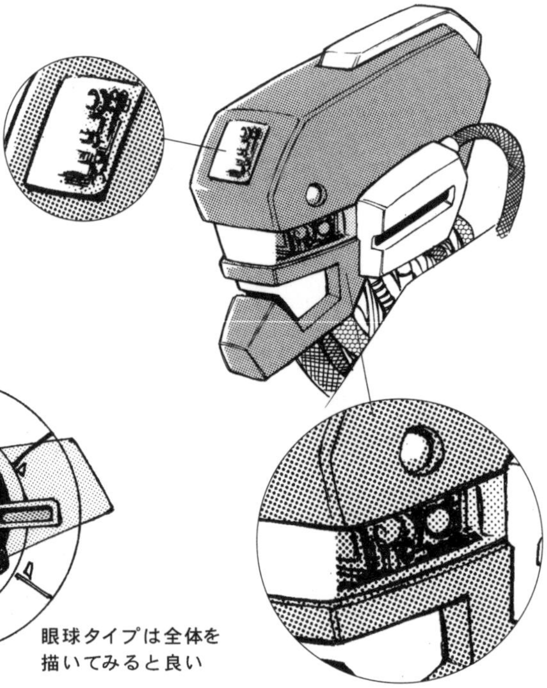

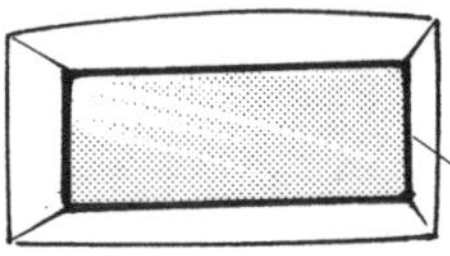

板ガラスタイプ

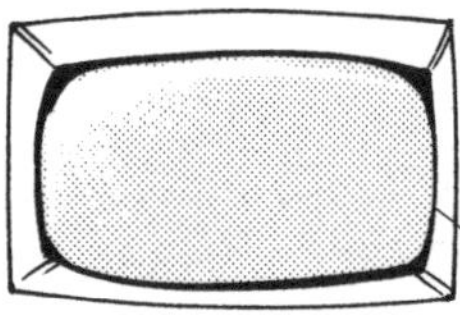

球面レンズタイプ

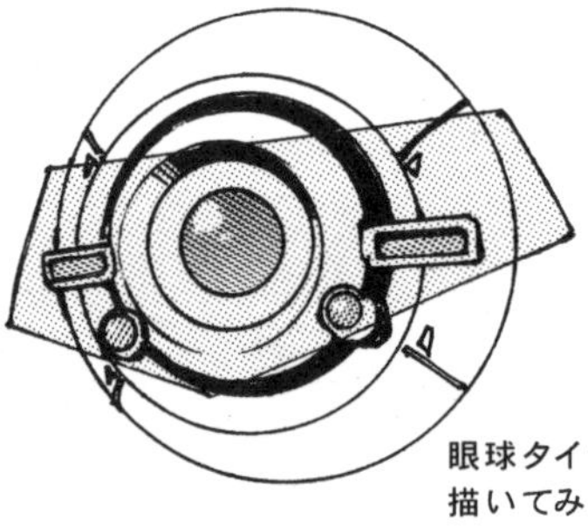

眼球タイプは全体を
描いてみると良い

応用ベース　カメラのレンズ部、車のヘッドランプはメカアイに応用できる

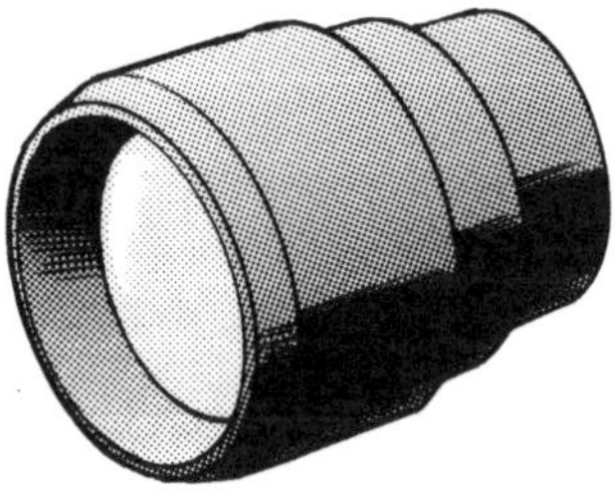

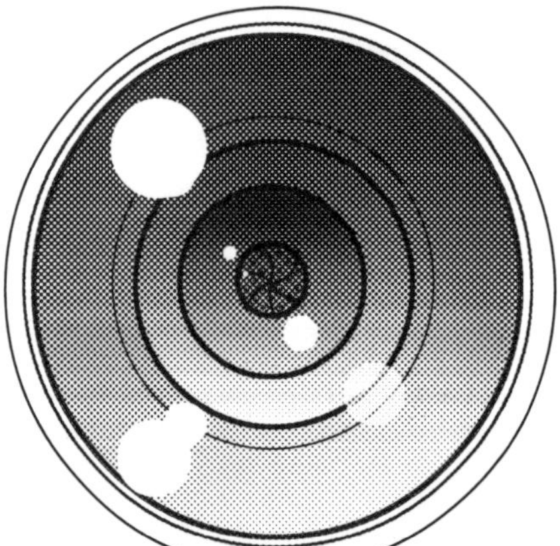

トーンは重ね貼りにして光を
入れるとレンズらしさがでる

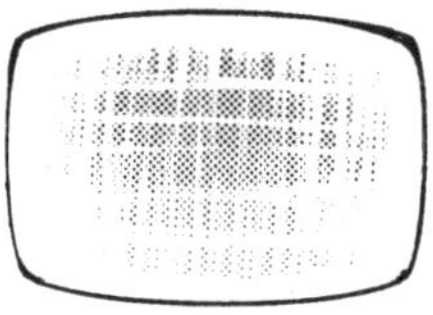

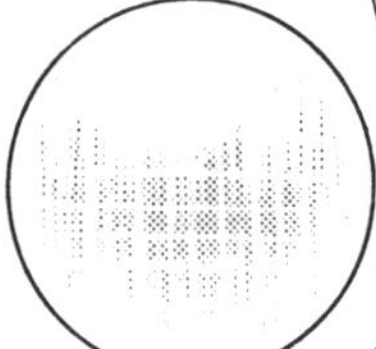

【多角形タイプ】

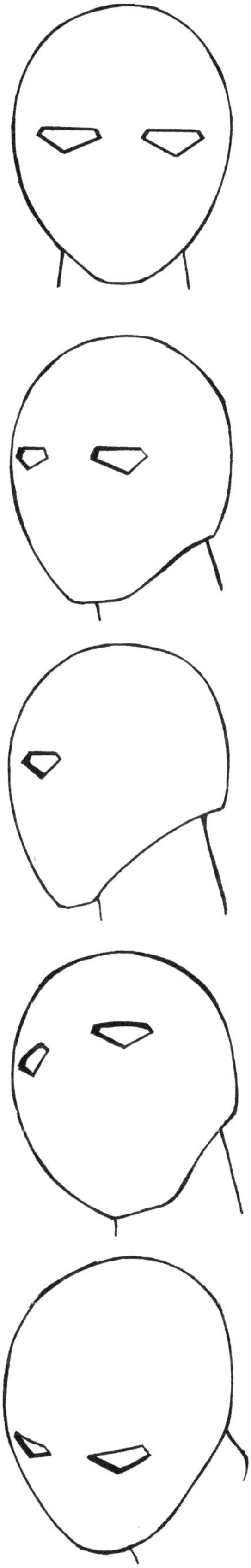

【丸形タイプ】

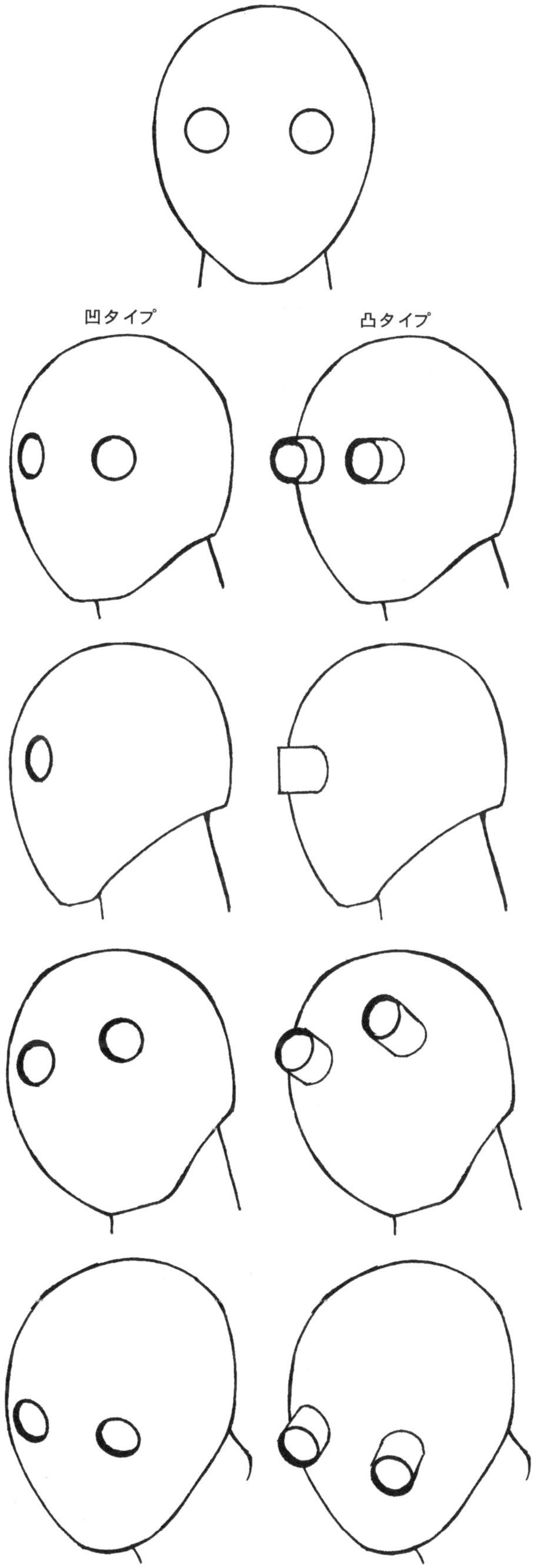

【帯形タイプ】

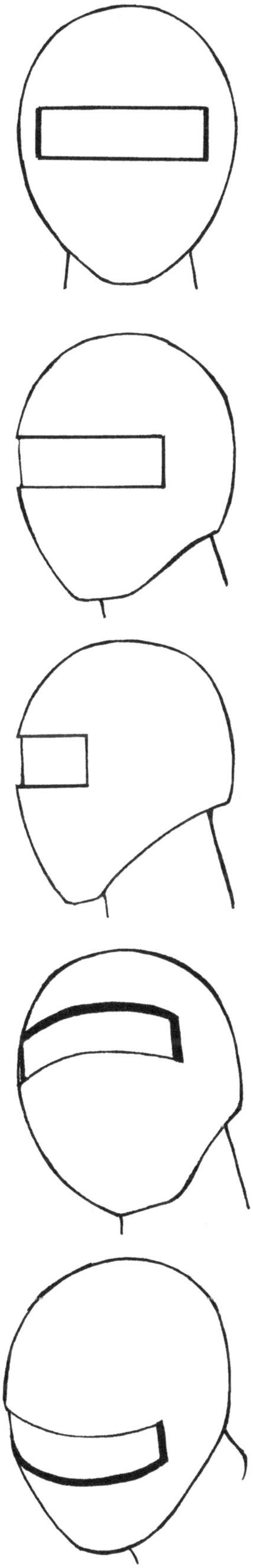

目は飛び出しているかへこんでいるか決めて描こう。

頭部　口（くち）

鼻から口に至るシワや口の形をもとにアレンジするものと、頭蓋骨をもとにするものがある。

【形からデザインする】

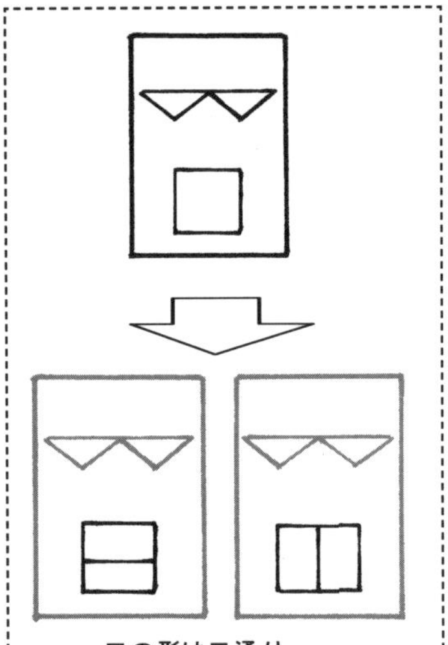
口の形は二通り

単純化

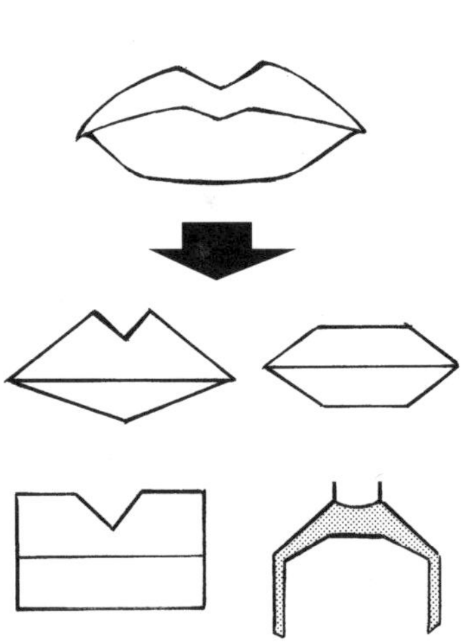

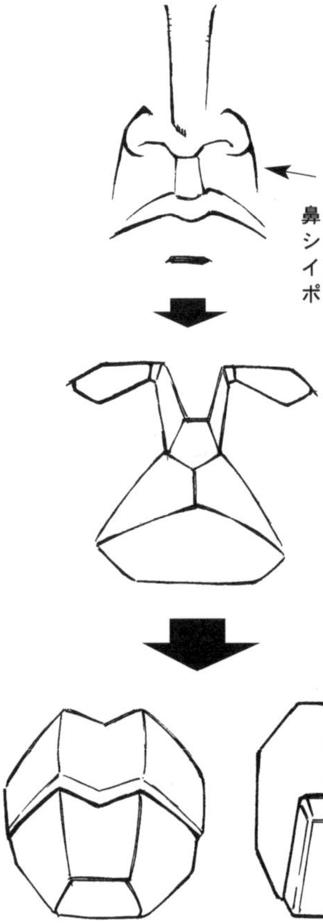
鼻と口をつなぐシワの線はデザインするときのポイントになる

凹凸はしっかり設定する

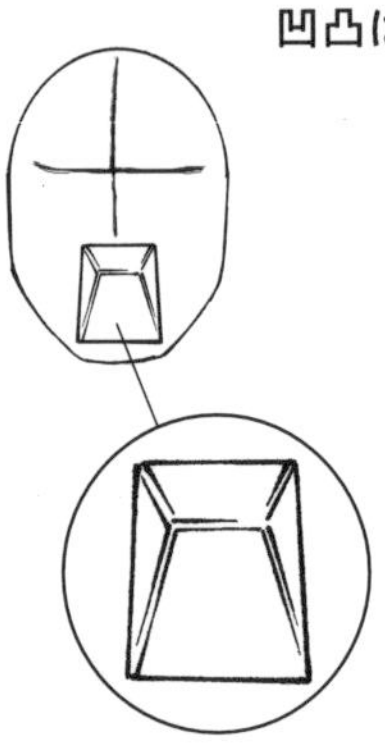
正面サンプル

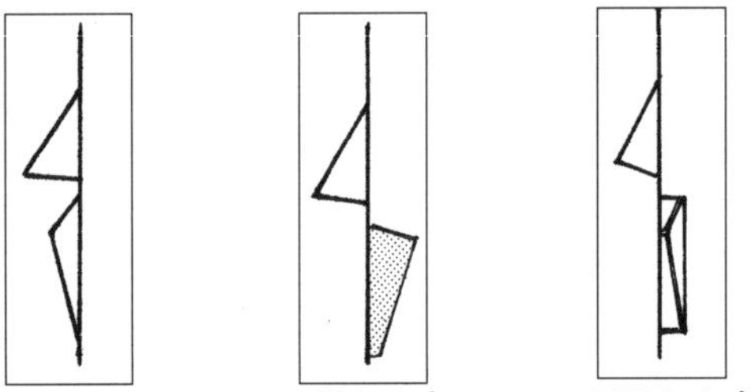
凸タイプ　凹タイプ　平面タイプ

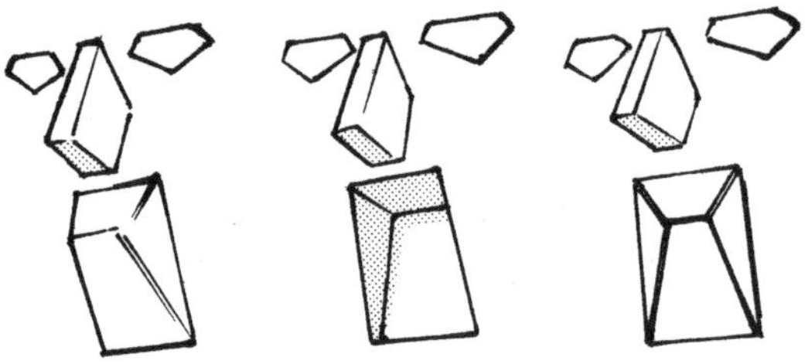

口元のデザイン例

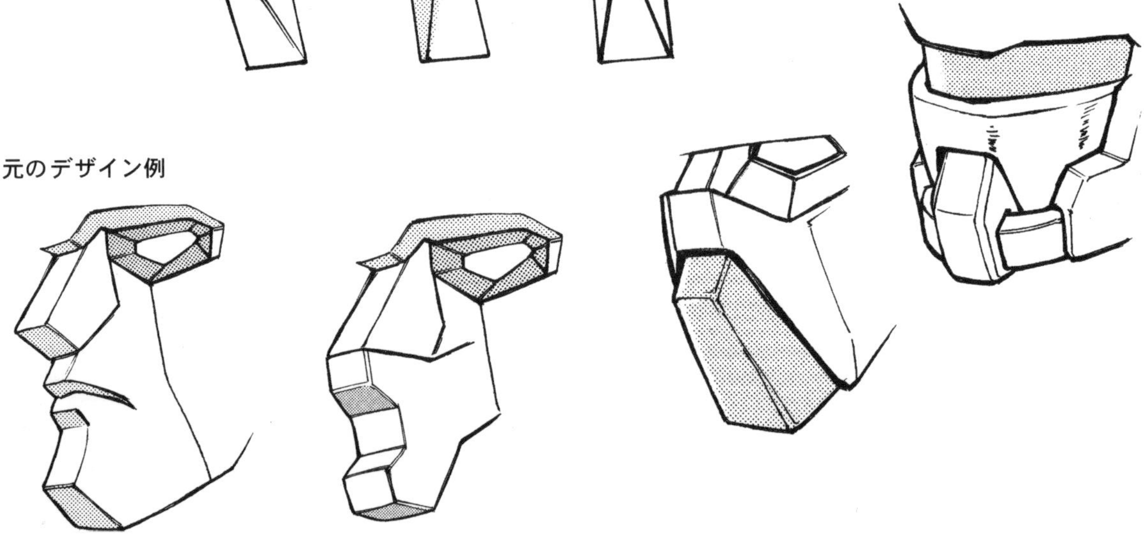

【構造からデザインする】

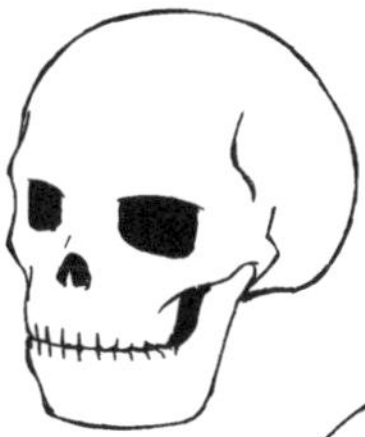

頭蓋骨をもとにしよう

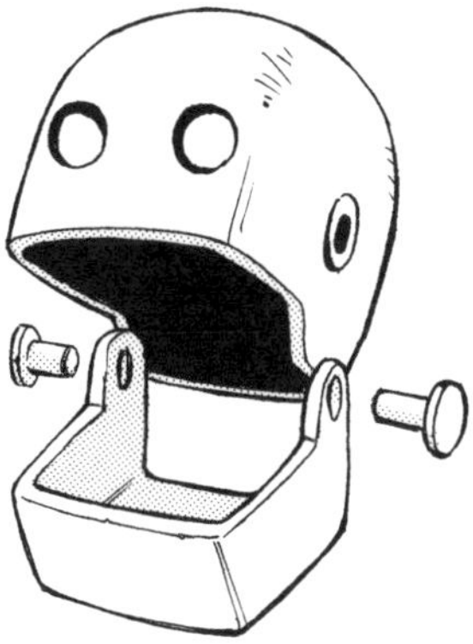

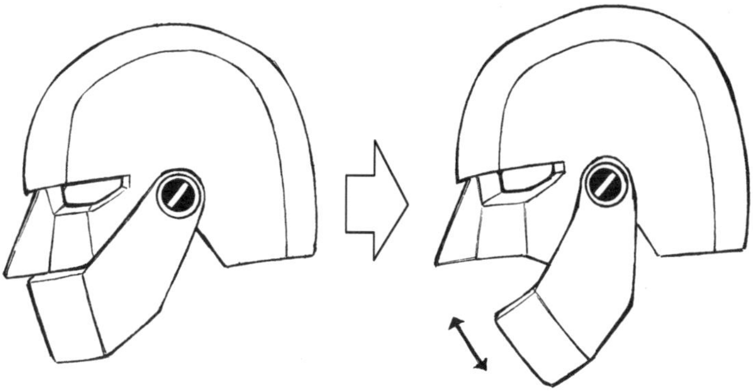

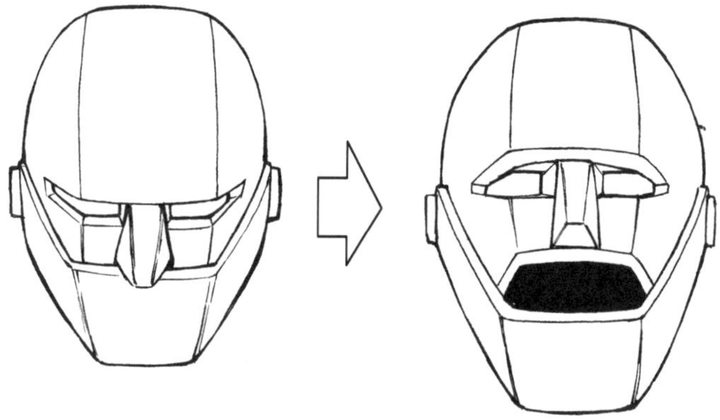

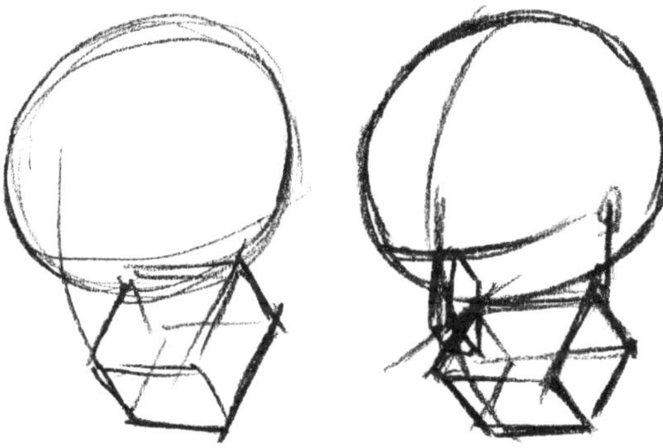

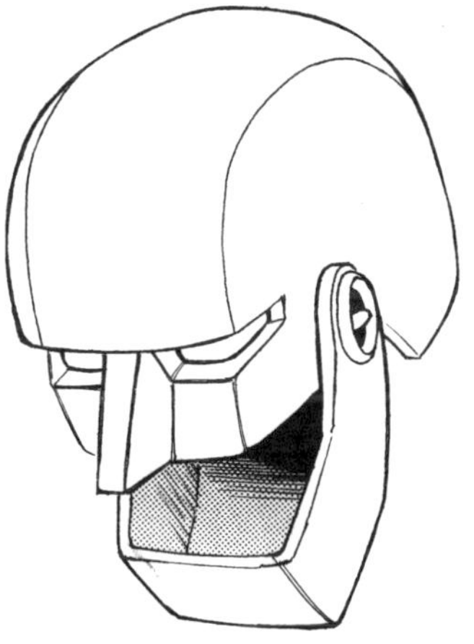

開けた口は下あごの底を
描くと良い

開く口

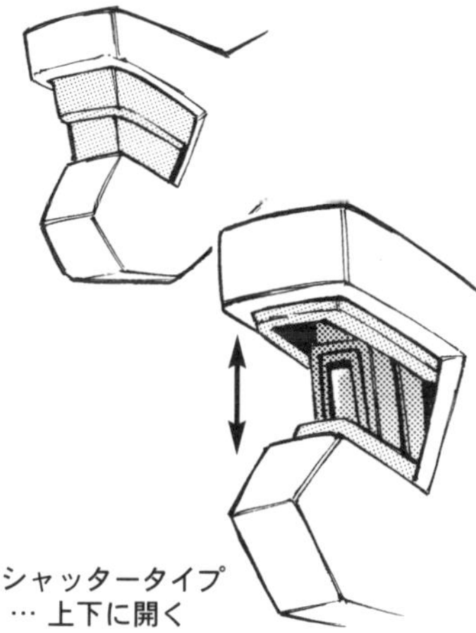

シャッタータイプ
… 上下に開く

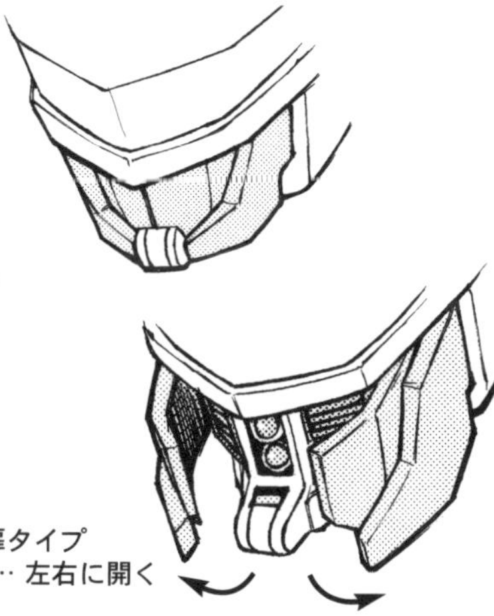

扉タイプ
… 左右に開く

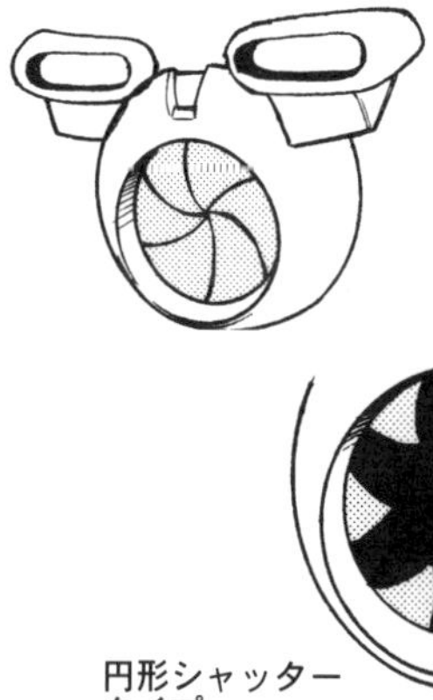

円形シャッター
タイプ

頭部　鼻と耳

面取りされた単純な図形をもとにデザインする。
鼻や耳は省略されて「ナシ」になることも多い。

△鼻タイプ　□鼻タイプ　▽鼻タイプ

【正面】

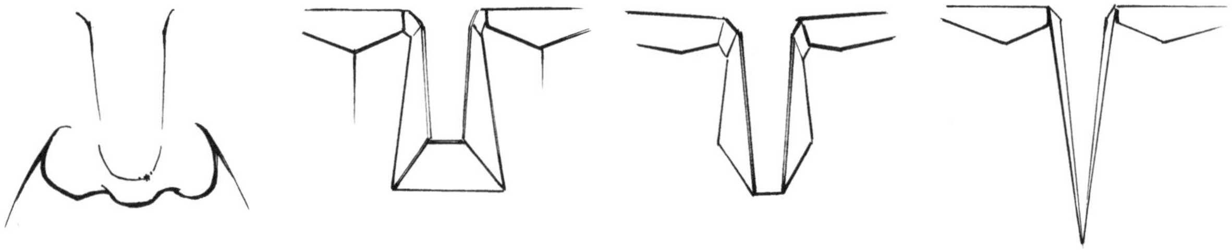

【横】

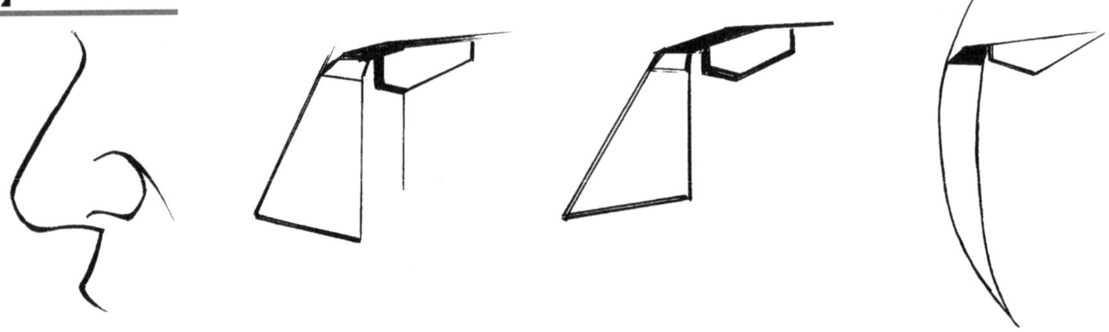

【あおり】

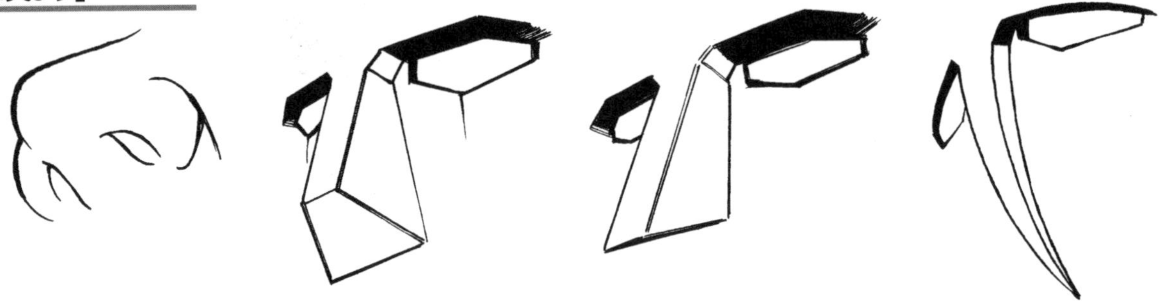

【ふかん】

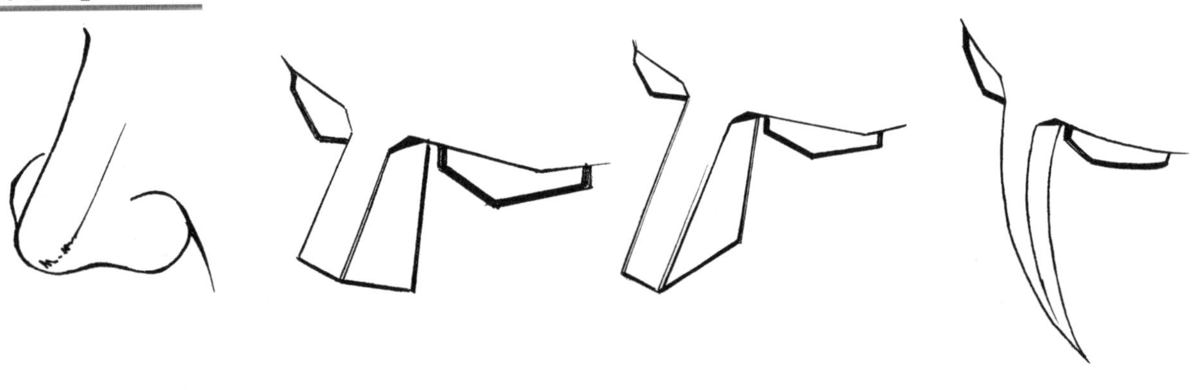

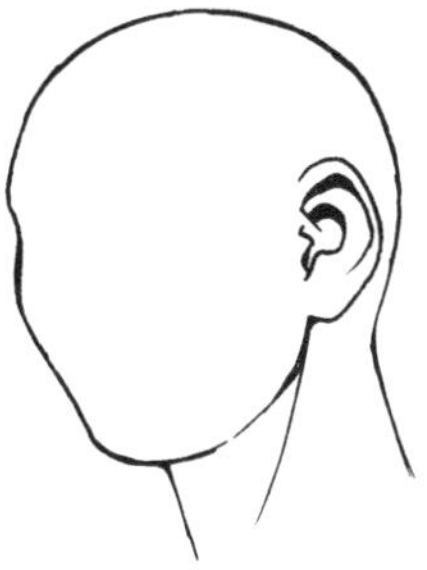

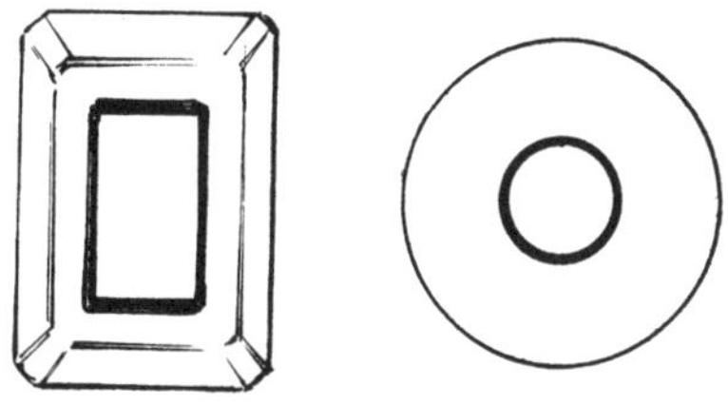

基本的な形状は角形か丸形。耳の単純化

人間の頭部

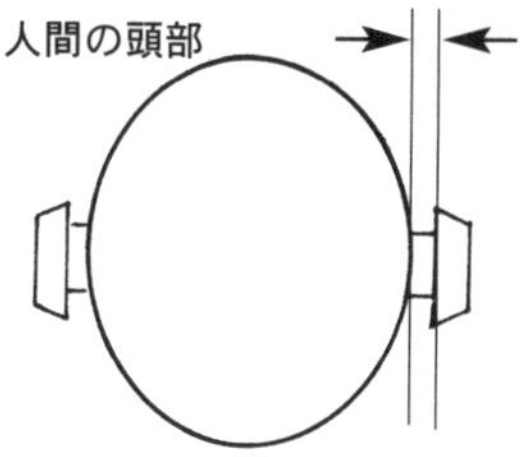

実際の耳は頭部
と離れている

ロボット

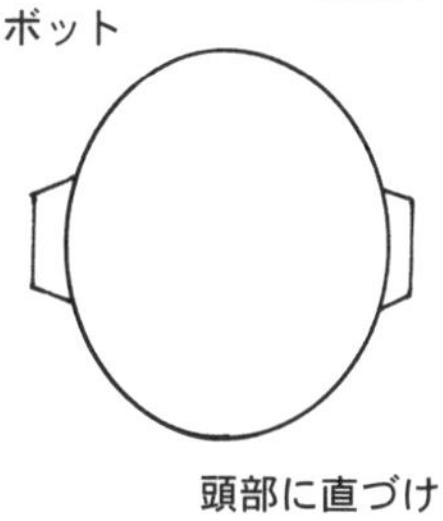

頭部に直づけになっ
ていることも多い

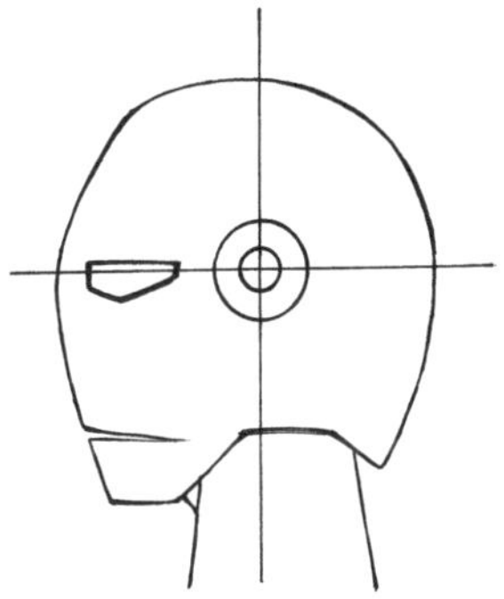

側面・頭部中央あたりに
描くと人間型らしくなる

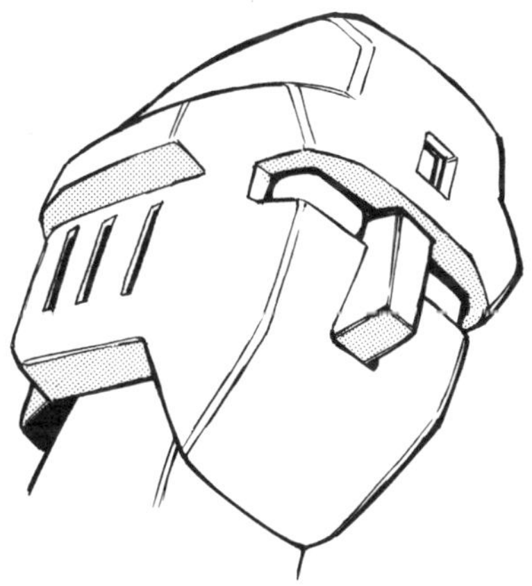

穴状タイプ…耳のあたりに
穴を描く

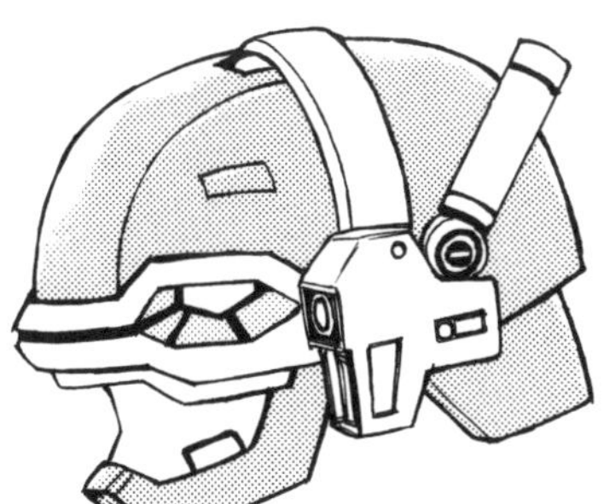

ヘッドホン+円筒
形状のアンテナ

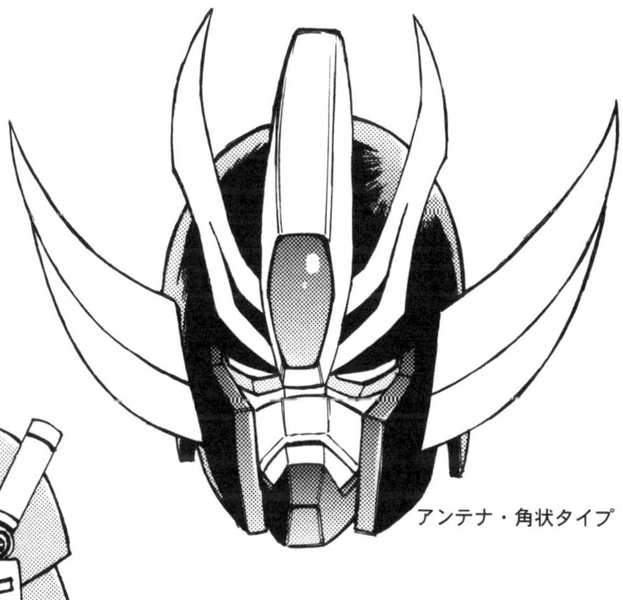

アンテナ・角状タイプ

頭部　首

「頭を支えている」という役割から考えよう。

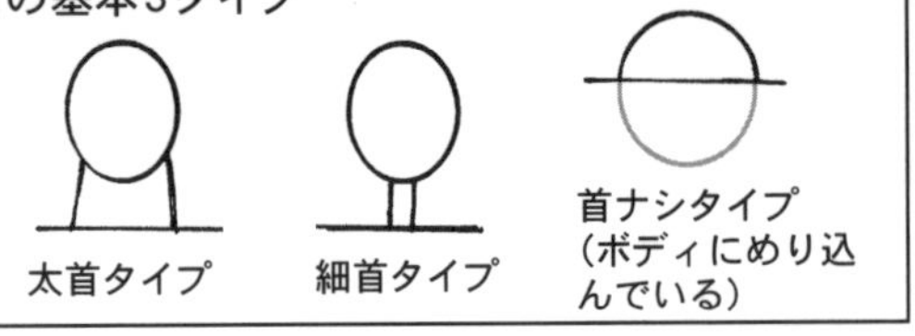

【シャフト・支柱状】

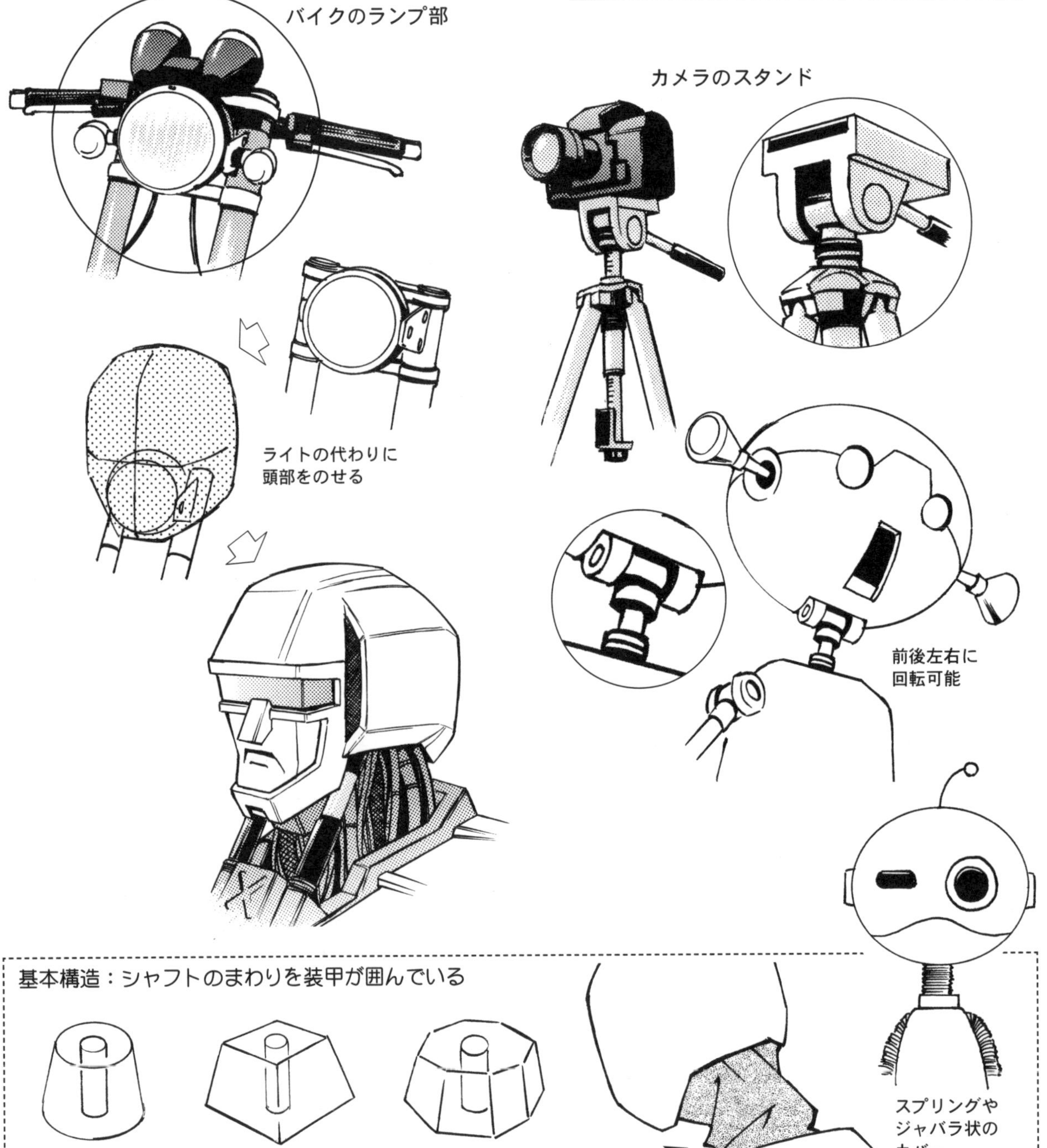

【チューブ・パイプ状】 シャフトのまわりを囲んでいる

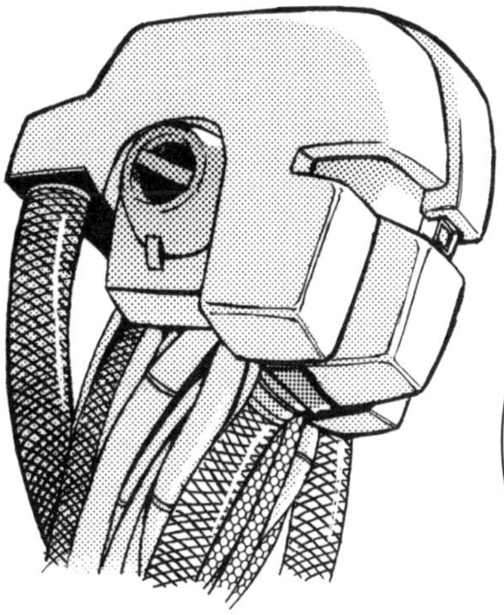

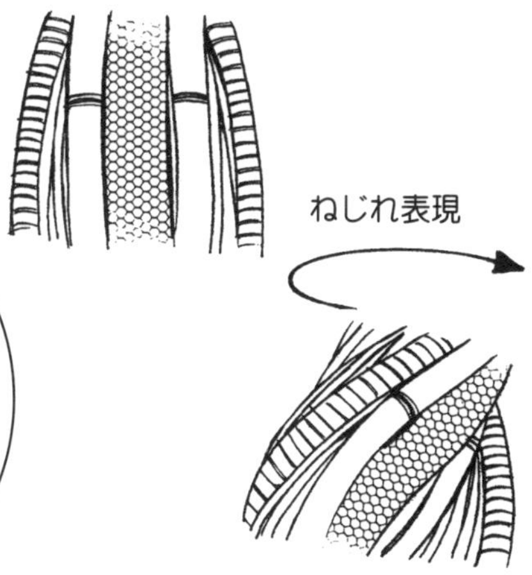

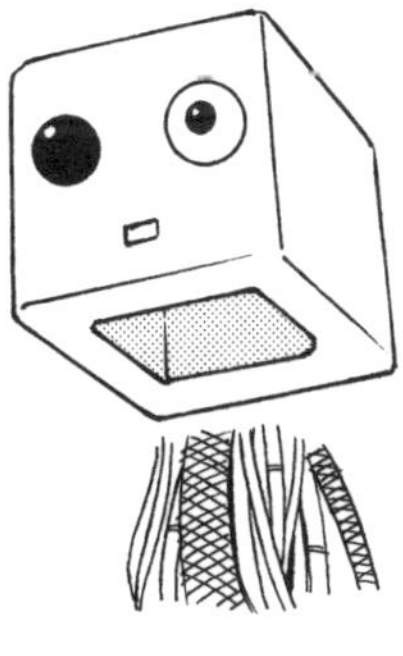

首のかわりにチューブやパイプを
描くとメンテナンス中に見える

胴体　ボディの基本

胸・腹・腰が一体の「1パーツ」で胴体になるものと、胸部（＋腹）と腰部の2パーツ以上で構成されるものがある。

【1パーツタイプ】　…基本形3種

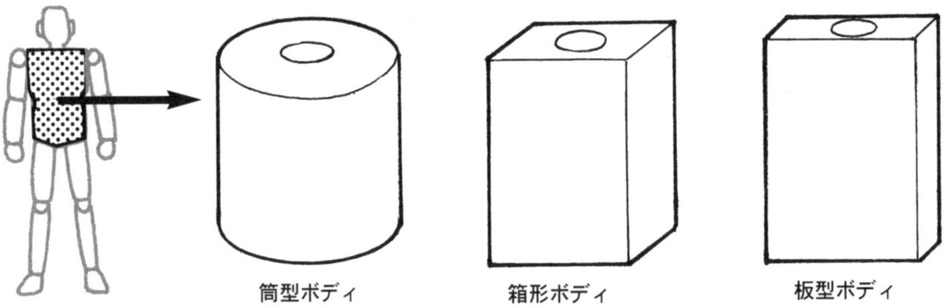

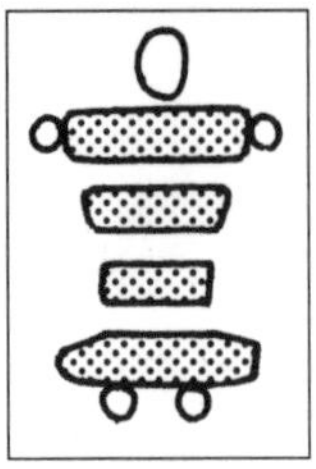

特殊：複数パーツ（ムカデタイプ）… ボディが数パーツから構成される

【2パーツタイプ】

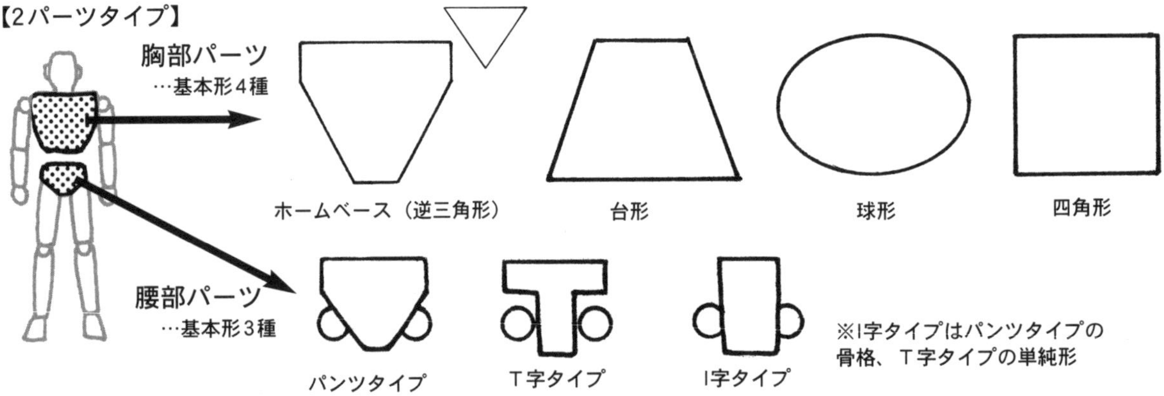

※I字タイプはパンツタイプの骨格、T字タイプの単純形

胸部のパターン

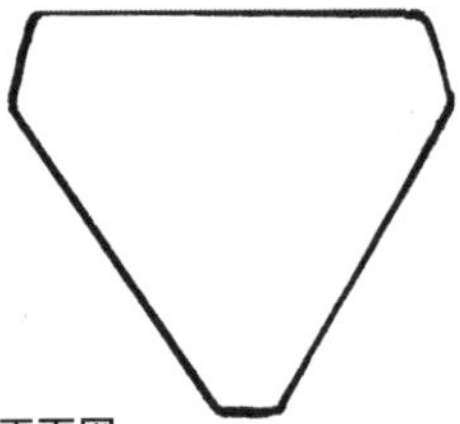

正面図
（例・ホームベース型）

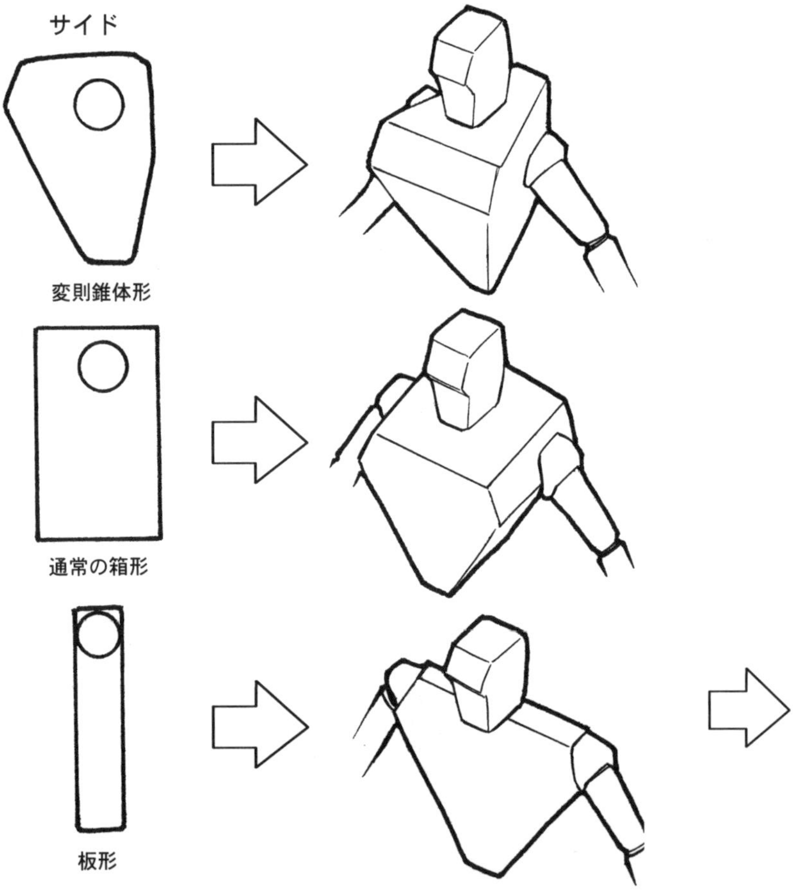

ロボットのボディデザインをするときは、正面と同時に横からの形を考えておこう。真正面からは同じデザイン・形でも「厚み」によって全然違う印象のロボになる

【デザインのコツ】

1.ボディタイプを決める

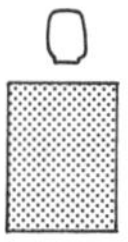

2.好みの手足をつけよう

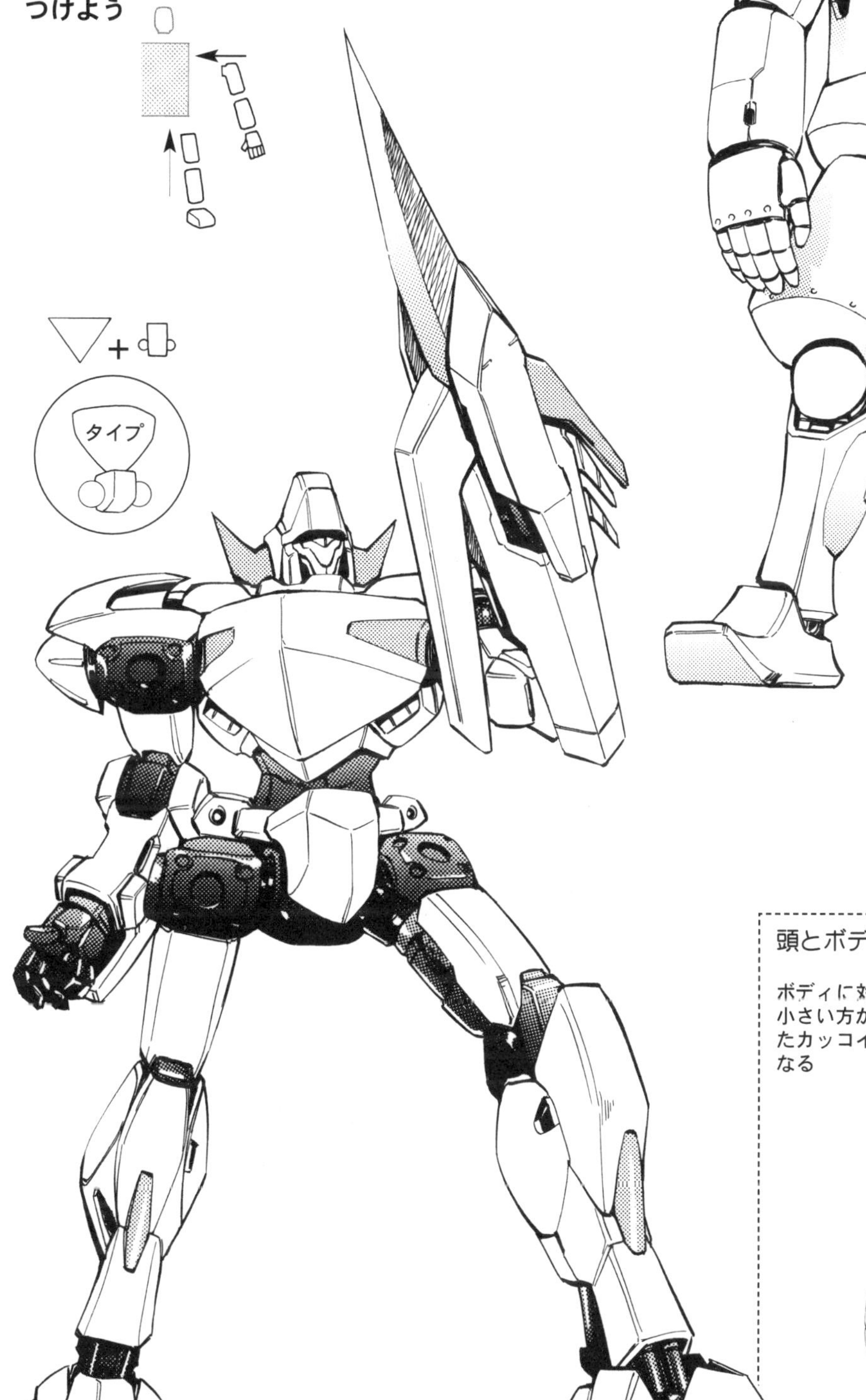

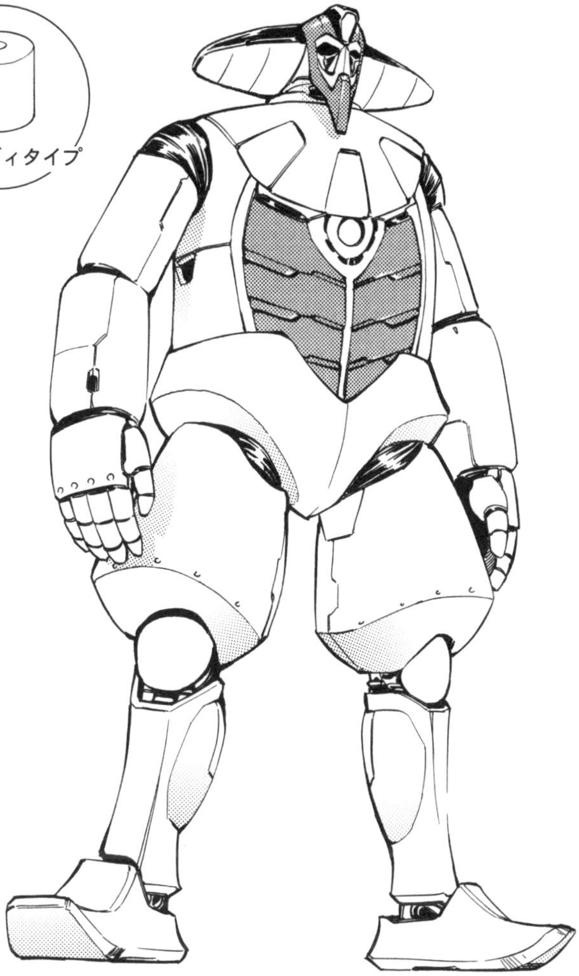

頭とボディのバランス

ボディに対して頭は小さい方が堂々としたカッコイイモノになる

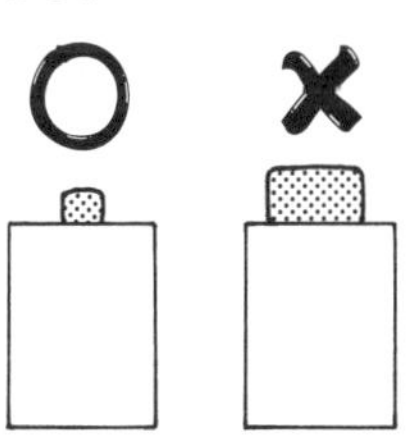

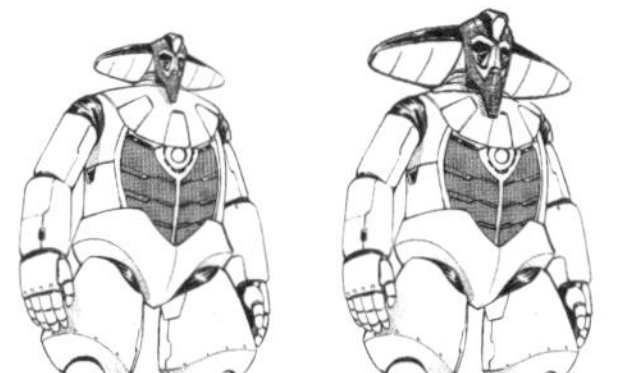

胴体 タイプ1 筒型ボディ

筒型=円筒形。古典的な「だるまロボ」体型。
ずんぐりした重厚的なロボを描きやすい。

※ロボはいろいろな角度で描くことが多いので、三面図を描いておこう。

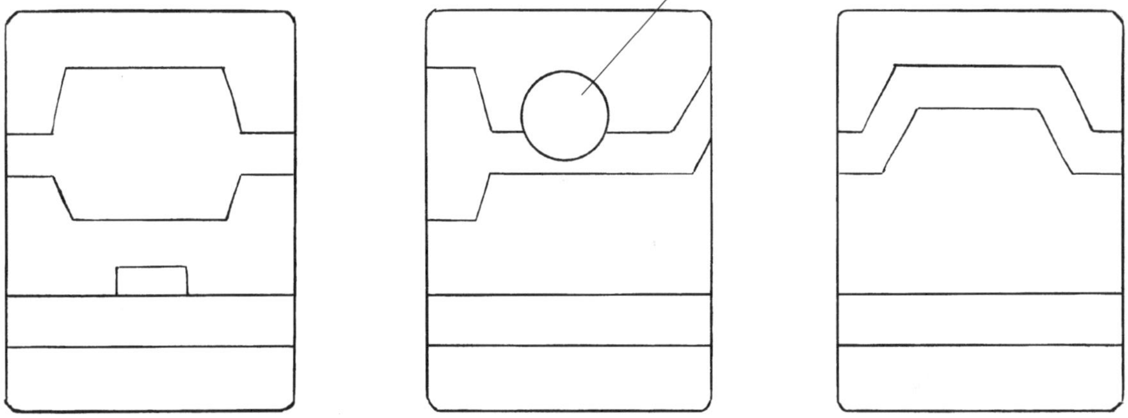

正面　側面　背面

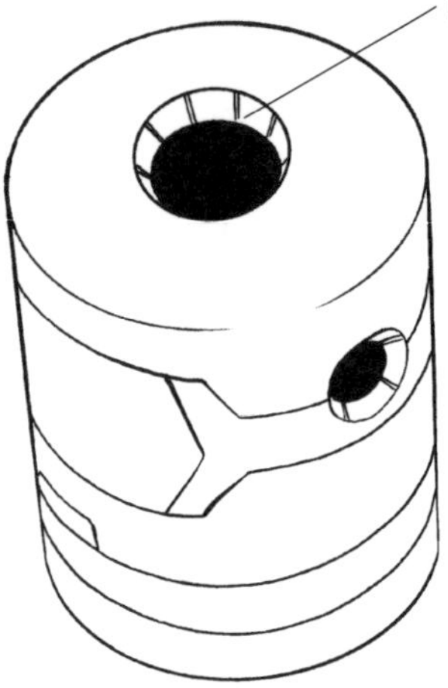

ふかんイメージ

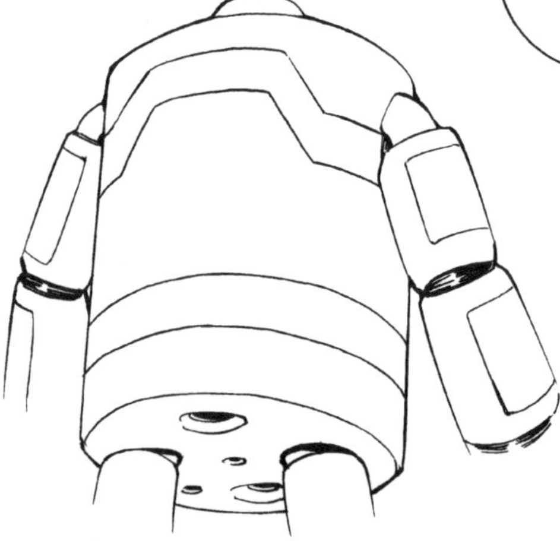

背面あおり。脚や腕のつく位置を決めながら
デザインしていく

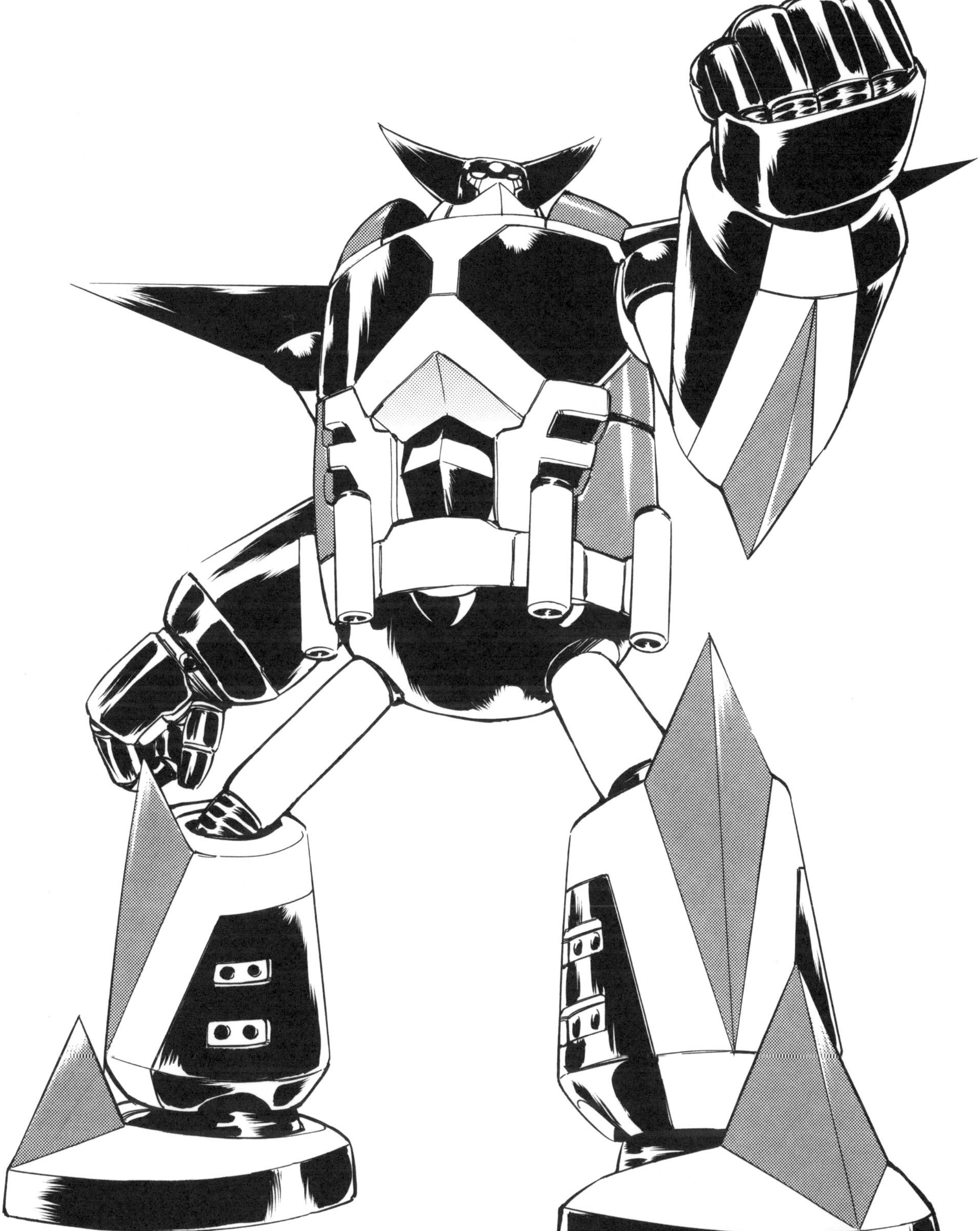

【筒型ボディバリエーション】 筒型ボディは厚みを薄くしたり胴体を短くするとカッコ良くなる

胴長タイプ：薄型＋逆三角形

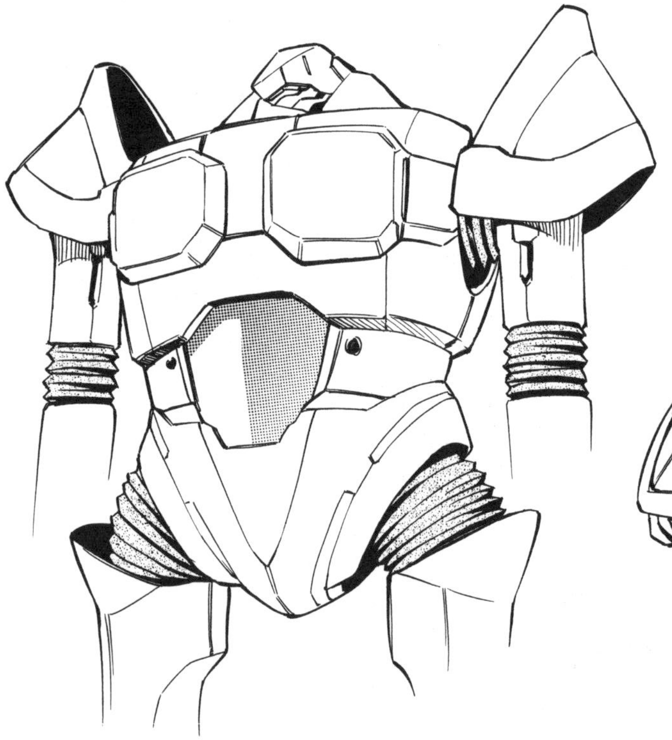

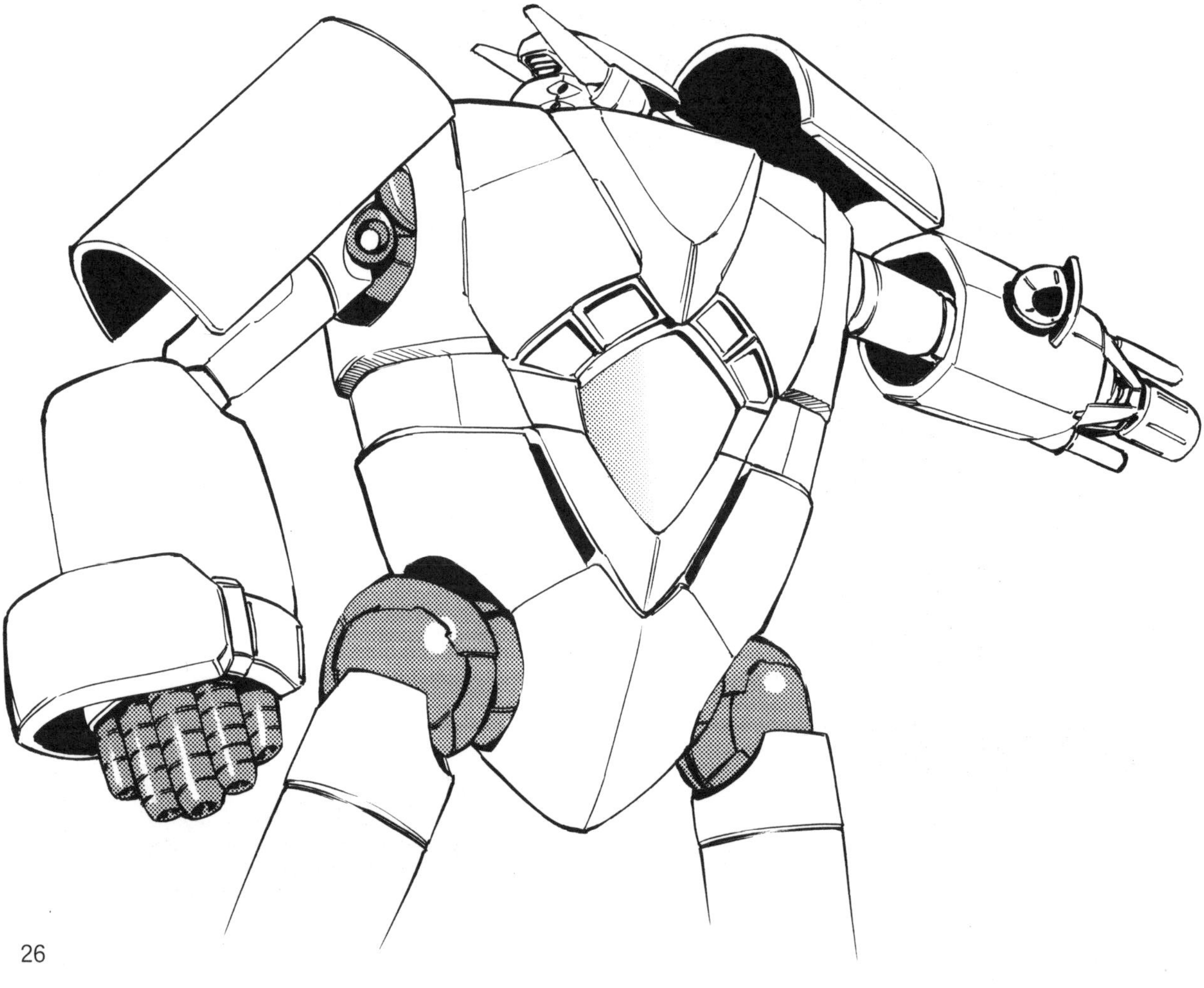

胴短タイプ

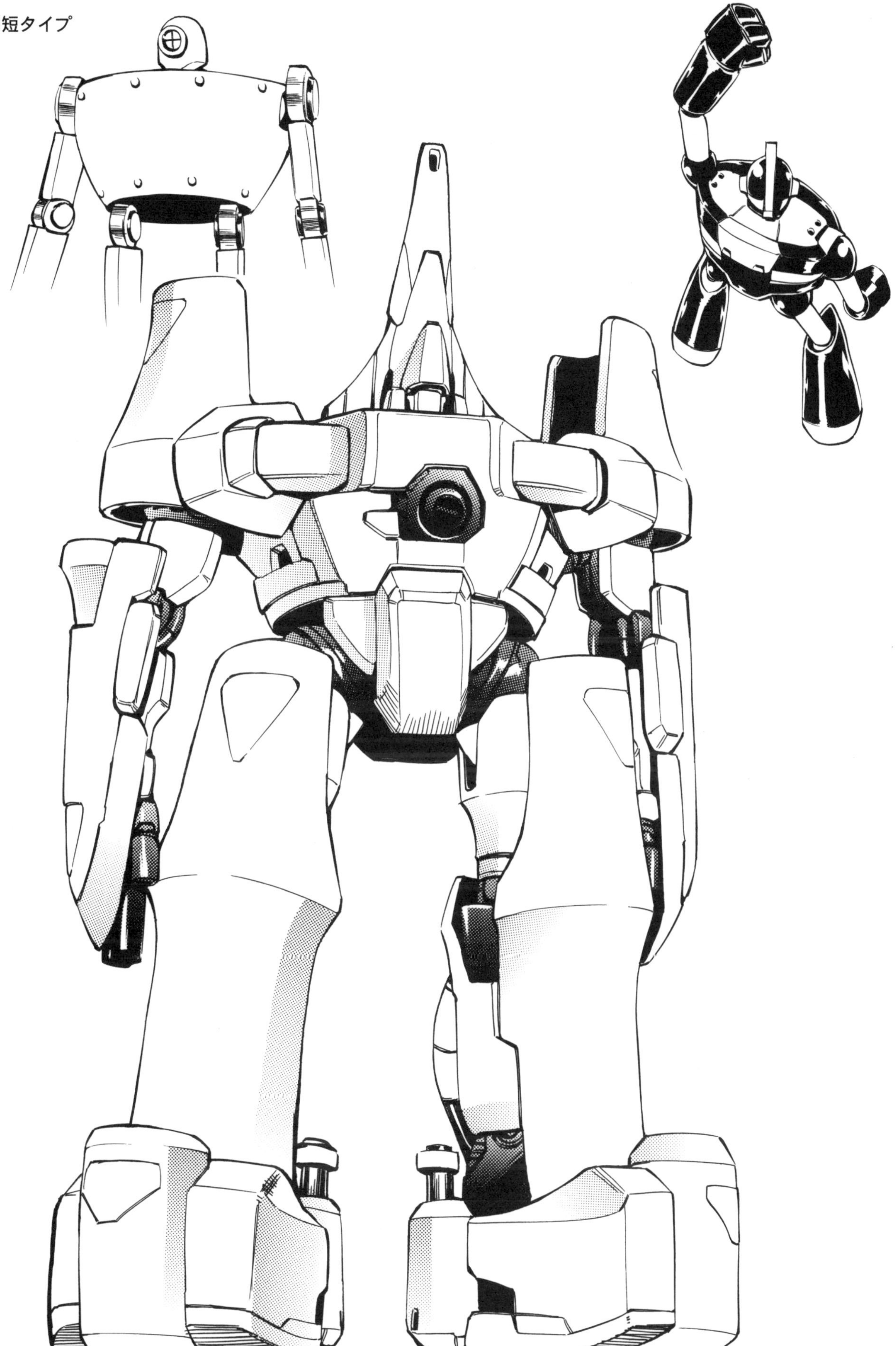

胴体　タイプ2　箱型ボディ

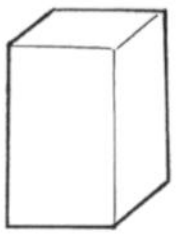

箱形はシンプルになりやすいが、重量感のあるロボを描きやすい。

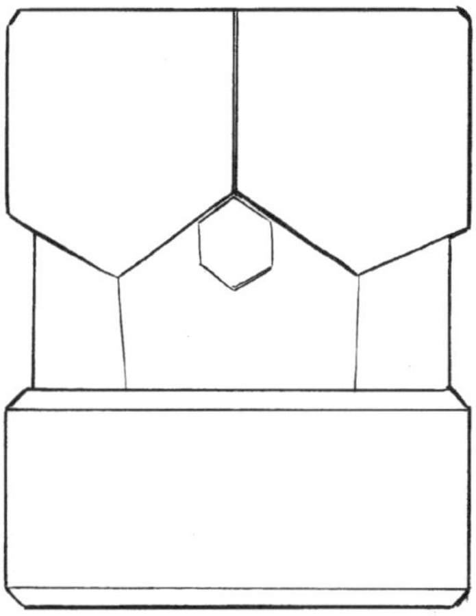

正面

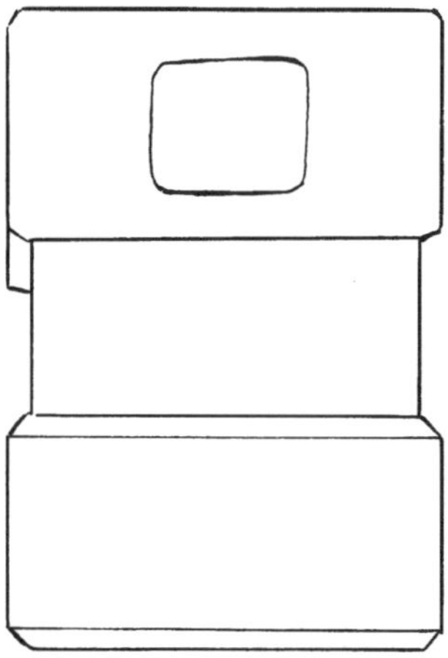

側面

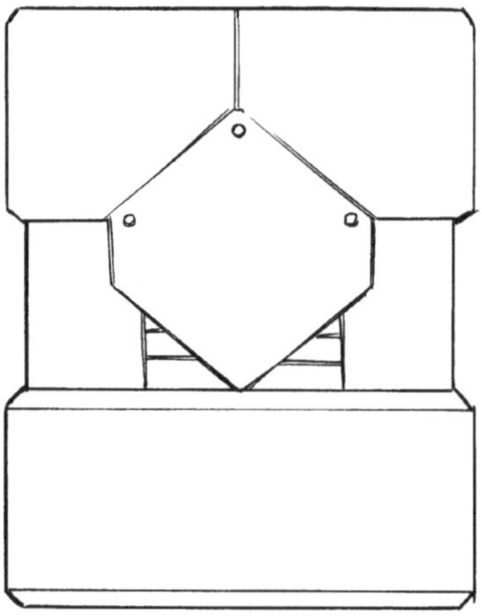

背面

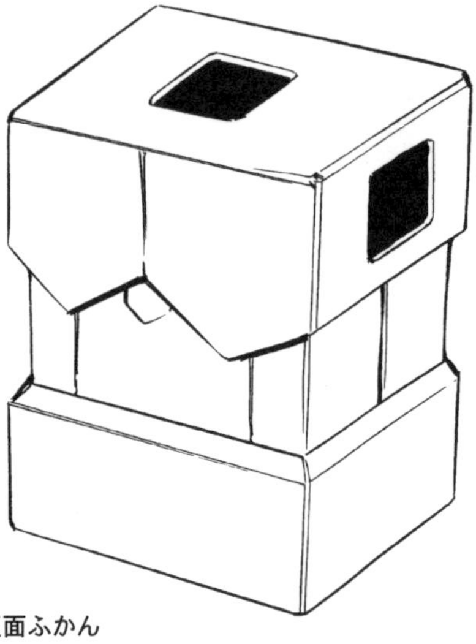

正面ふかん

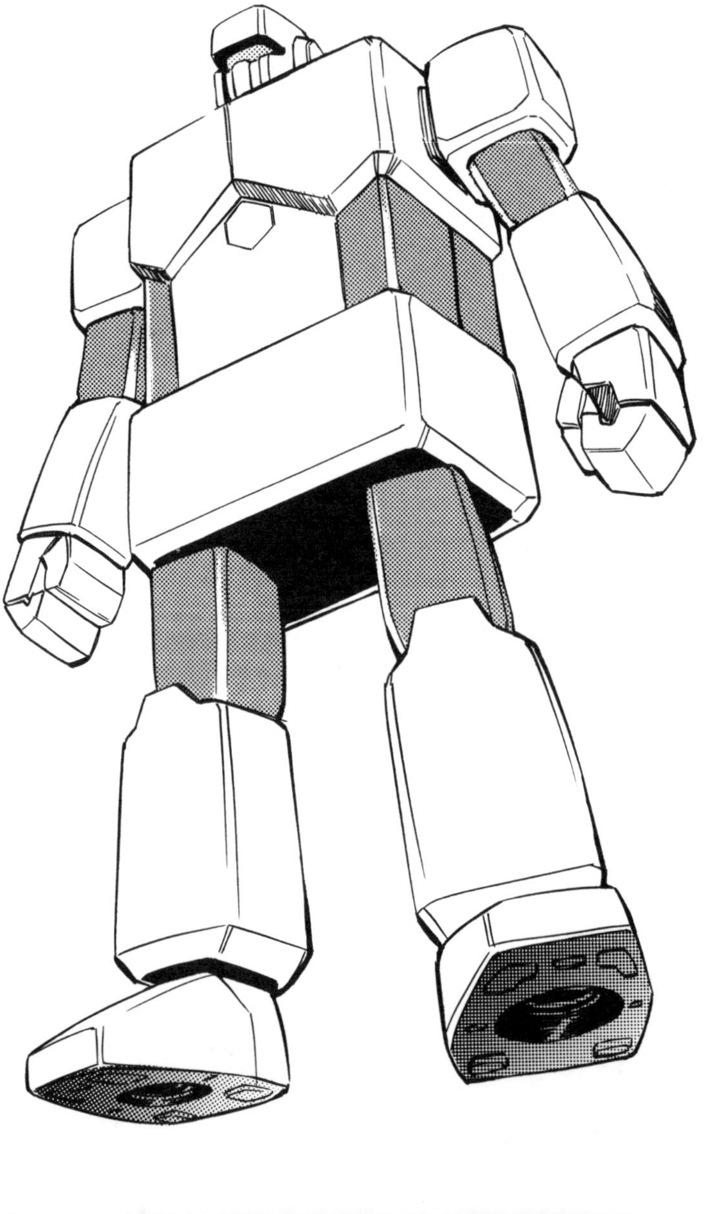

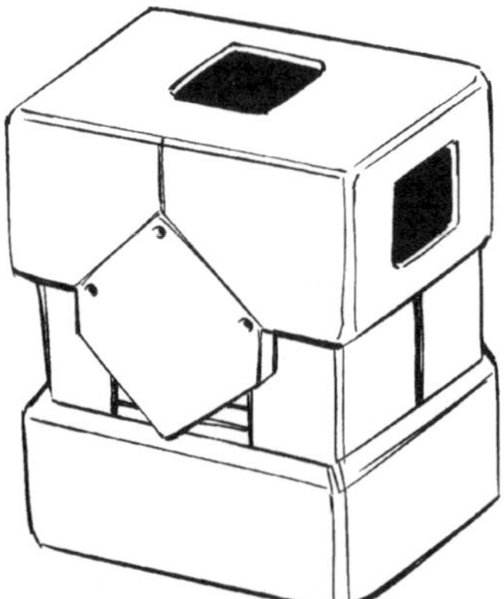

背面ふかん

【箱型ボディバリエーション】

パースをつけやすいので、迫力のある構図を用いよう

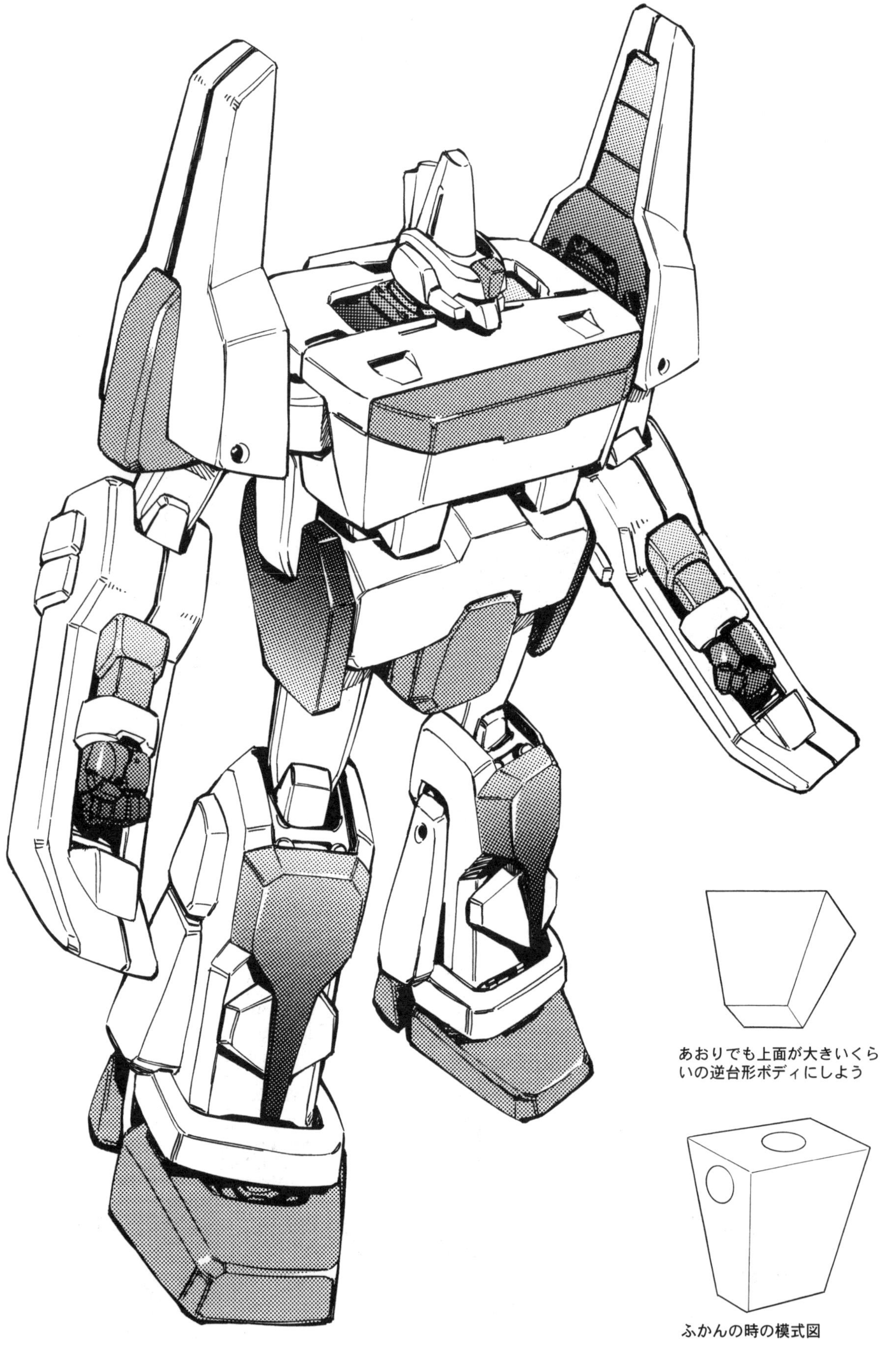

あおりでも上面が大きいくらいの逆台形ボディにしよう

ふかんの時の模式図

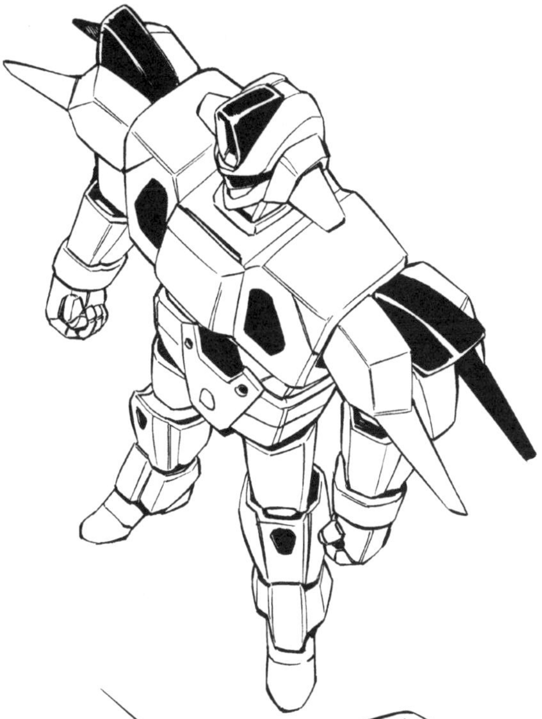

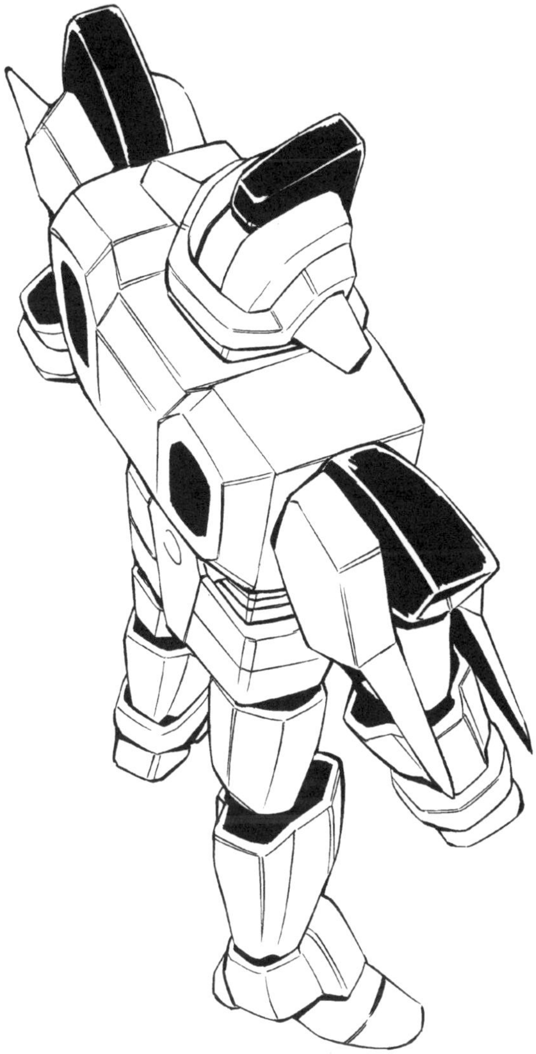

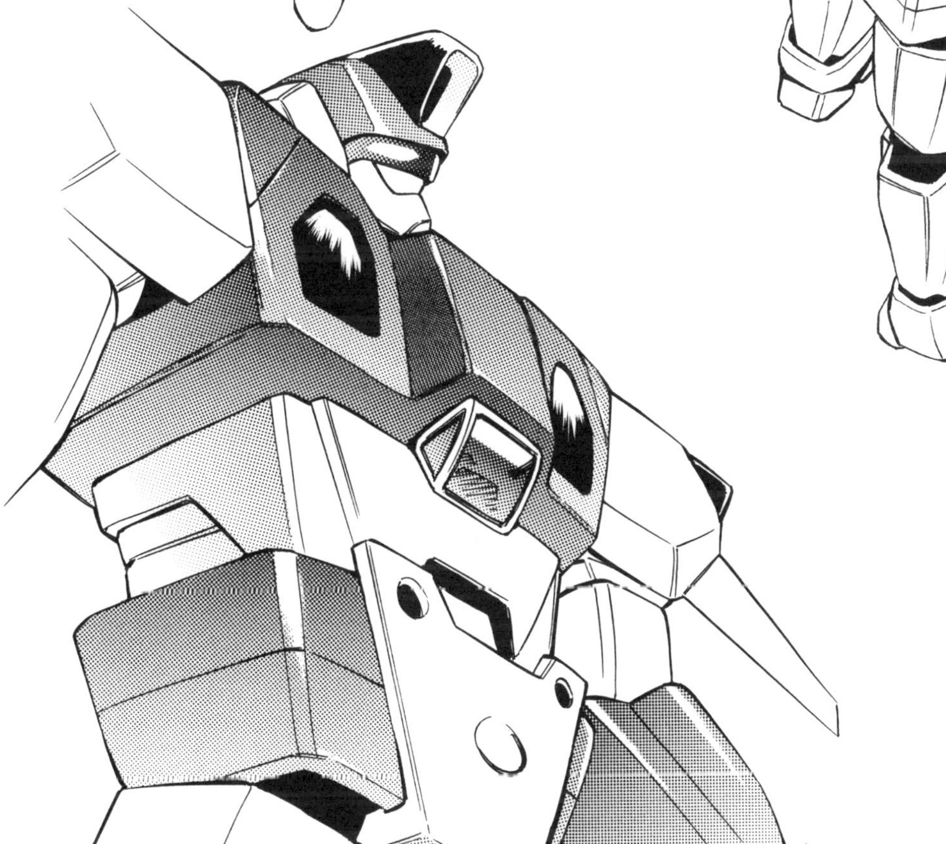

胴体 タイプ3 板型ボディ

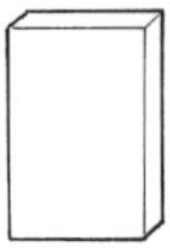

薄型の特長を生かしてシャープなパーツを心がけると同時に、薄いなりに凸凹を考えよう。

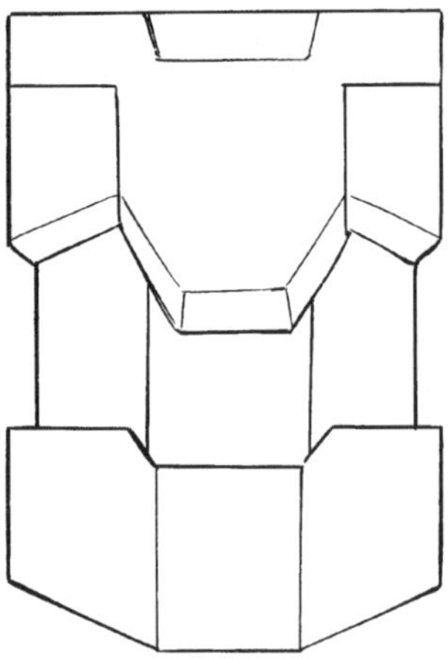
正面

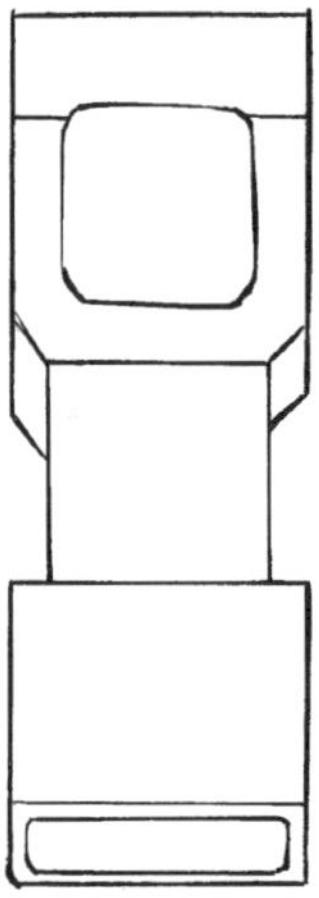
側面

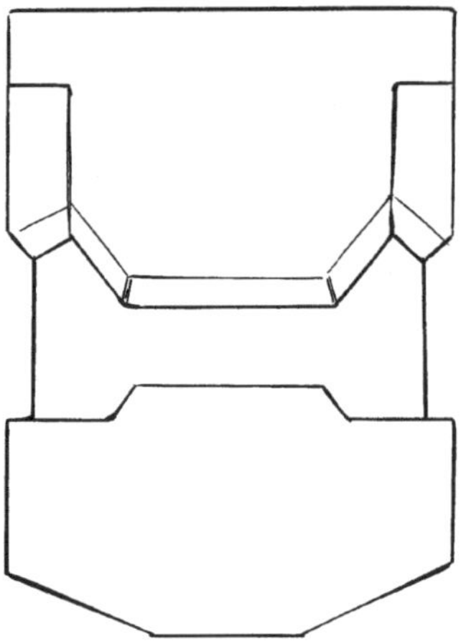
背面

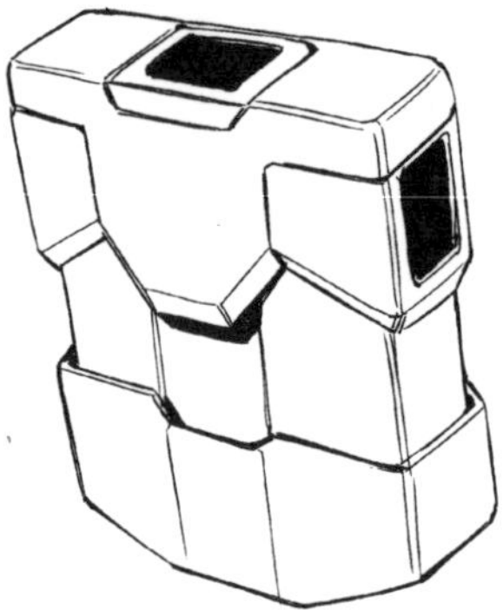
正面ふかんイメージ

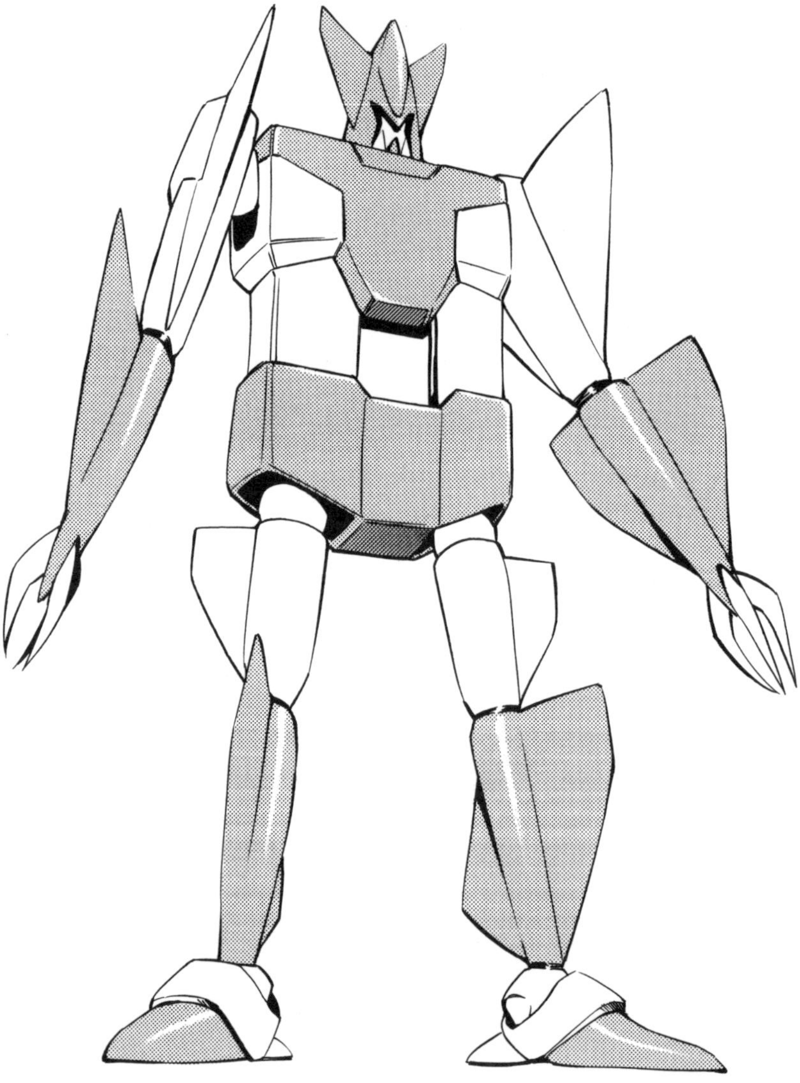

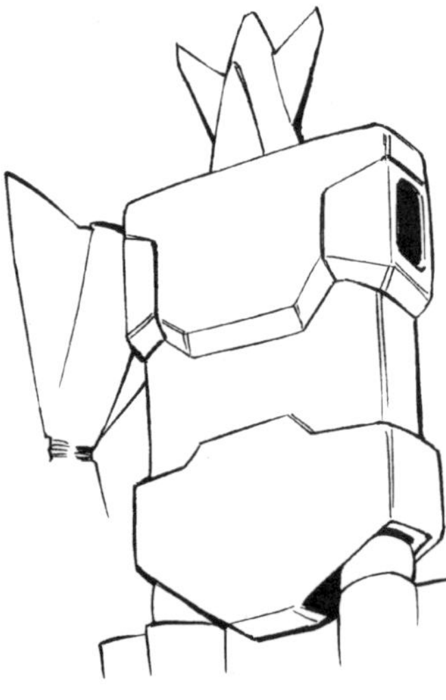
背面

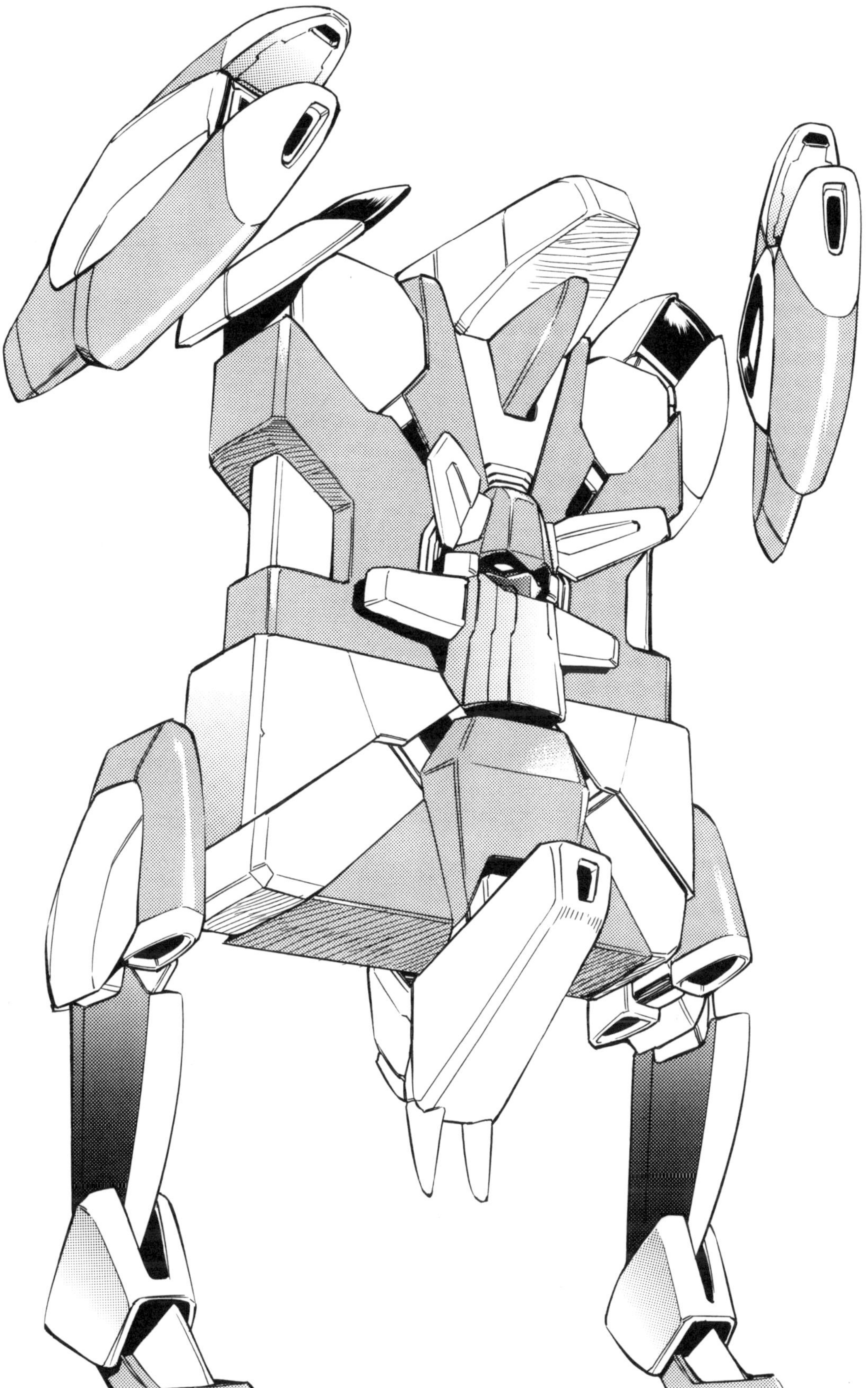

【板型ボディバリエーション】

シャープでスピーディなコンセプトの
ロボデザインに向いている

薄型=「ひらひら」をイメージしてデザインしていくのもひとつ

胴体　背中について

【最初から何らかのメカが装着されている場合】

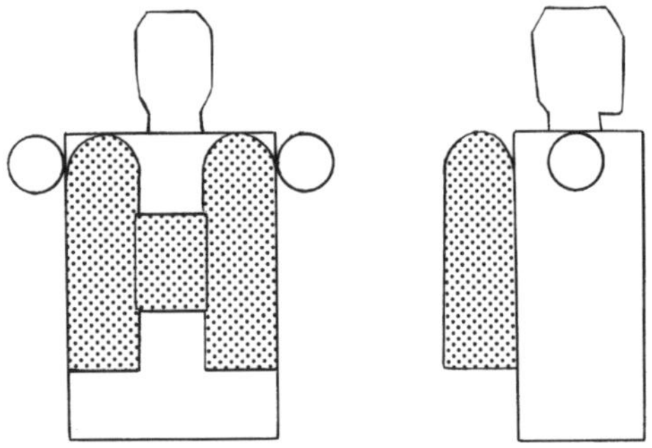

飛行パーツ … ロケットタイプの飛行装置など

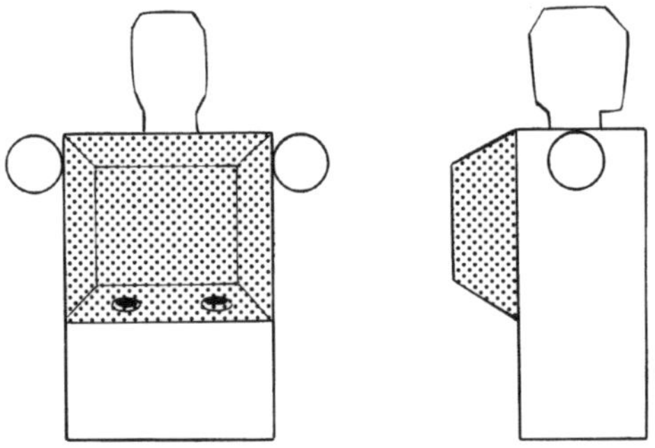

備品パック … 武器や燃料など

【オプションのパーツを取り付ける場合 … 合体の基本】

機械的なドッキングタイプ

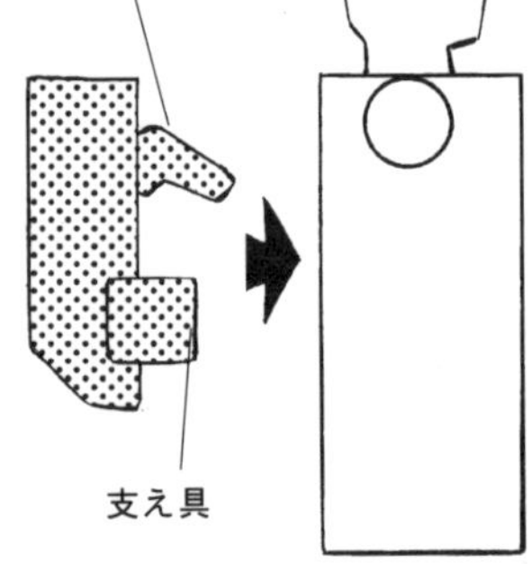

構造に応じたオプションパーツ

装着

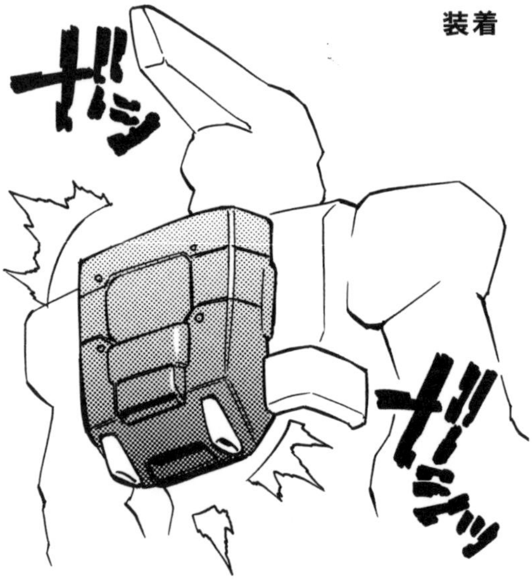

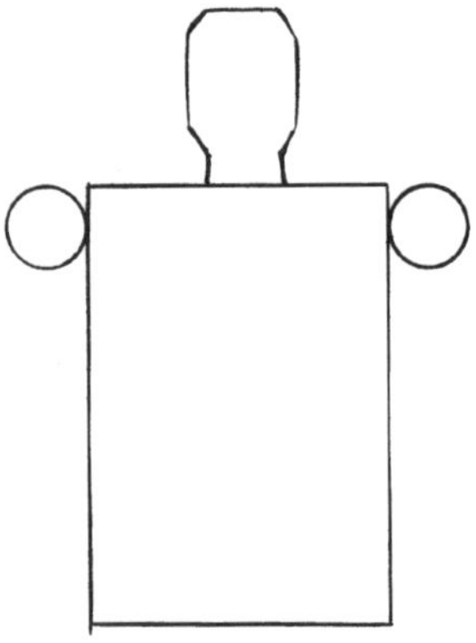

見た目は何もない
シンプルな背中

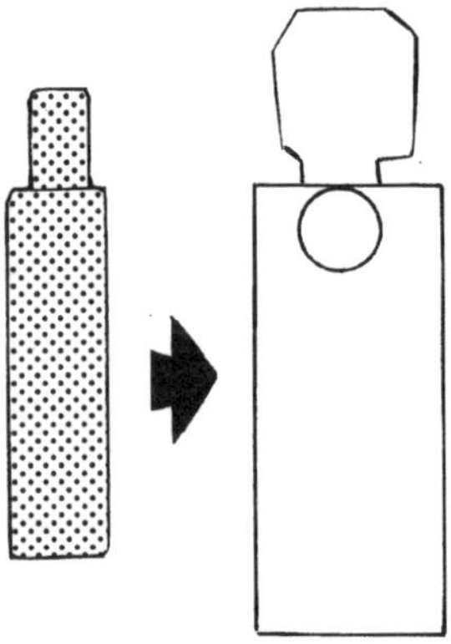

背面と同じ「面」をもった
パーツ

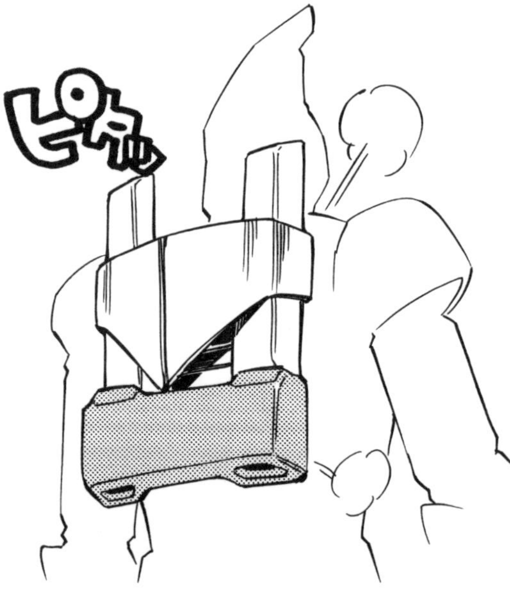

【装着ユニット】

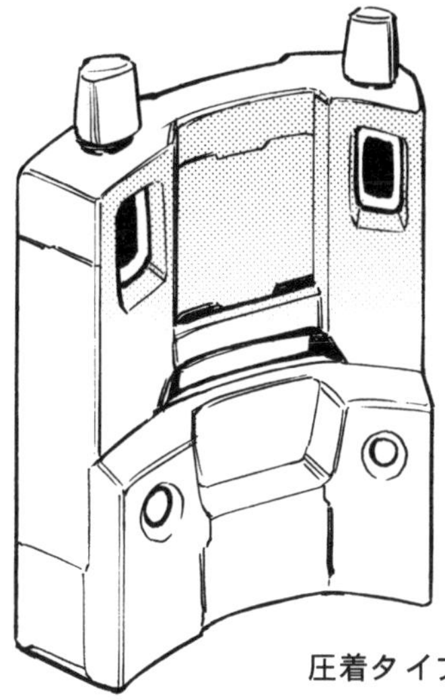

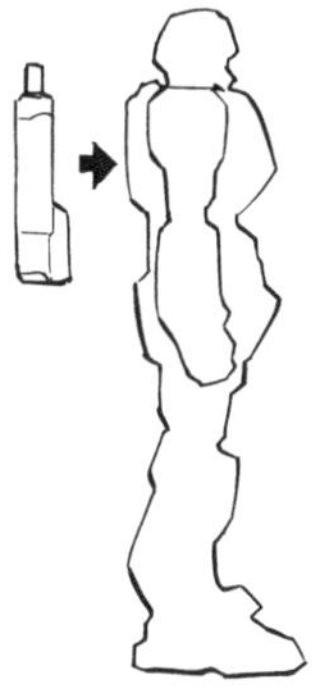

圧着タイプはシンプル。
磁力や真空圧などの
見えない力でくっつく

圧着タイプ

ツメ付きタイプ

背面

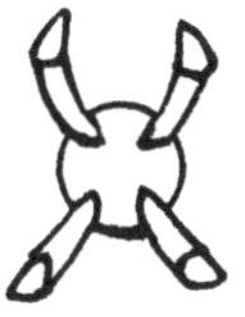

腹側

ツメ付きタイプ・装着サンプル

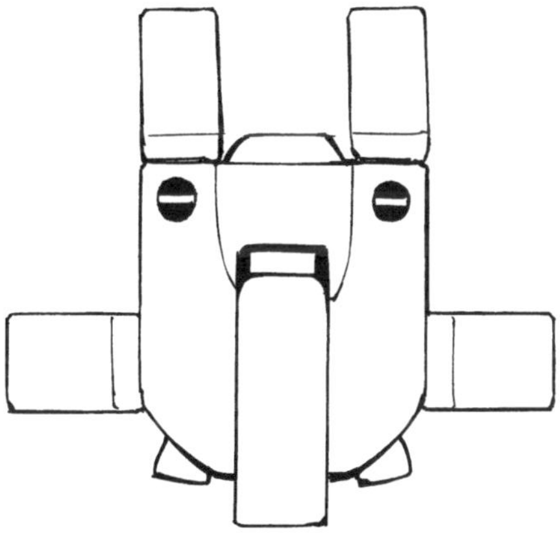

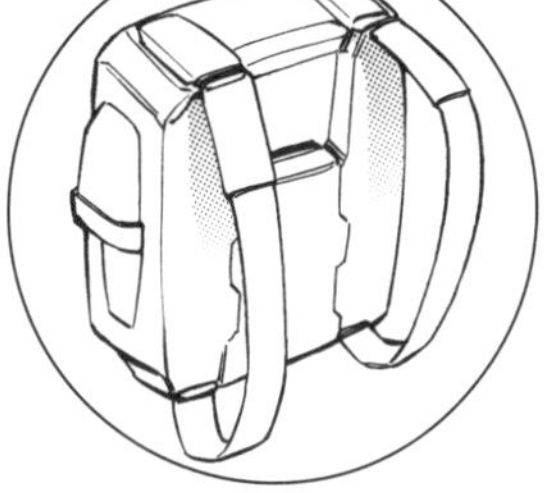

ツメ付きタイプの基本は
ランドセルやバックパック

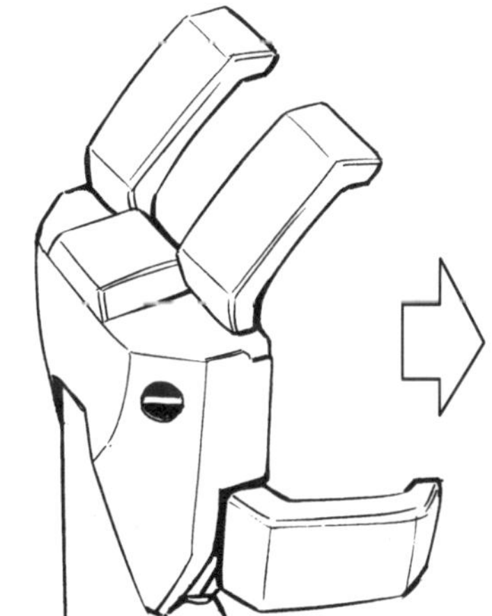

胴体　胸部パーツ-1 逆三角形タイプ

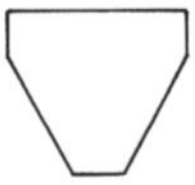

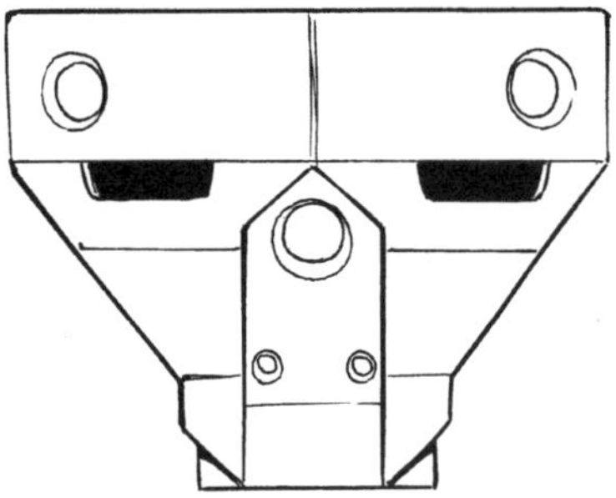

正面

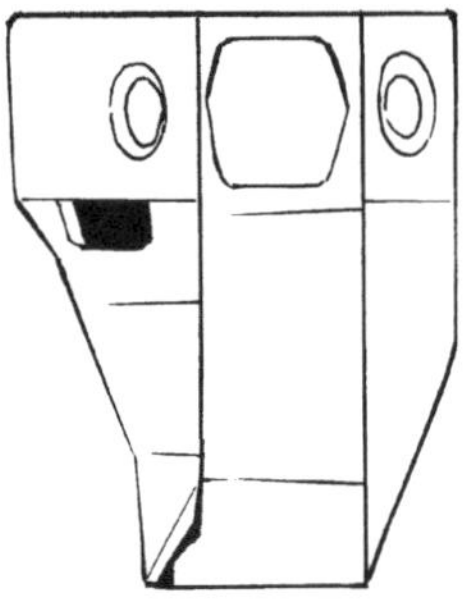

側面

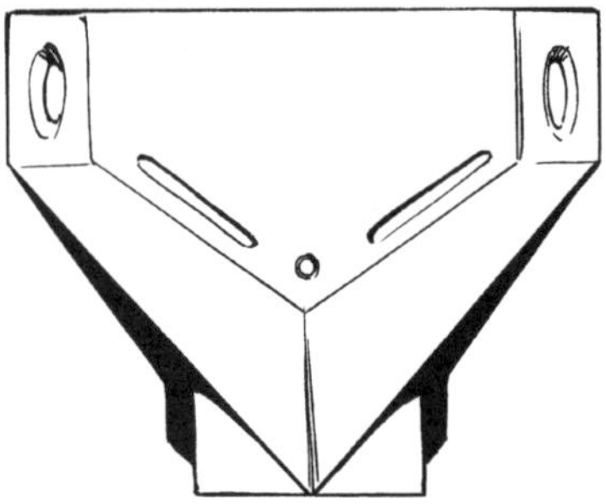

背面

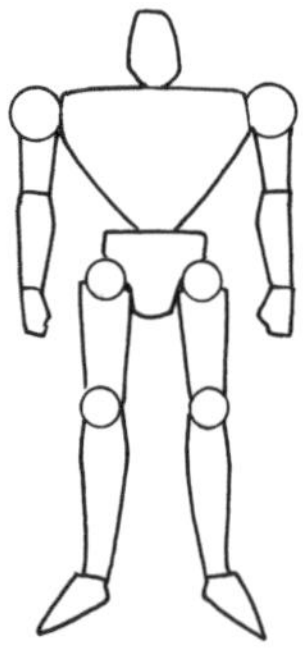

男性的なフォルム

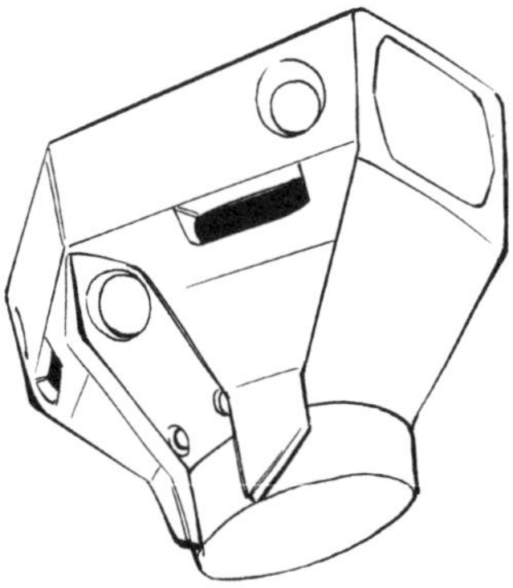

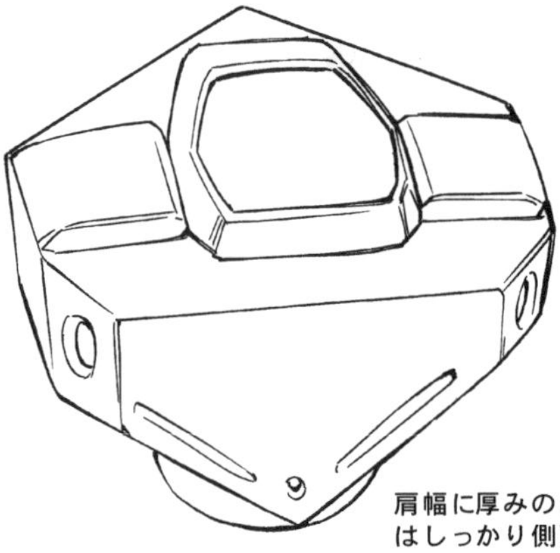

肩幅に厚みのあるロボはしっかり側面や上面を設定しておこう

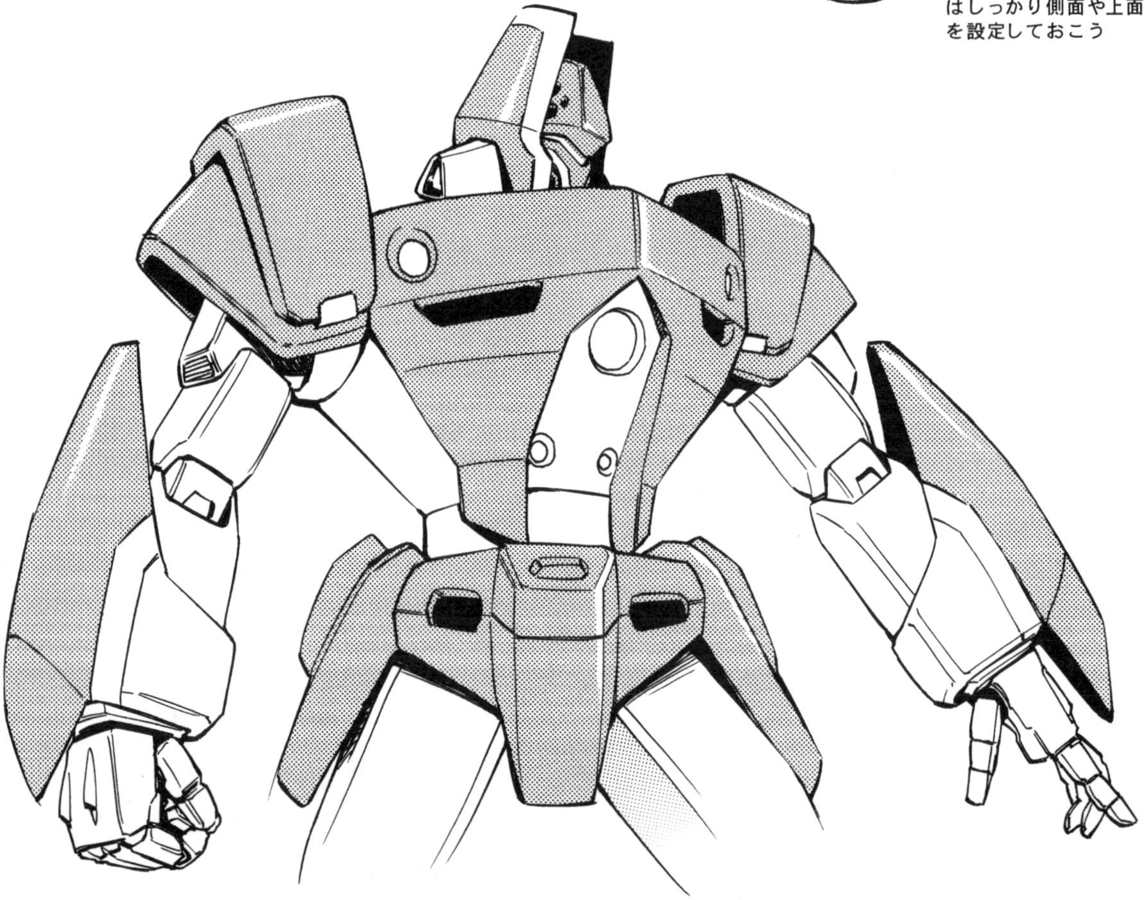

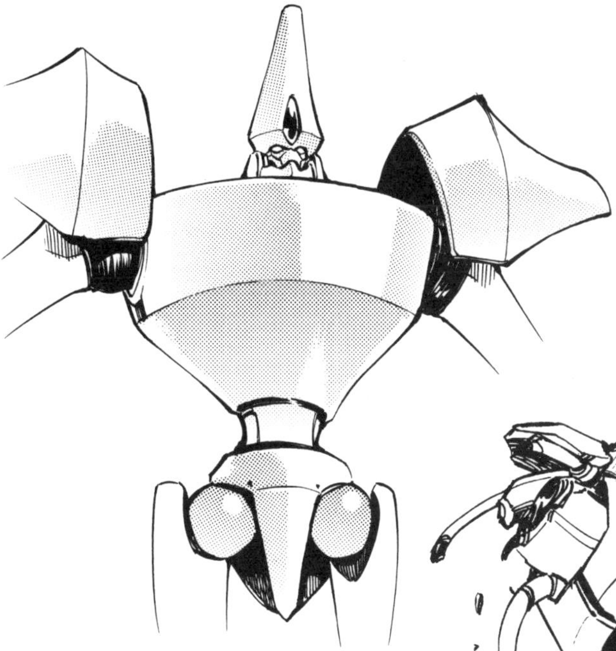

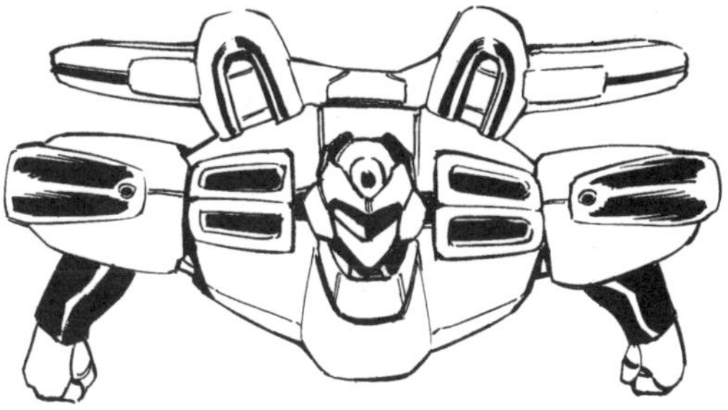

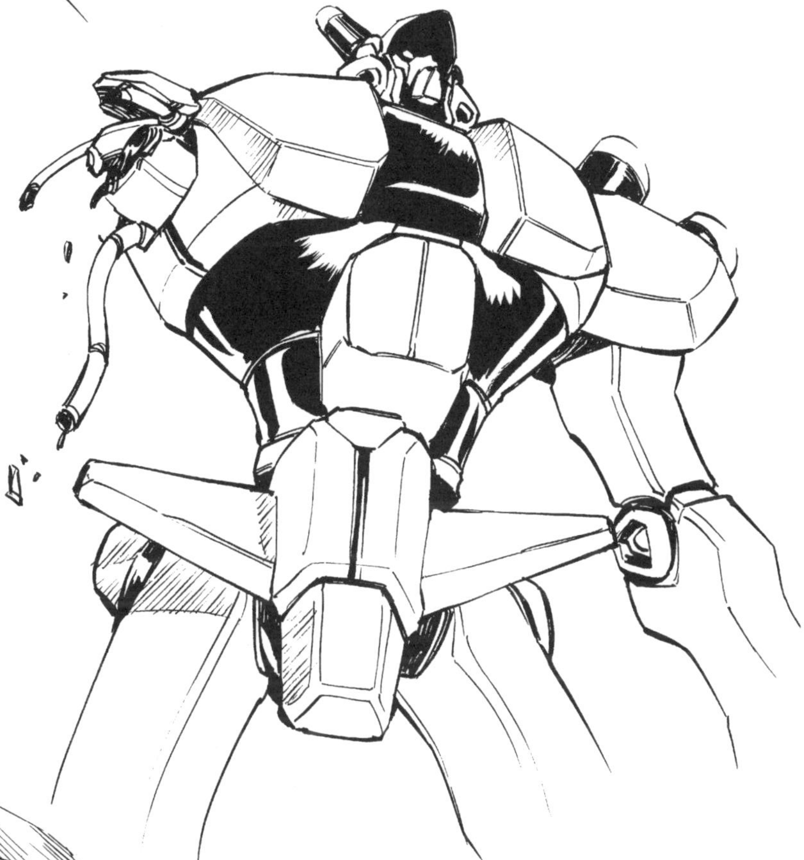

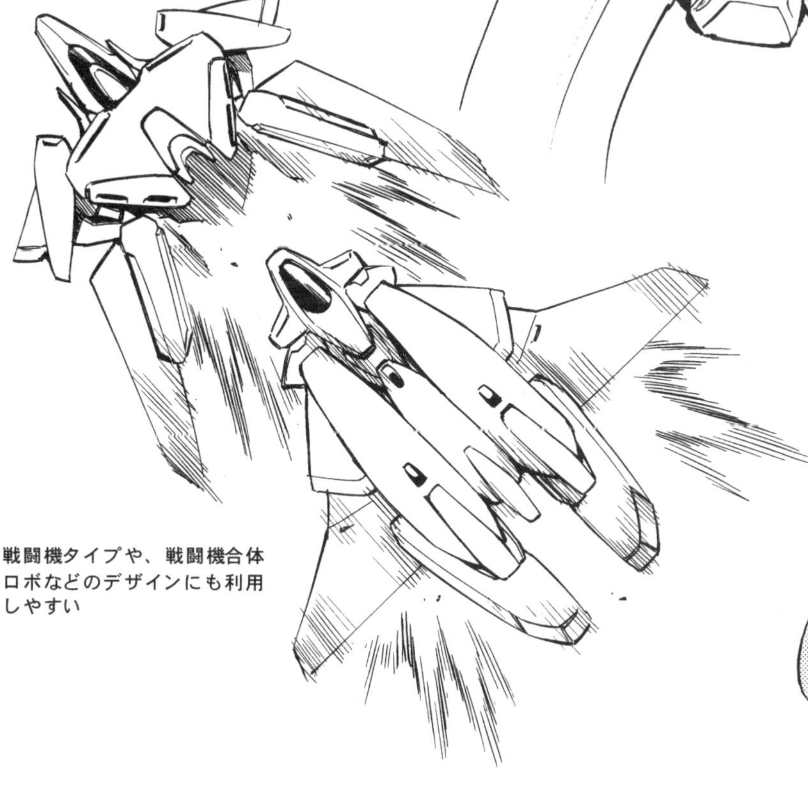

戦闘機タイプや、戦闘機合体
ロボなどのデザインにも利用
しやすい

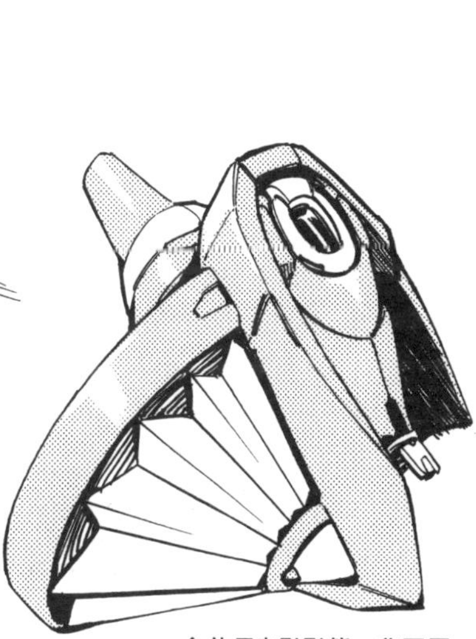

合体用変形形態。背面図

胴体　胸部パーツ-2 台形タイプ

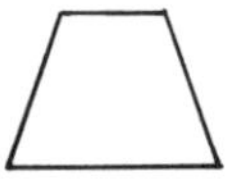

タンクタイプなど。特殊なロボデザインに向いている。

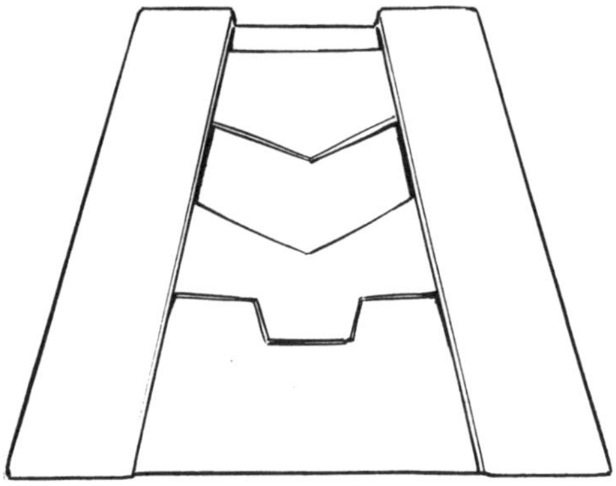

正面

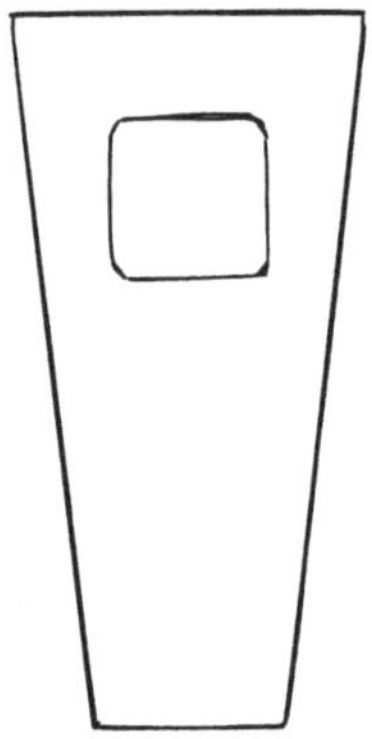

側面

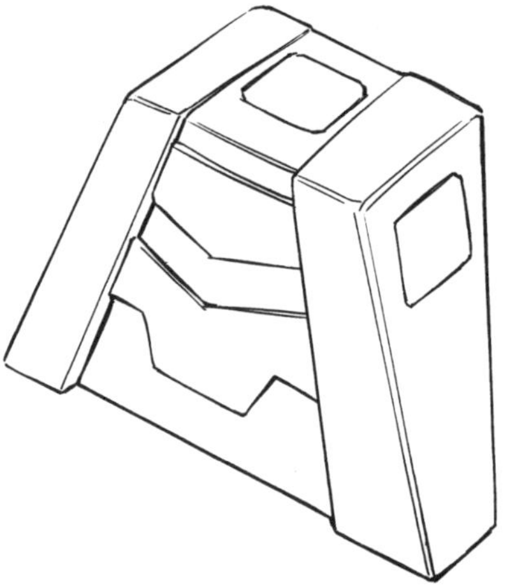

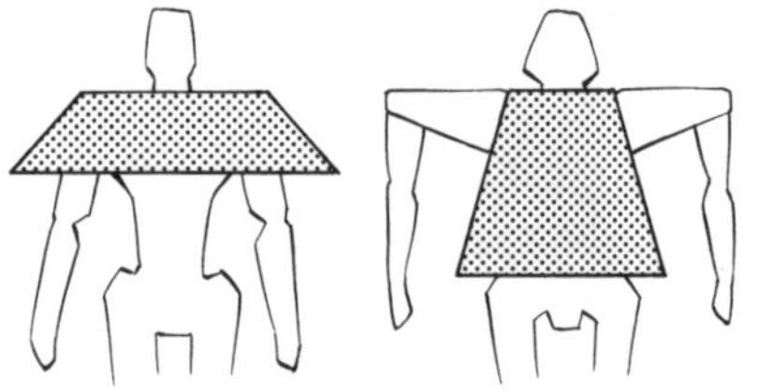

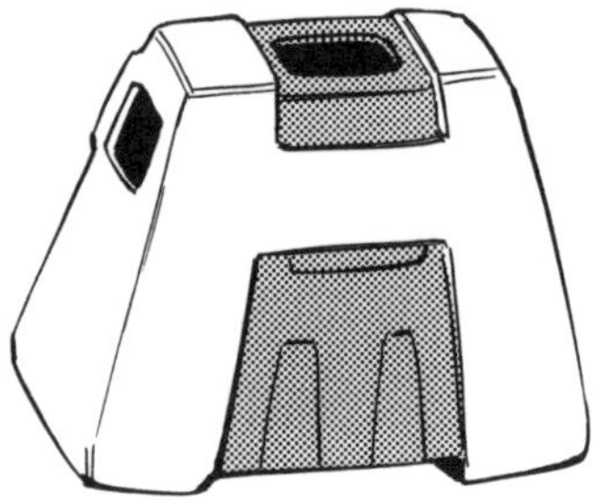

背面

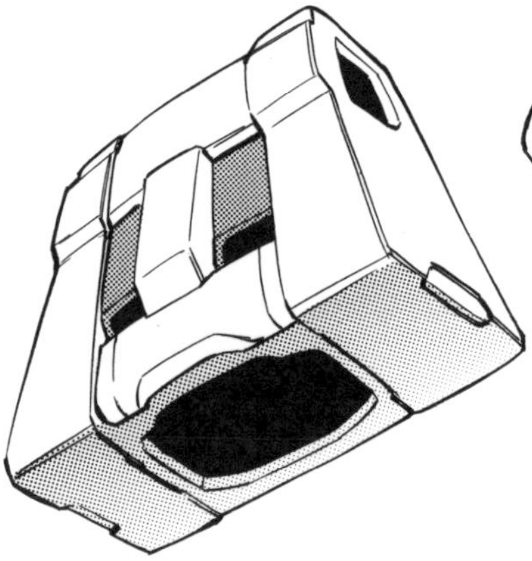

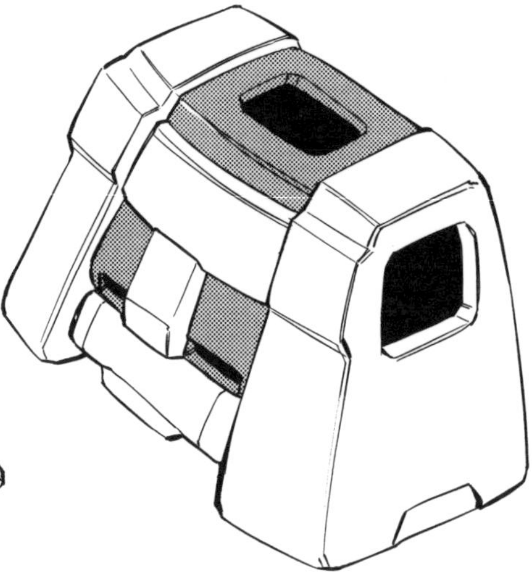

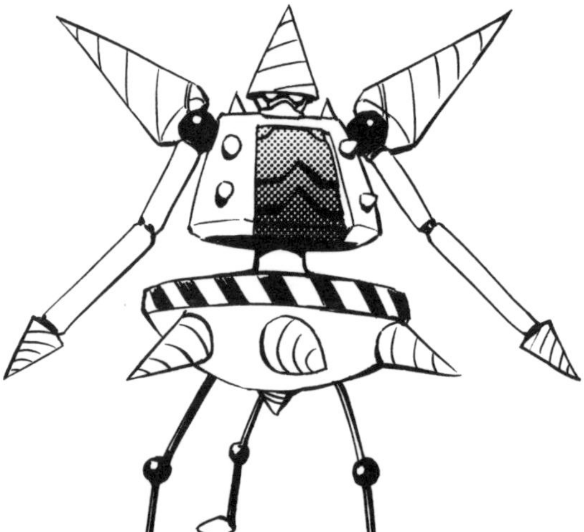

台形タイプの胸部は、下半身のパーツに個性を出しやすい

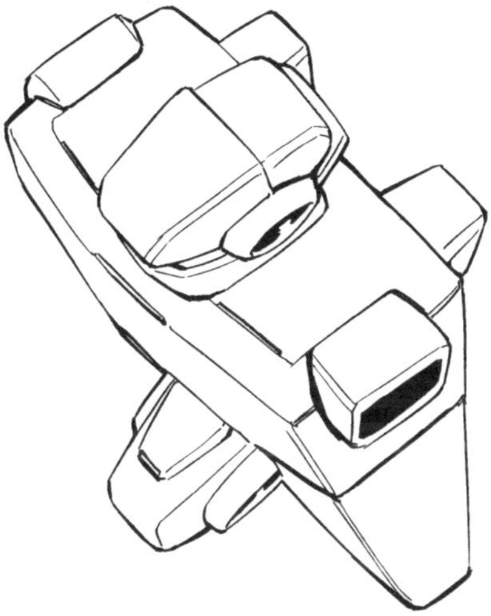

胴体

胸部パーツ-3 球形タイプ

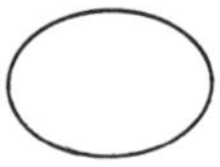

どんなタイプのロボもデザインしやすい。

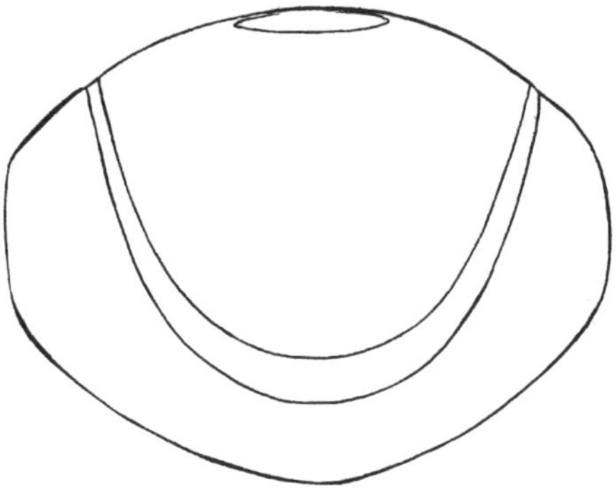

正面

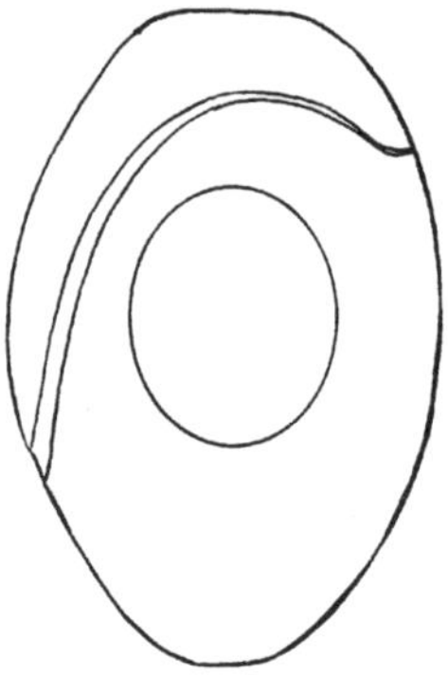

側面

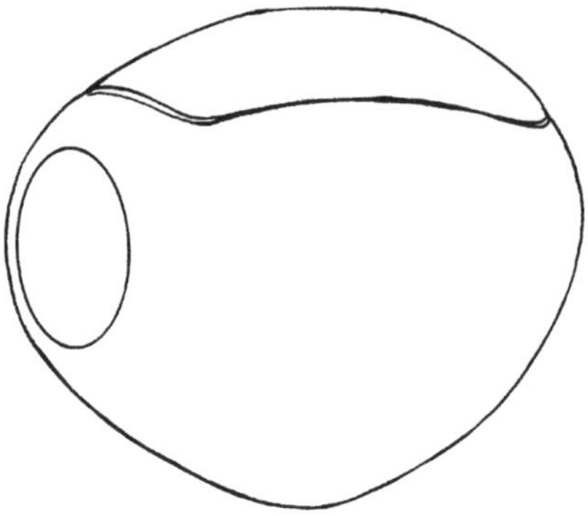

背面

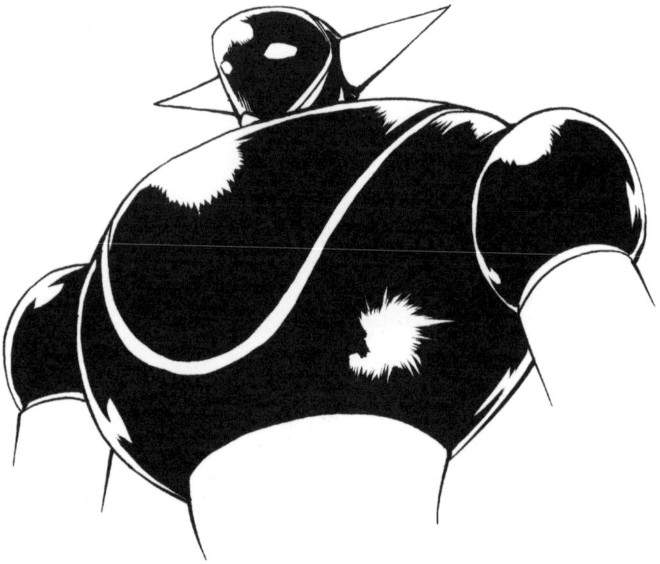

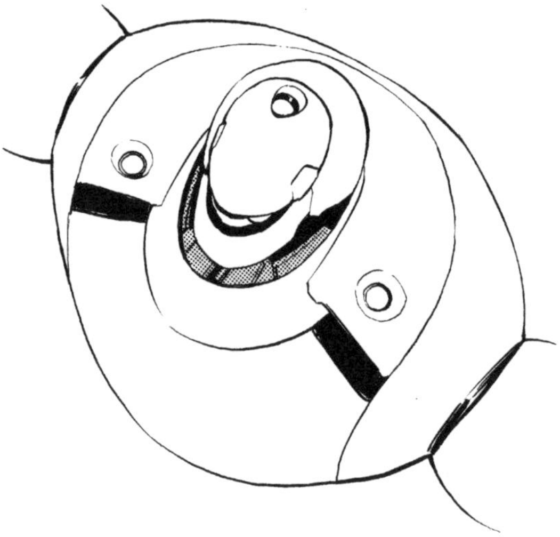

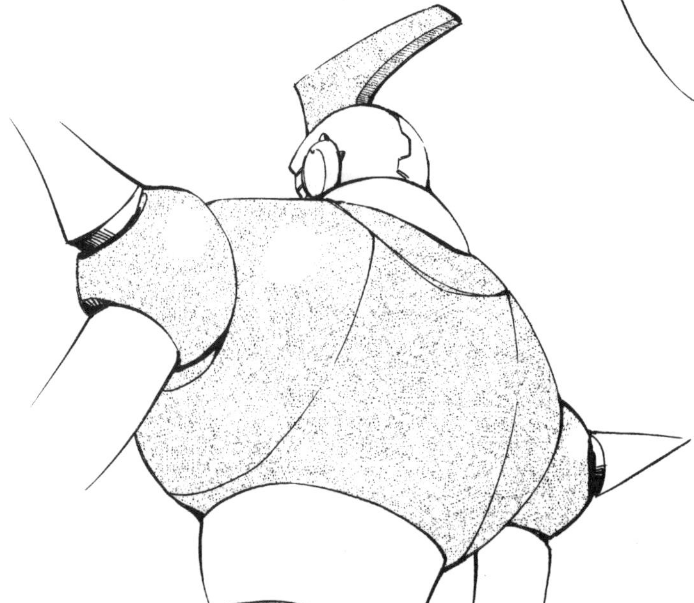

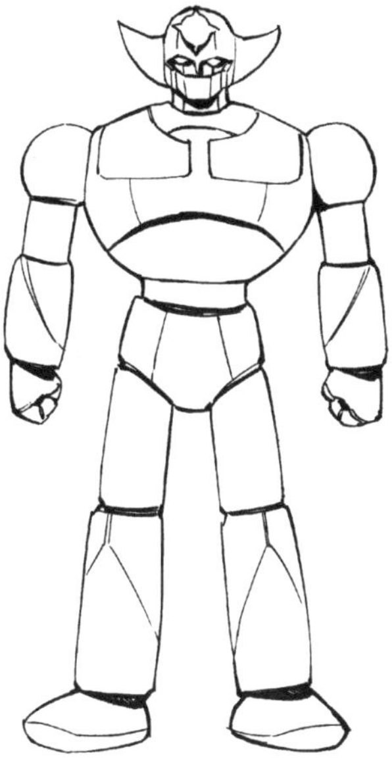

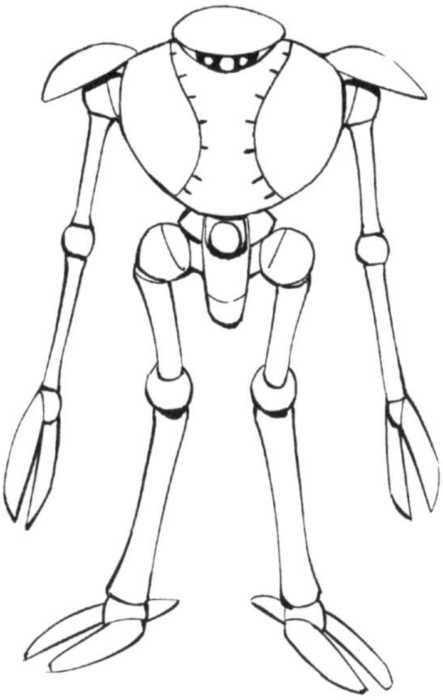

胸部パーツ-4 四角形タイプ

いろいろなパーツ、オプションをつけやすい。

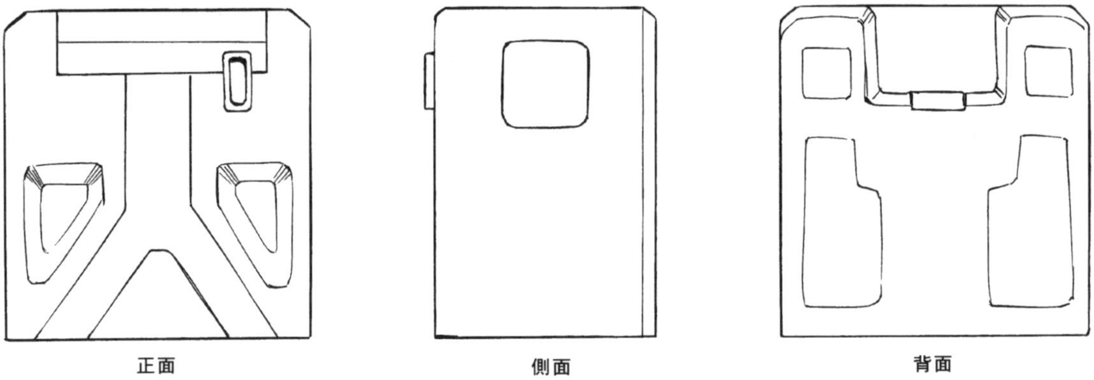

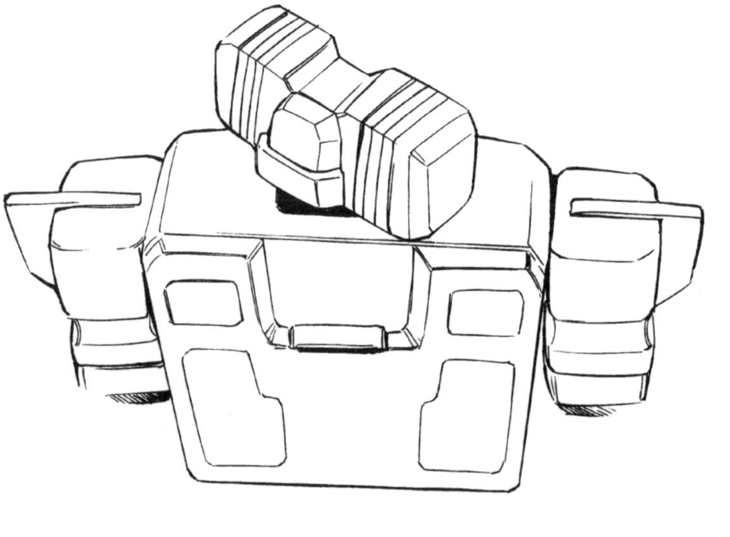

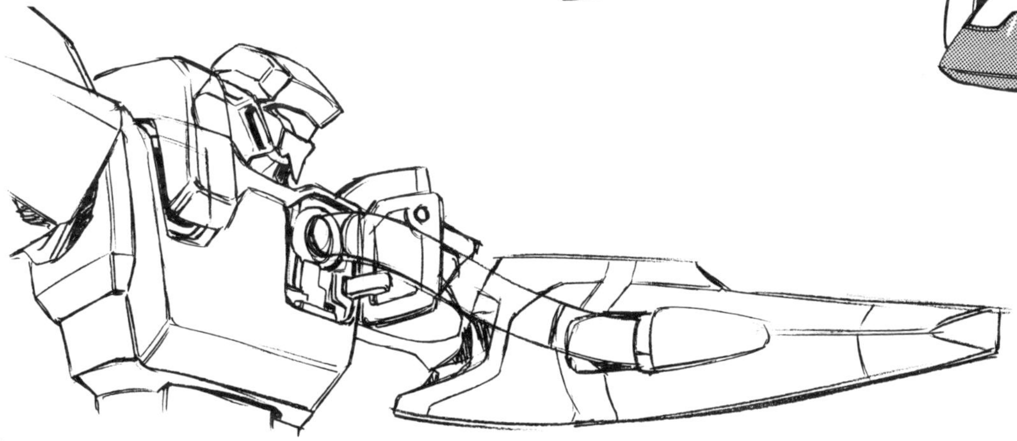

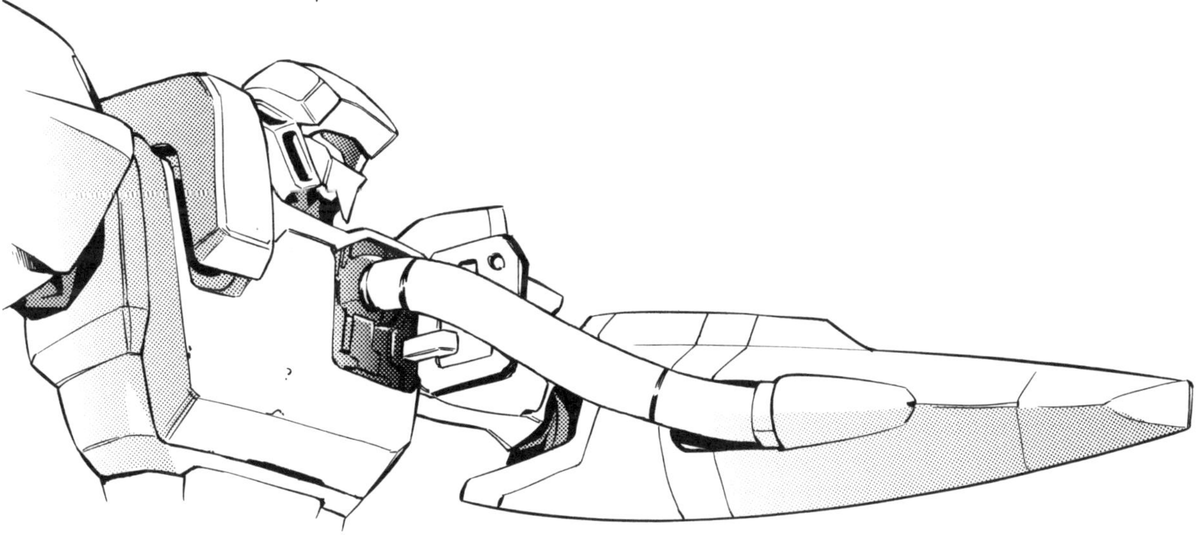

胴体　腰部パーツ-1 パンツタイプ

コミカルになりやすく、リアル志向ロボよりマンガ的なロボに向いている。

【直線構成・角形タイプ】

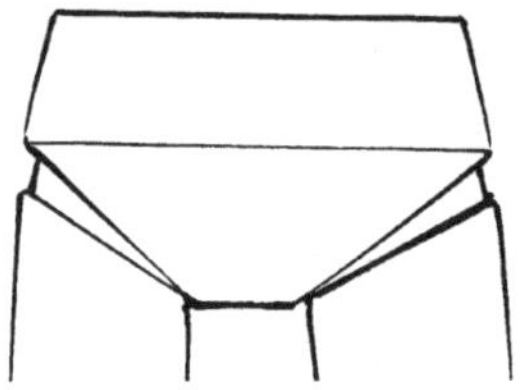

正面

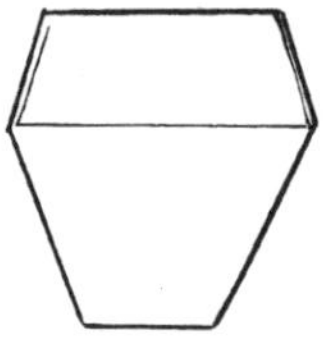

側面

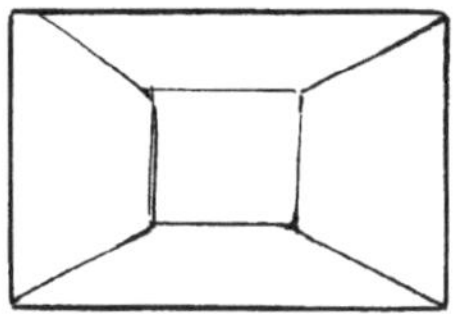

真下から

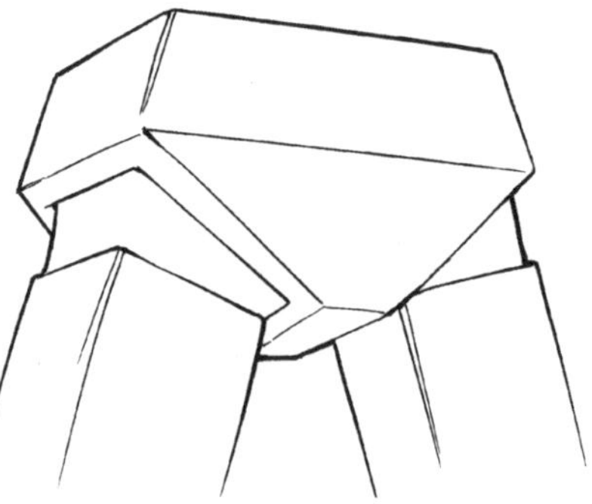

構造模式図

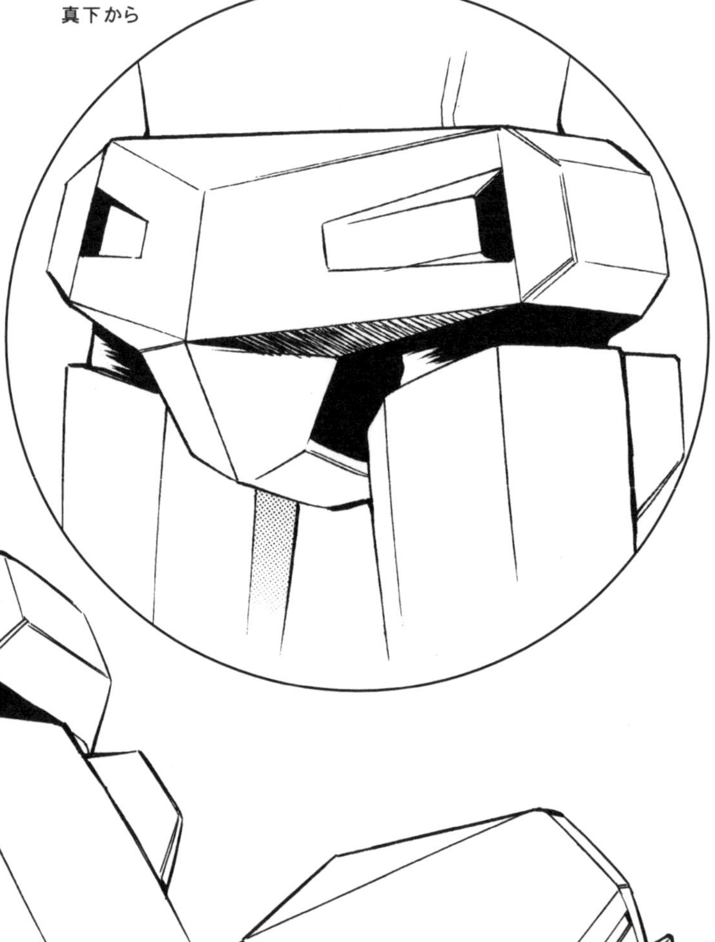

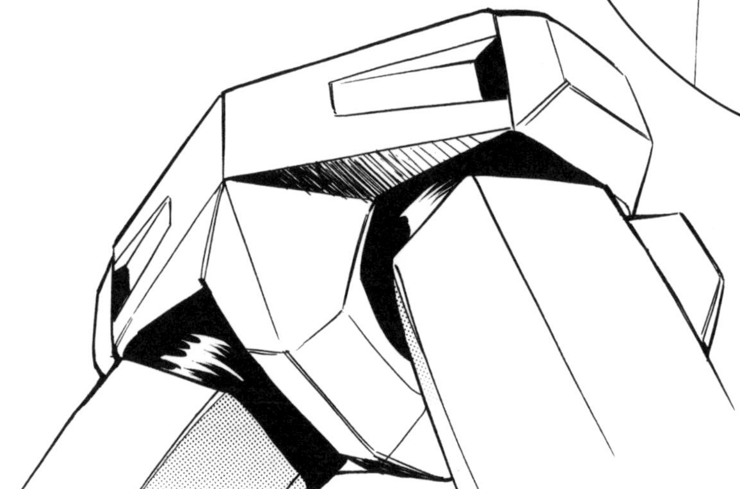

【曲面構成・球形タイプ】

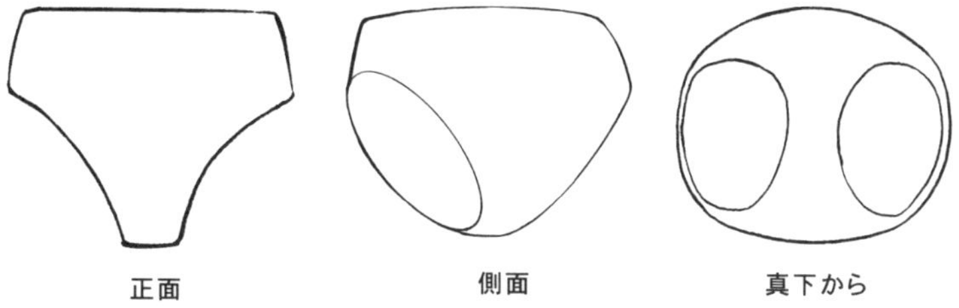

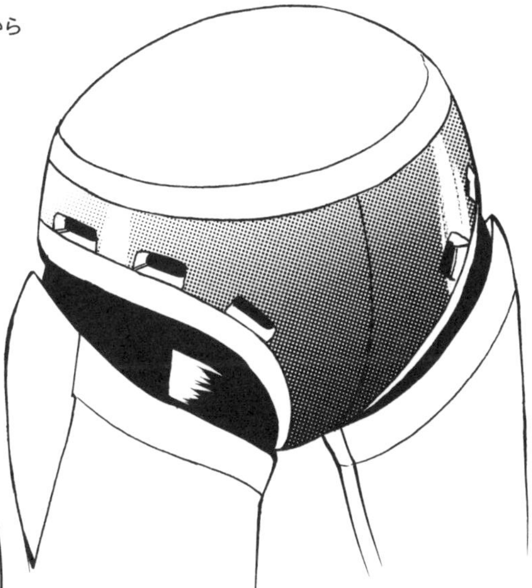

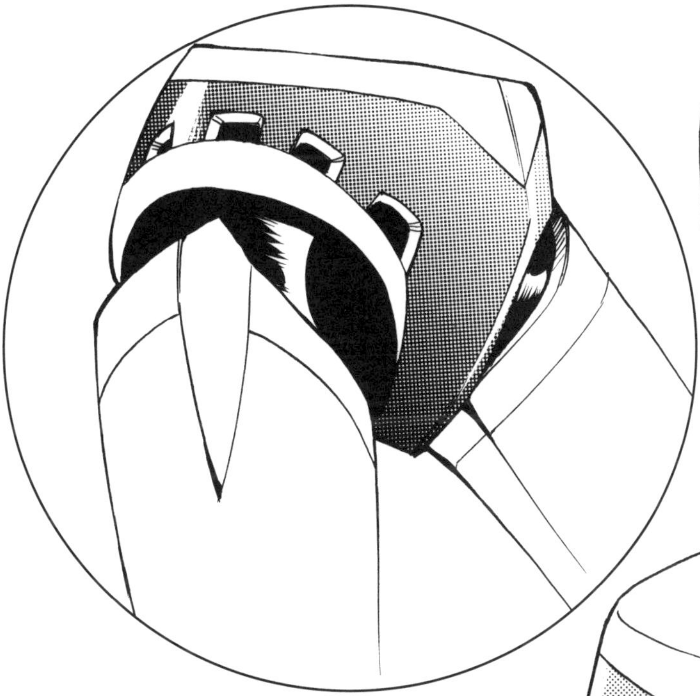

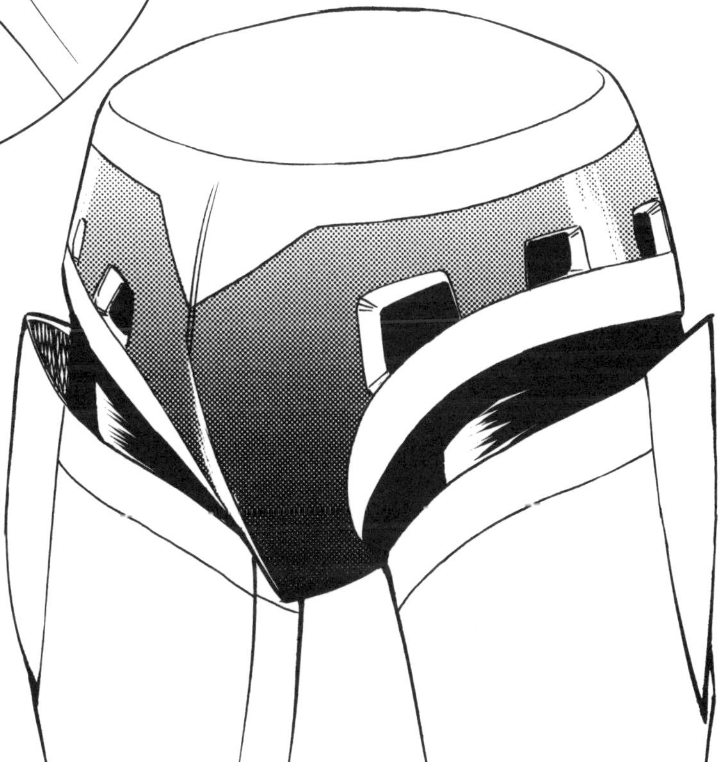

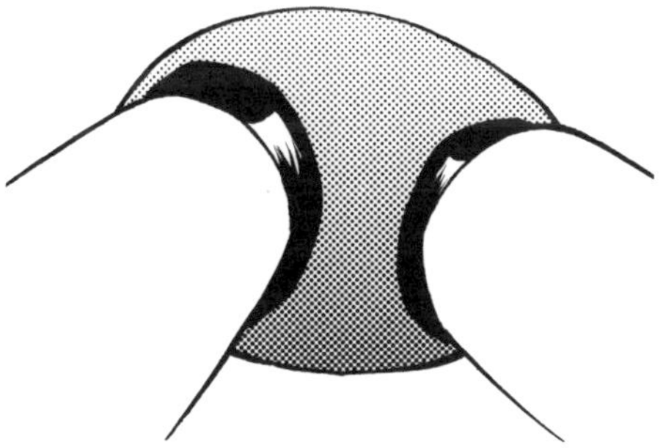

胴体　腰部パーツ-2 T字タイプ

戦闘兵器タイプなど、リアルタイプのロボに向いている。

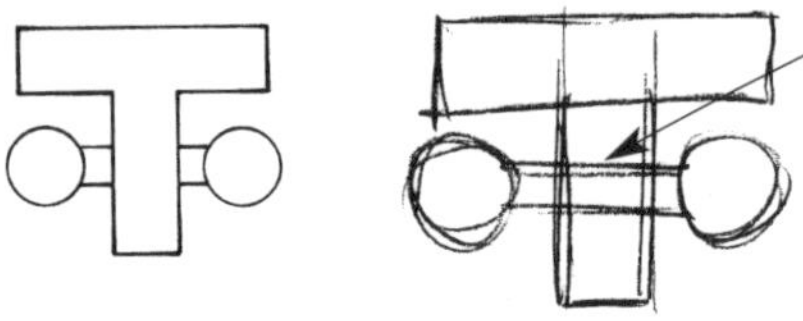

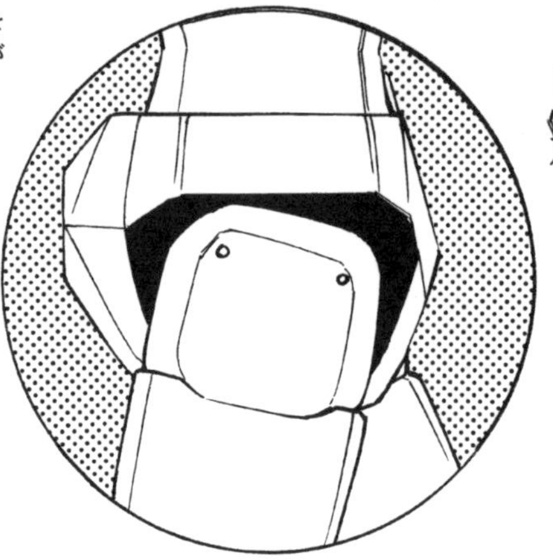

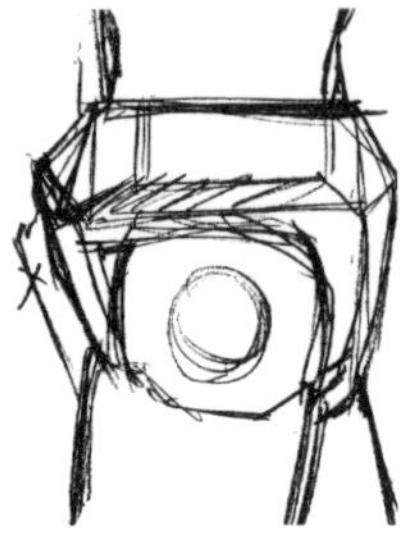

サイド

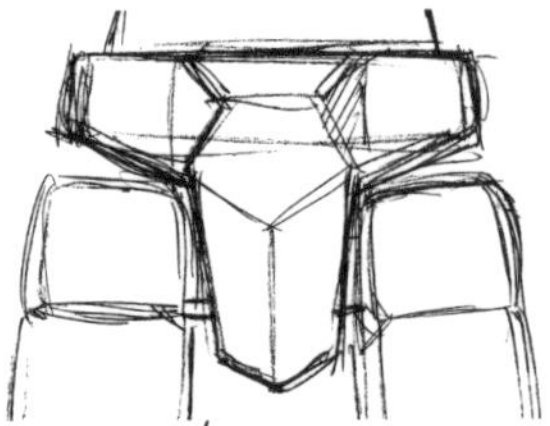

正面

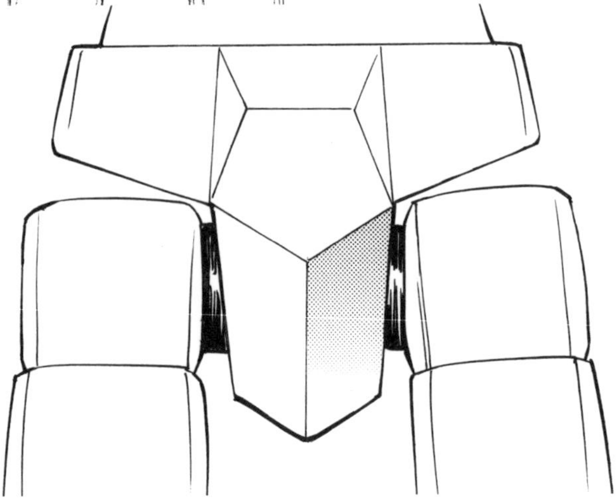

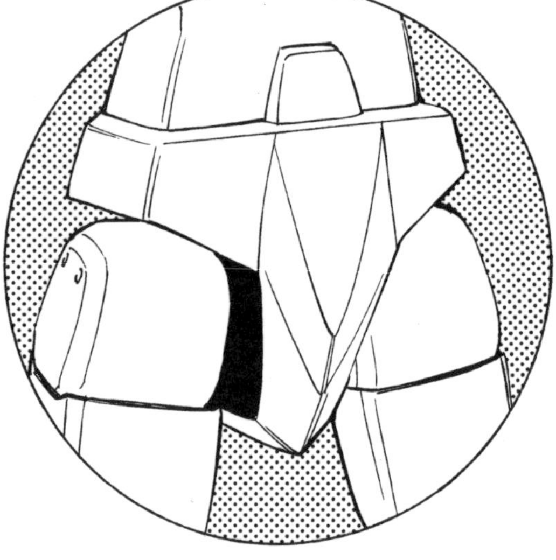

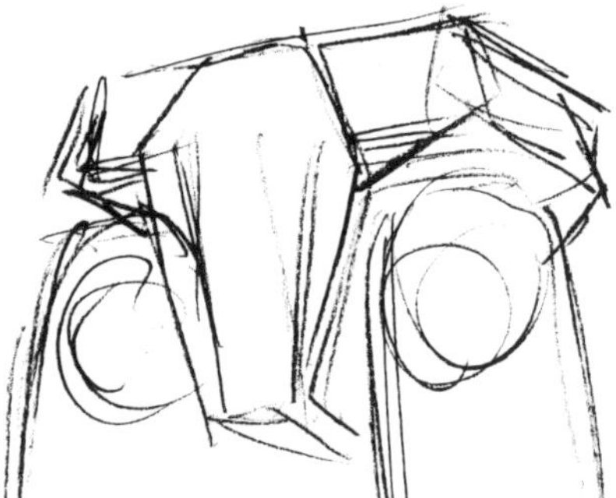

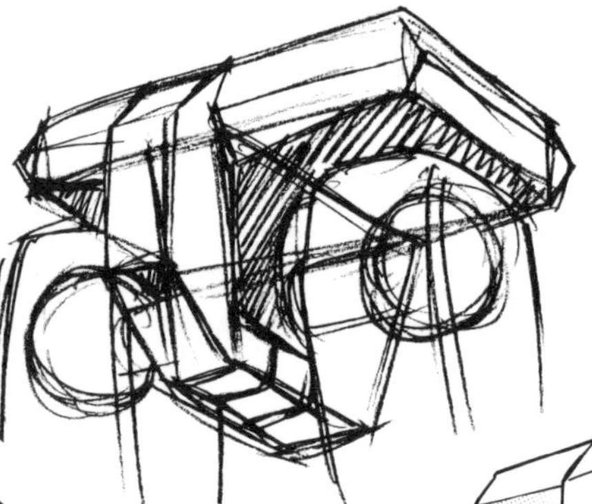

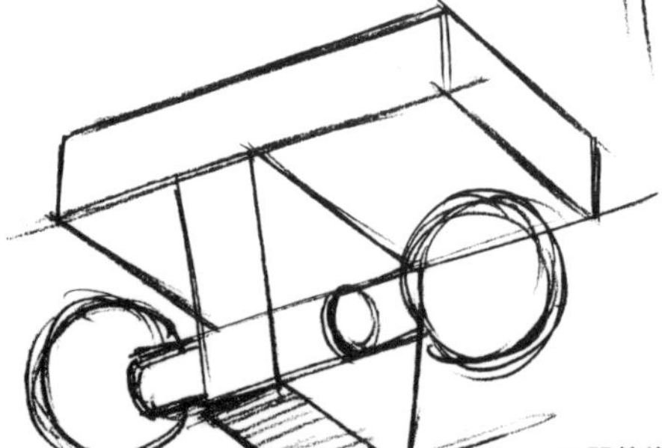

股関節構造模式図

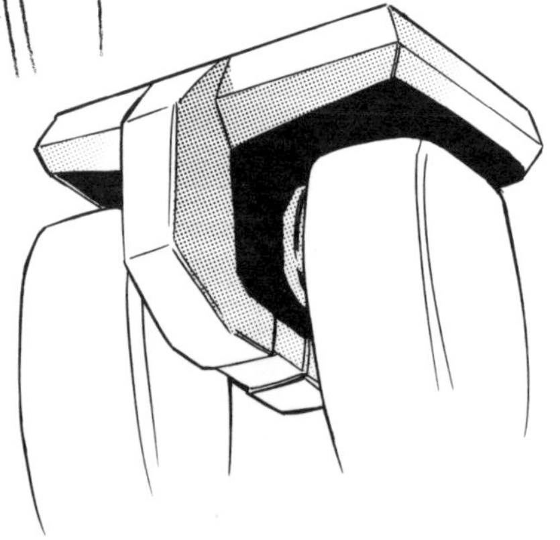

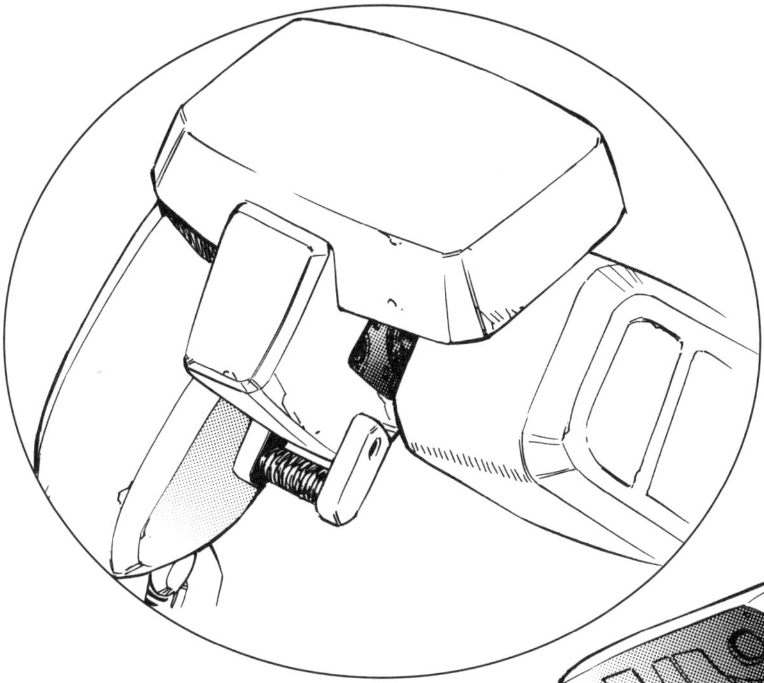

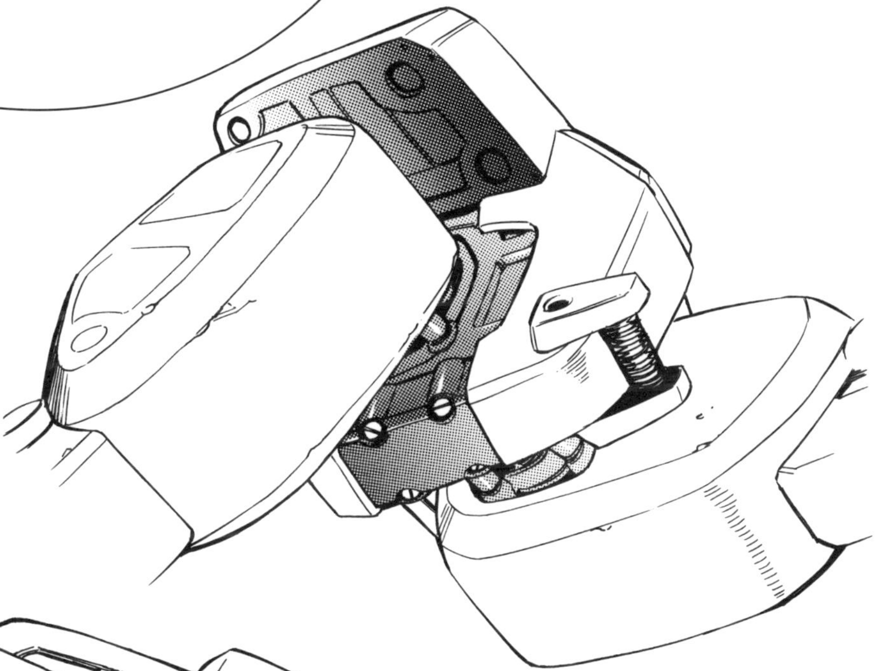

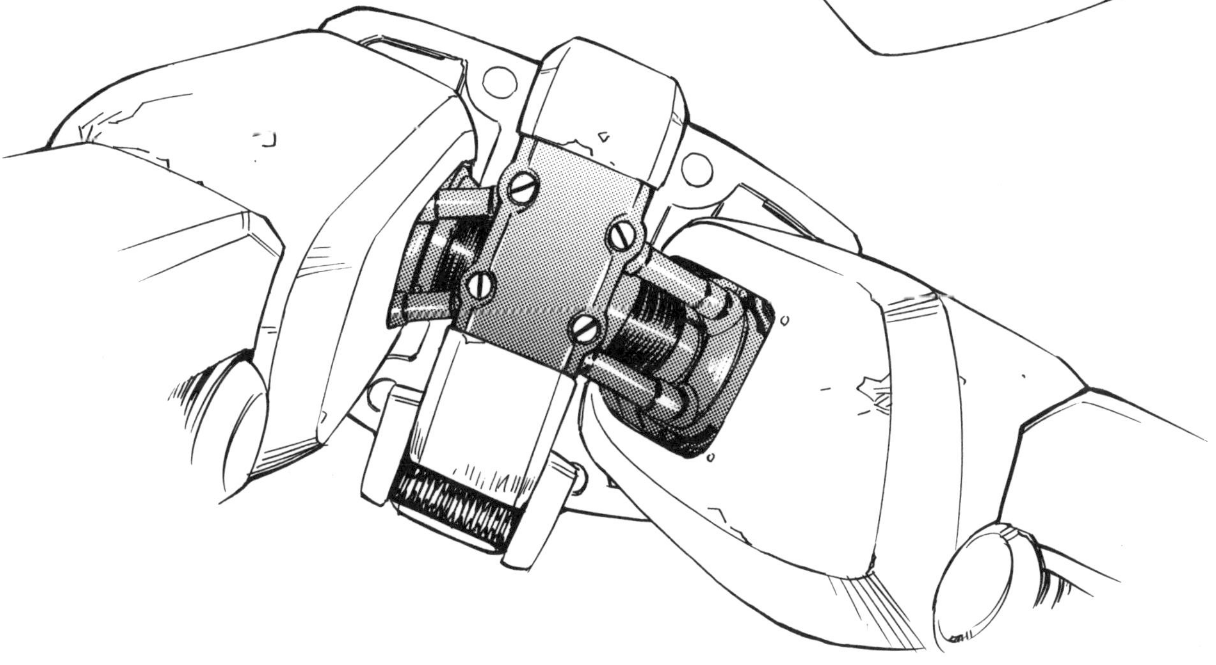

【T字股関節バリエーション】

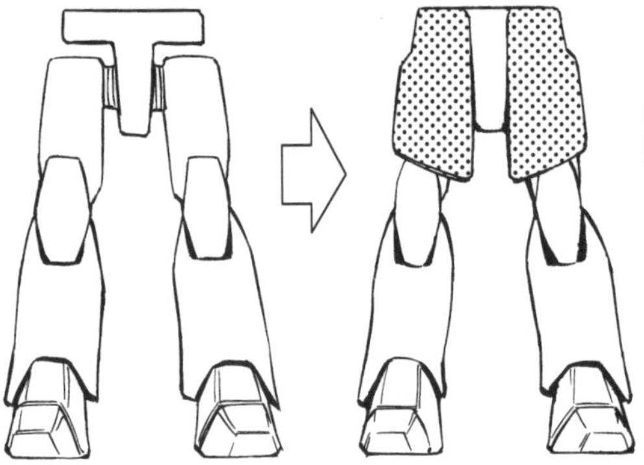

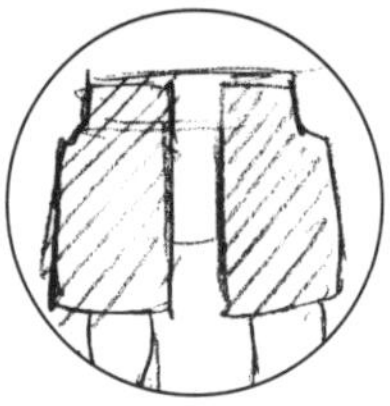

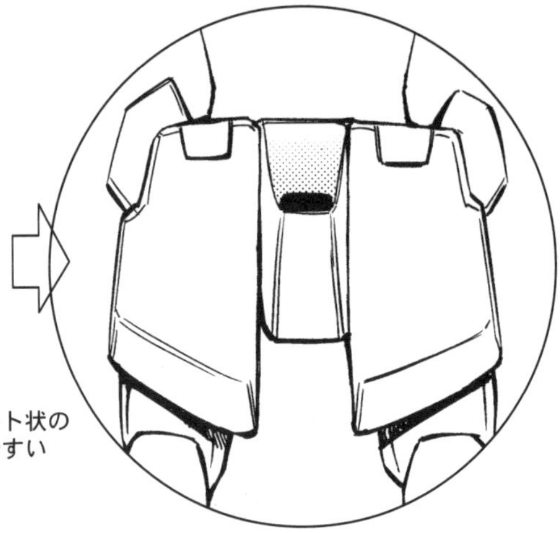

T字タイプはスカート状の
装甲パーツを加えやすい

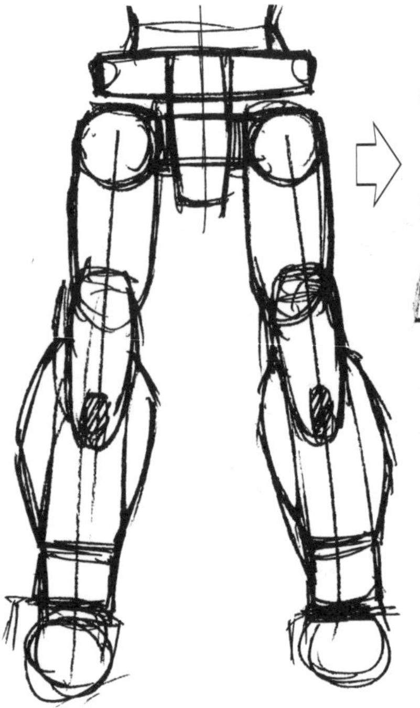

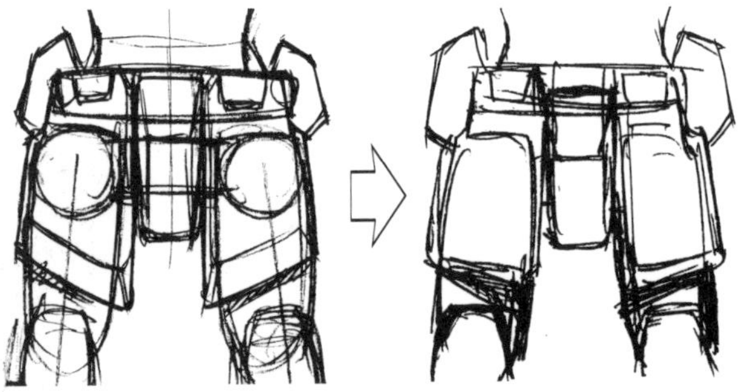

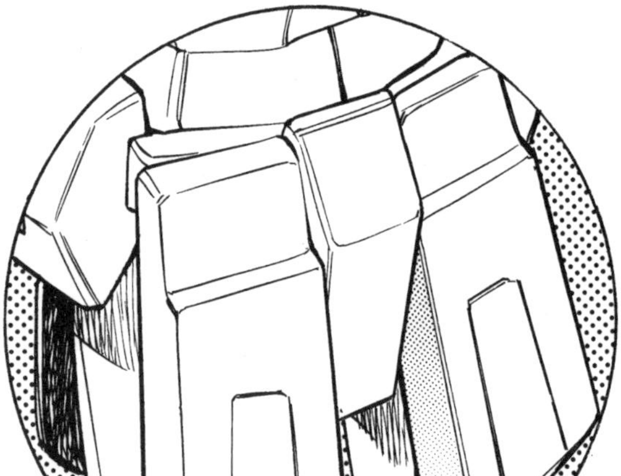

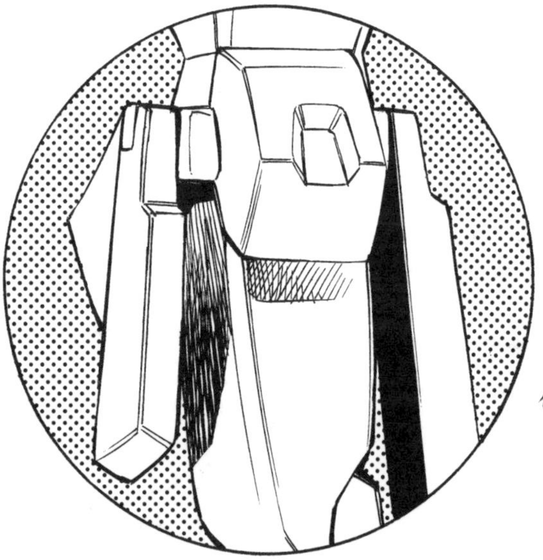

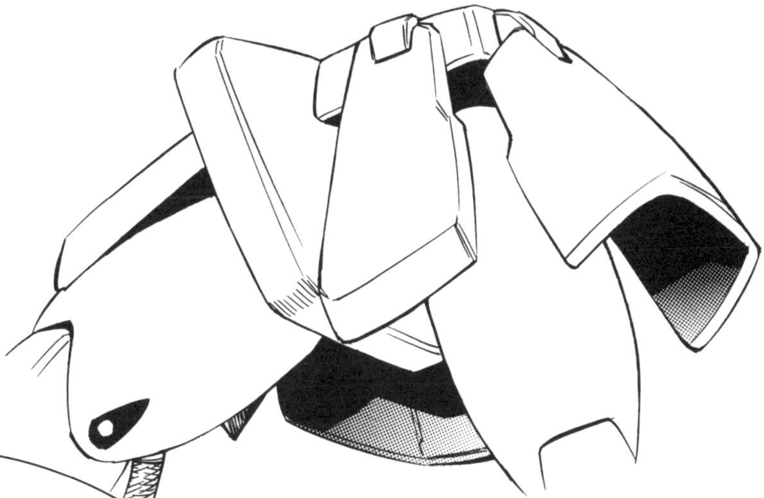

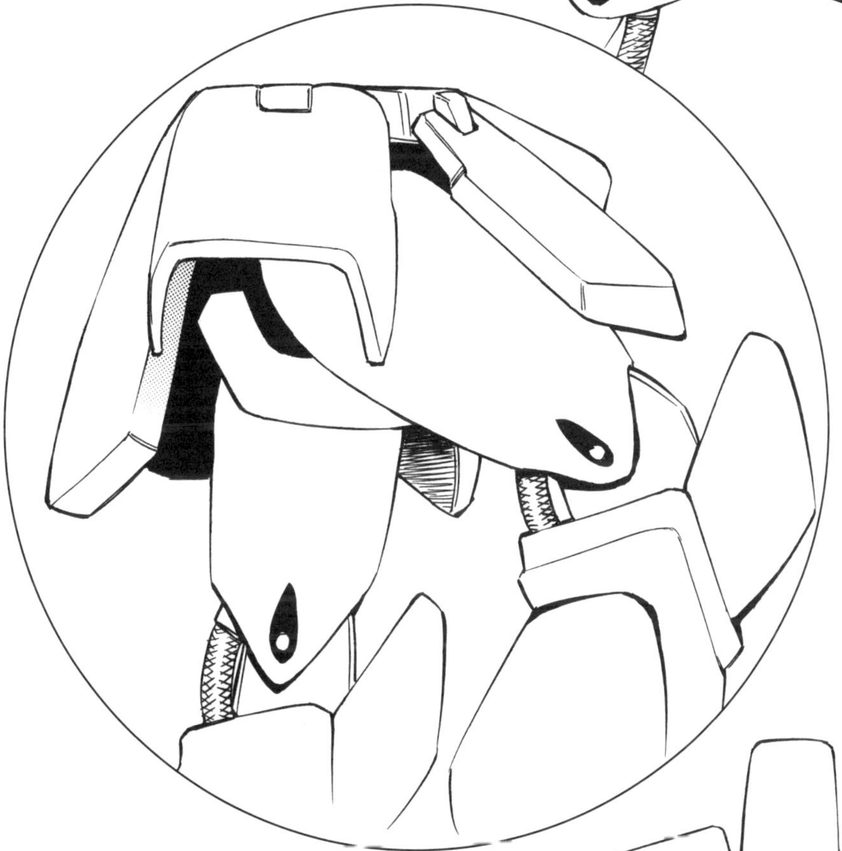

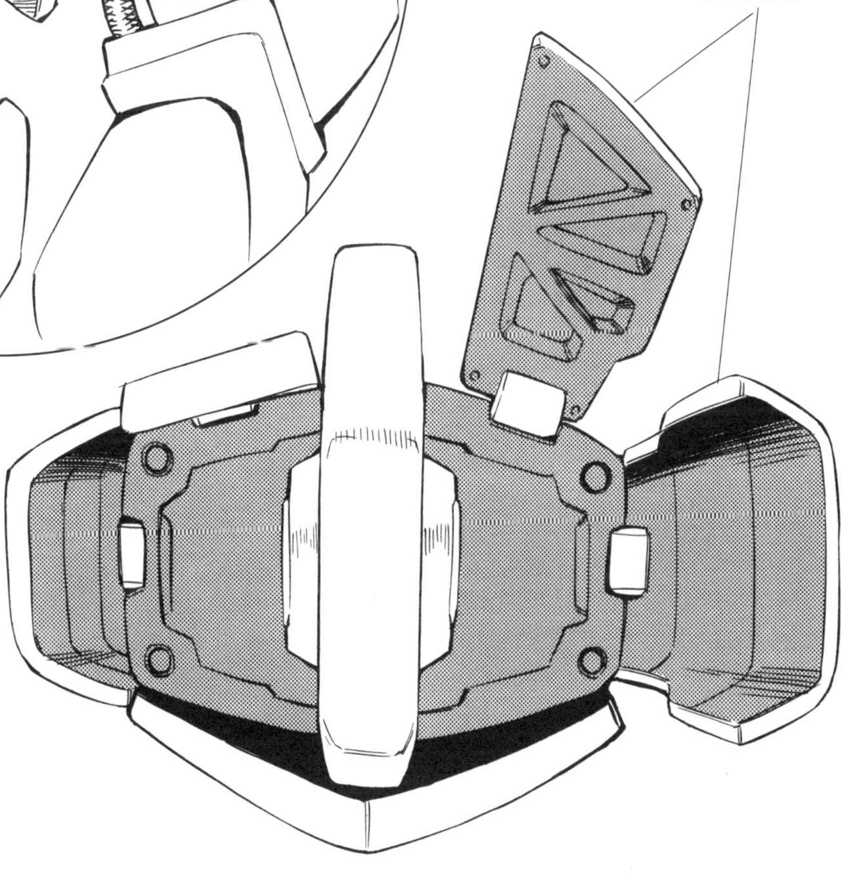
開いたとき

胴体 特殊ボディ・ムカデタイプ

ボディが数個のブロックで構成される。オリジナルの独特のデザインがしやすい。

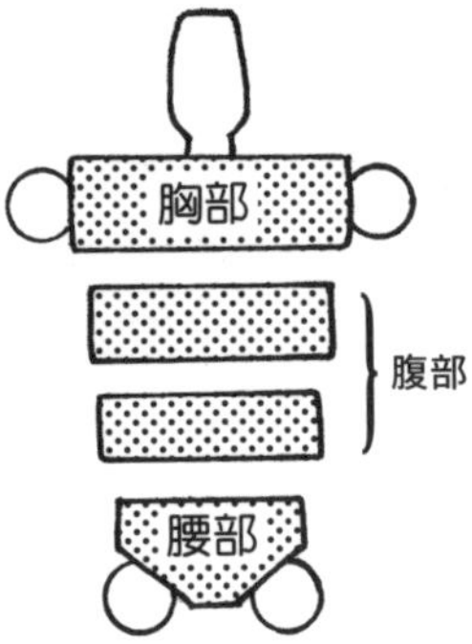

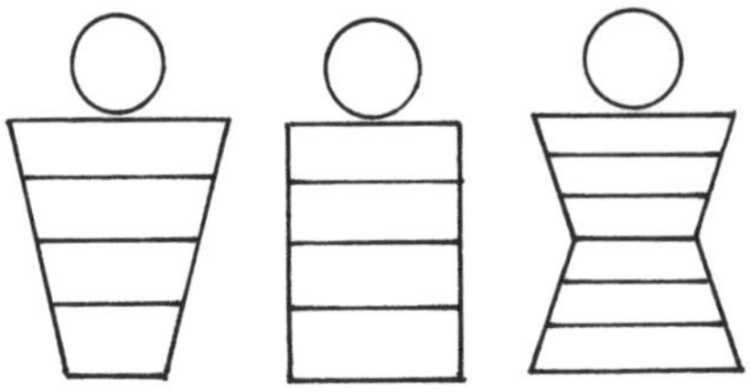

関節の数、形、厚み、フォルムは自由

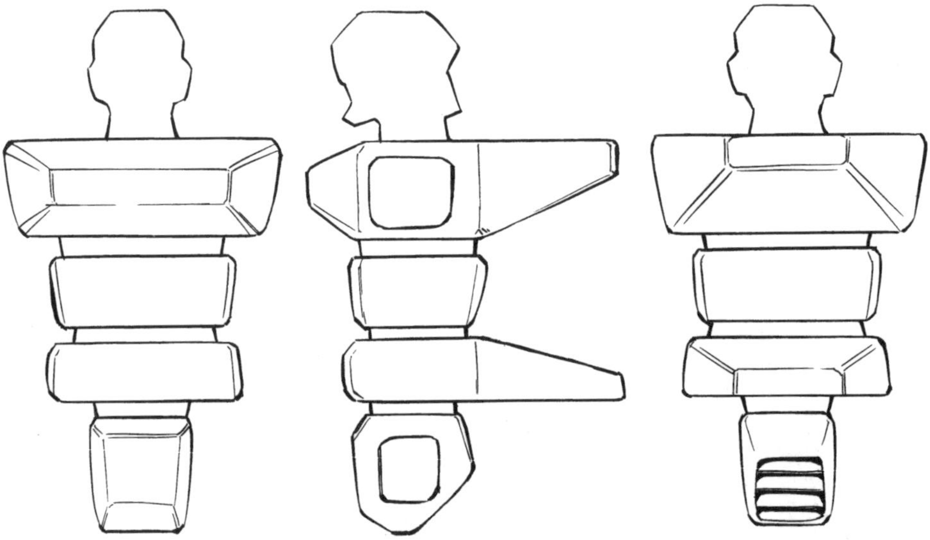

正面　　側面　　背面

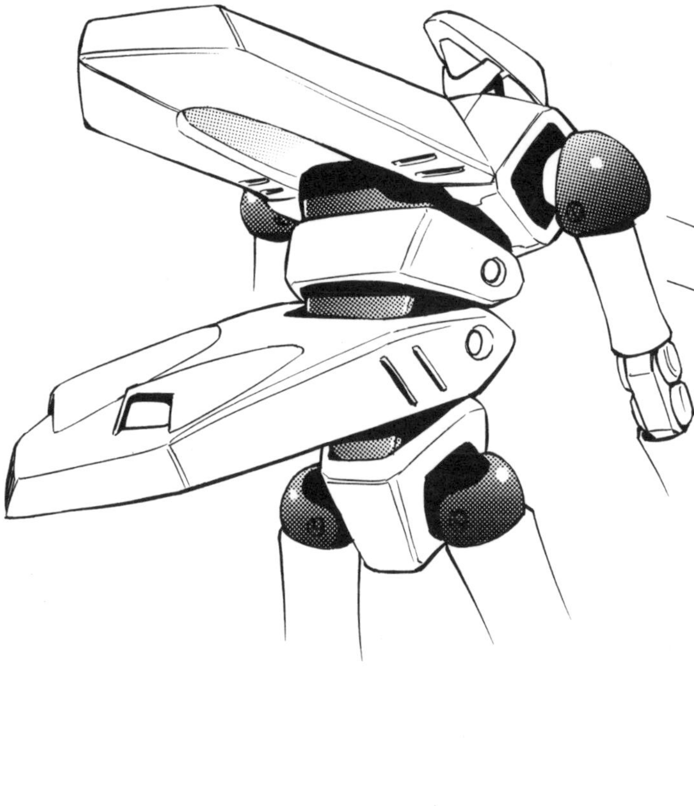

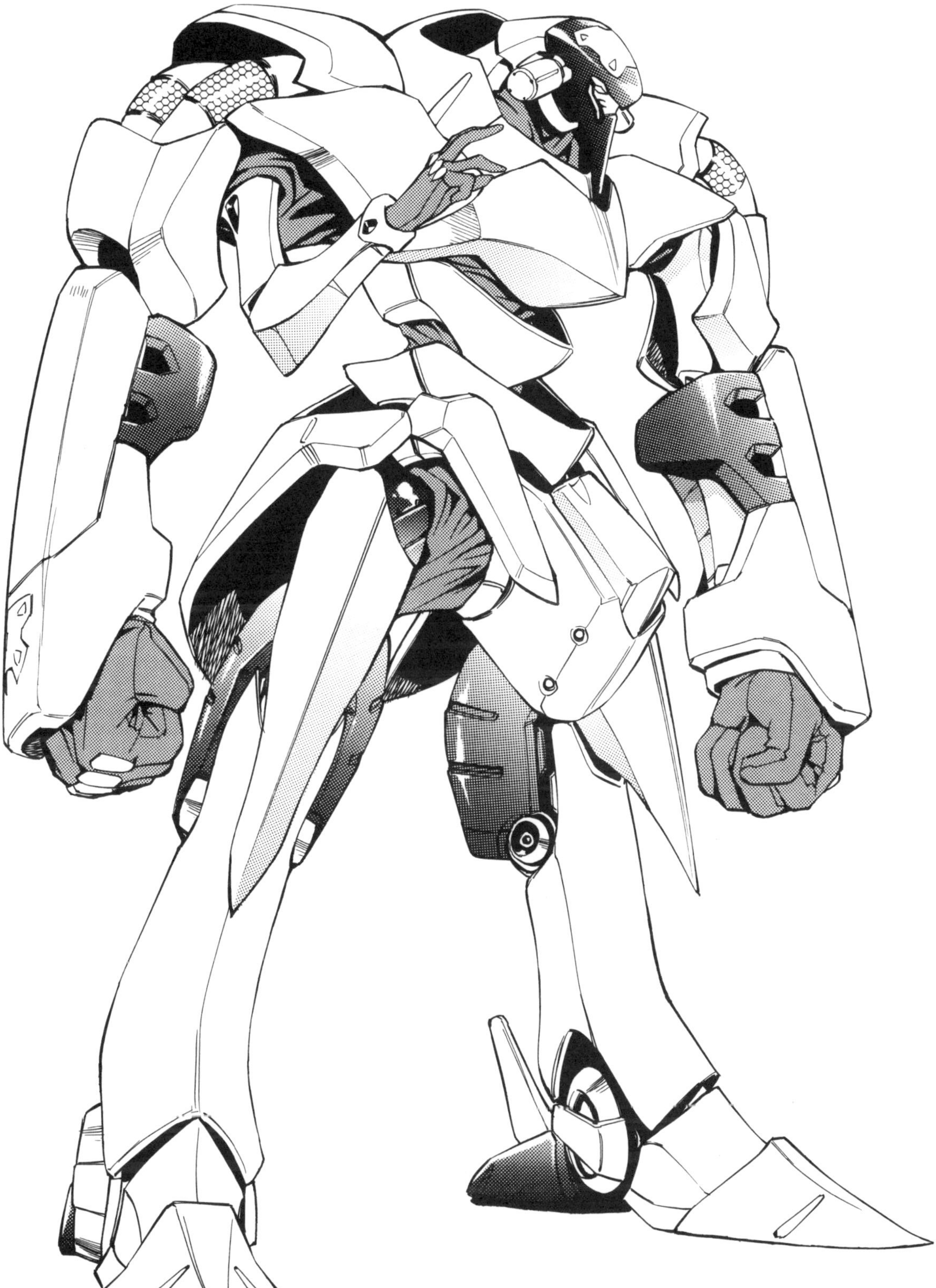

腕

クレーン車やショベルカーのアーム部を参考にしよう。

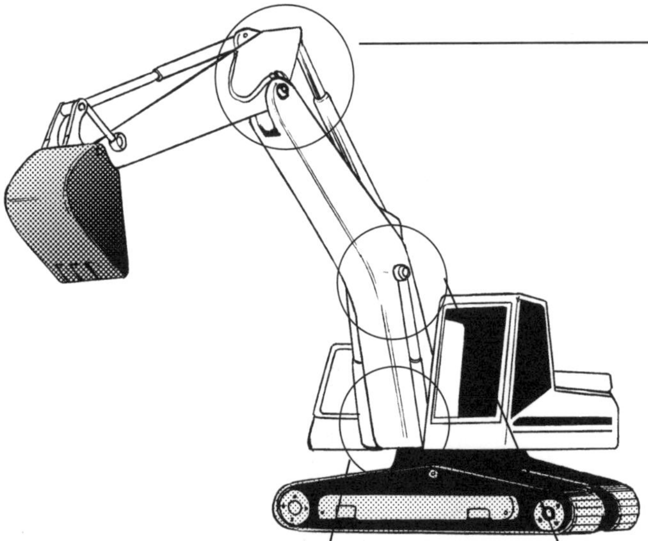

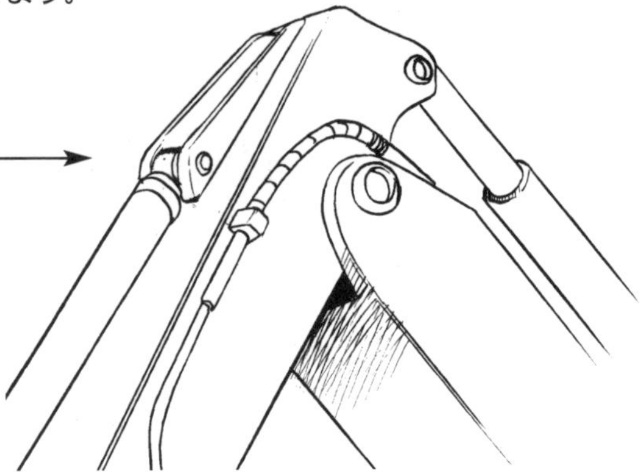

前アーム部の動き

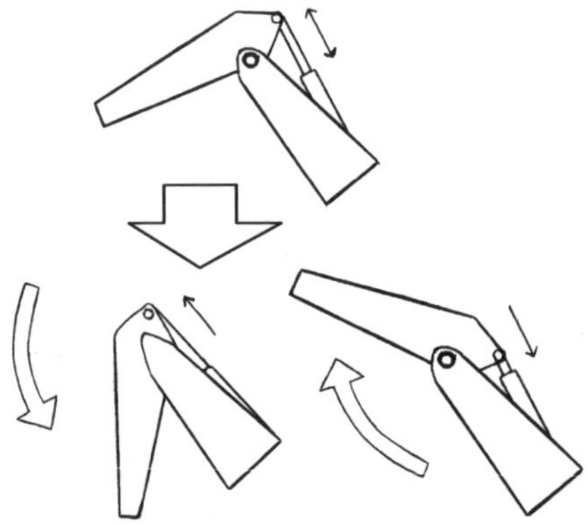

アーム基底部のジョイント

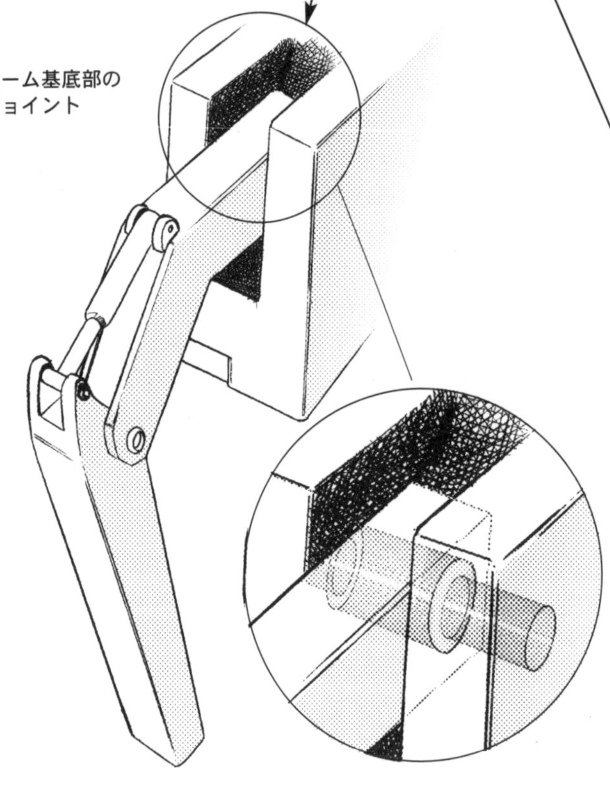

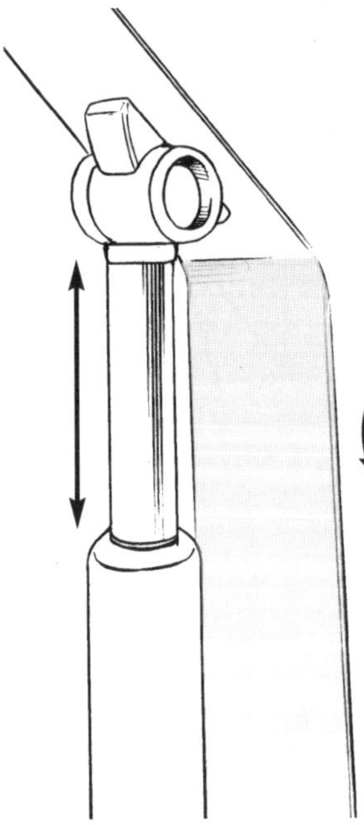

アーム部全体の動き

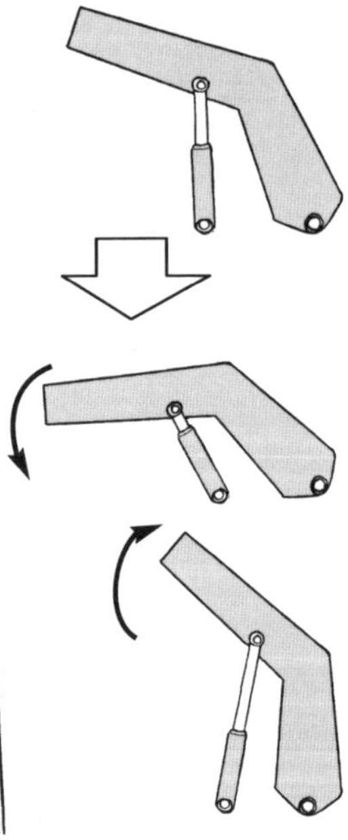

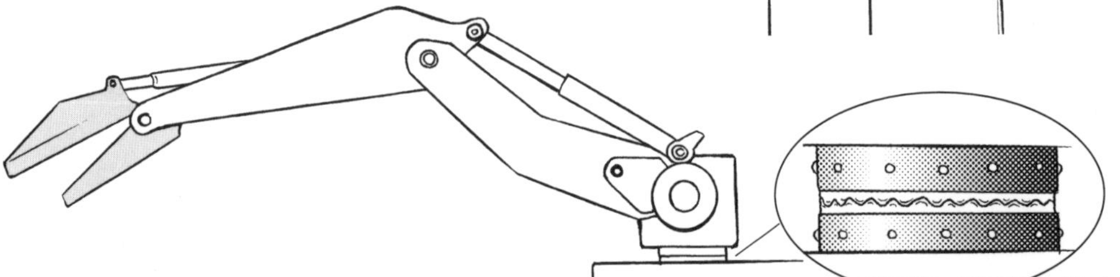

基底部・回転ジョイント

【腕のフォルム】 角柱や円柱が基本

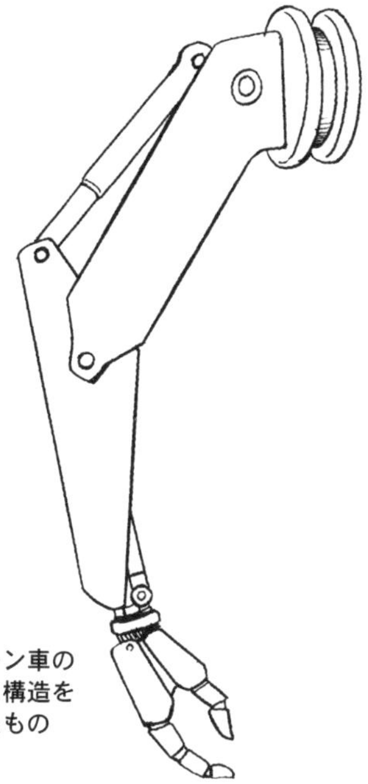

クレーン車の
アーム構造を
使ったもの

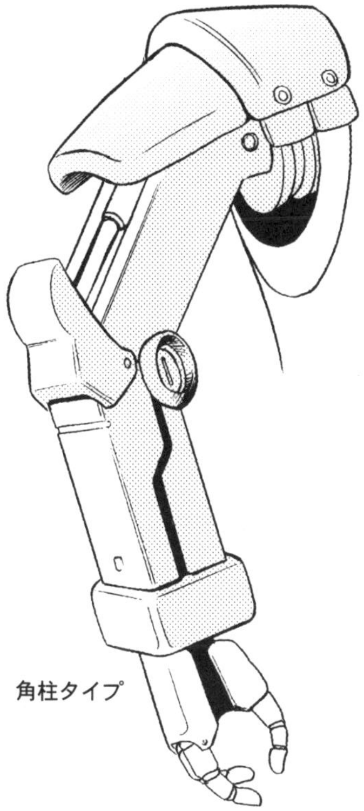

角柱タイプ

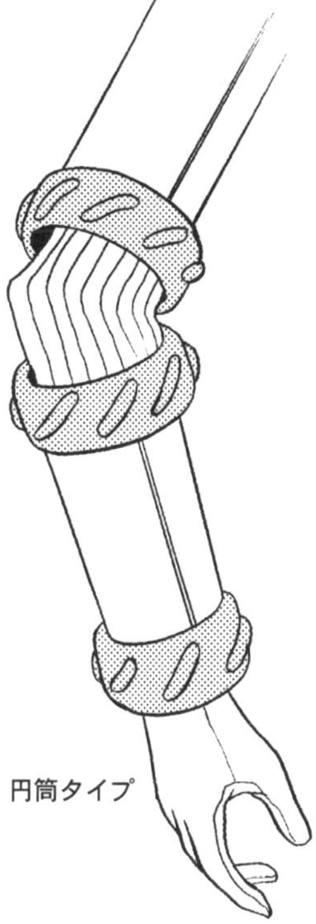

円筒タイプ

【ひじ関節むき出しの腕】

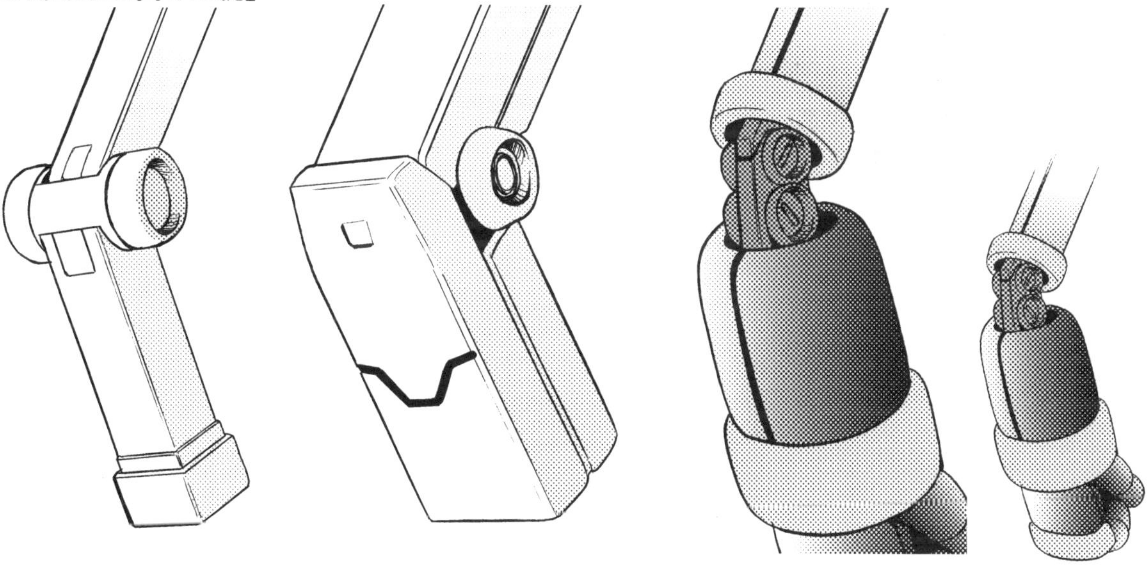

ジョイント部のカバー

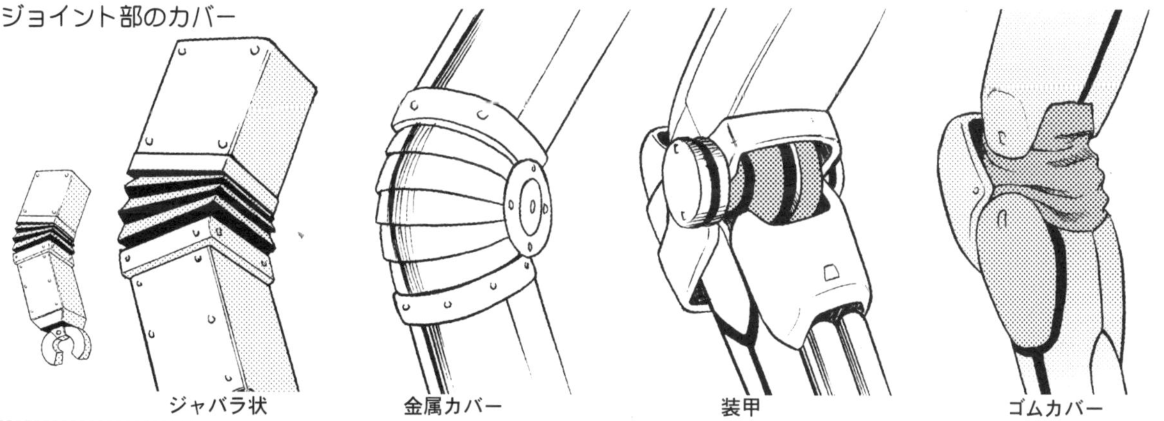

ジャバラ状　金属カバー　装甲　ゴムカバー

肩

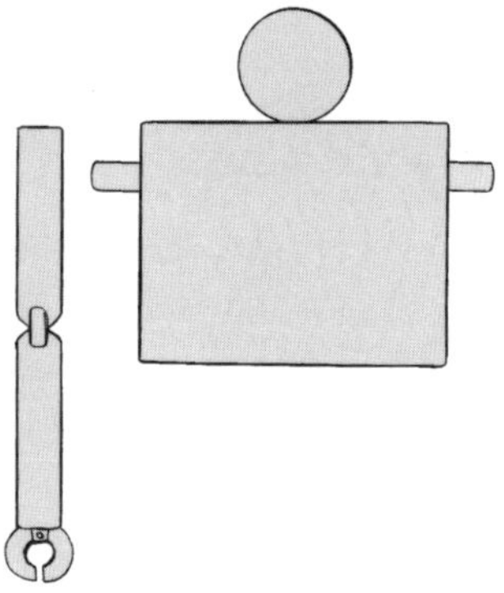

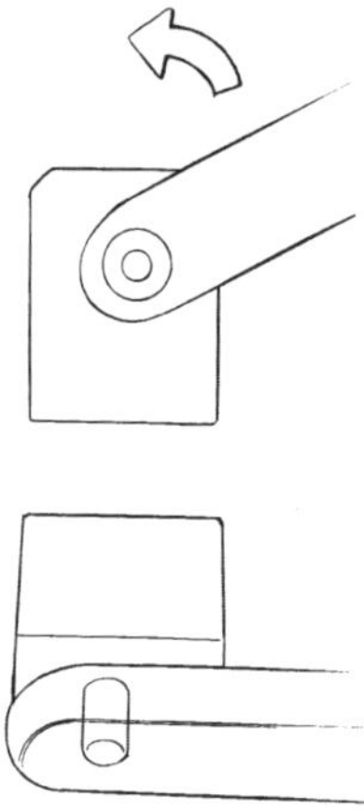

最も原始的な構造。支柱に腕をはめ込んだだけ。腕は上下に振り回すのみ

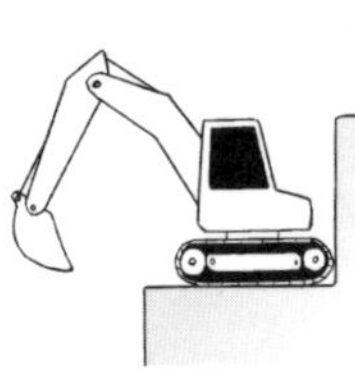

肩にクレーン車がのっていると考える。上下に加えて前後への回転が可能になる

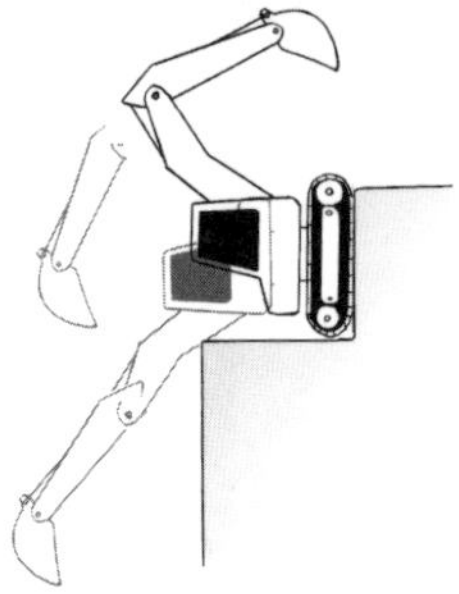

縦縦につくと、ぎこちないなりに前方向への動きが可能になる

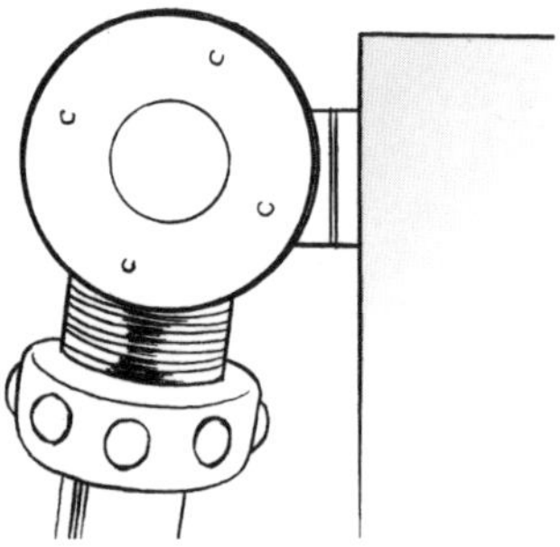

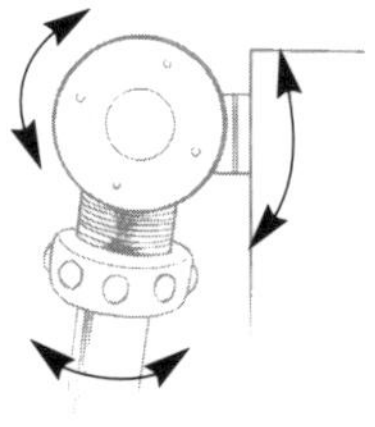

回転構造を重視した肩関節。クレーン車的な動きはできる

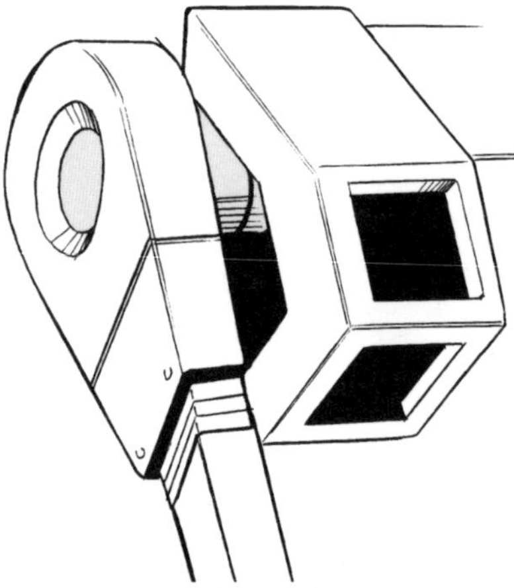

上下の振り回し運動だけ可能な古典的機能の肩デザイン

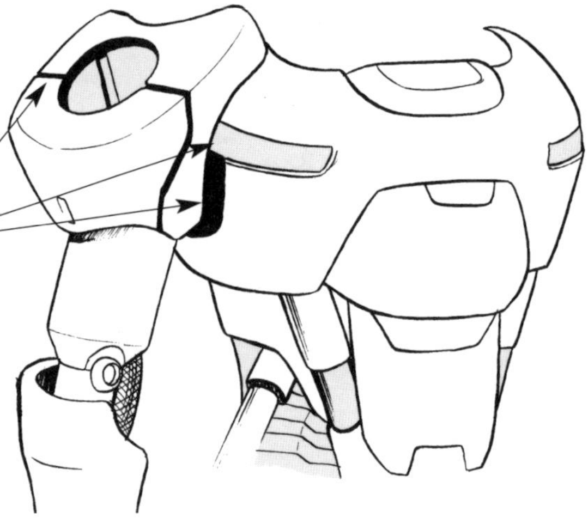

ミゾの線が各方向へのスムーズな動きを想像させる

【肩関節のカバー】

関節の上から肩当てのように装甲をかぶせるのが基本

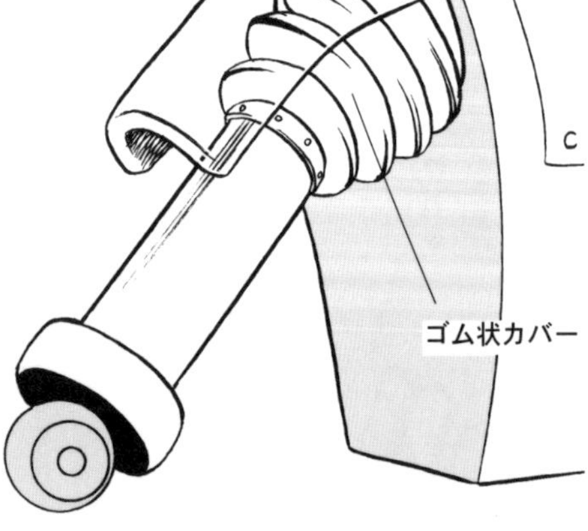

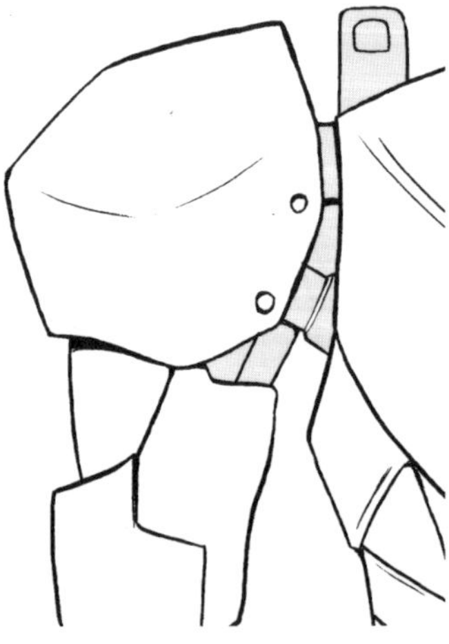

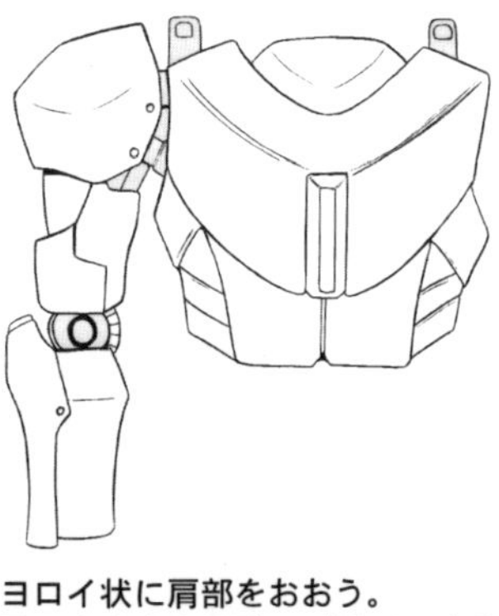

ヨロイ状に肩部をおおう。腕、上半身と同時にデザインすると統一感がだせる

【肩あて・装甲】

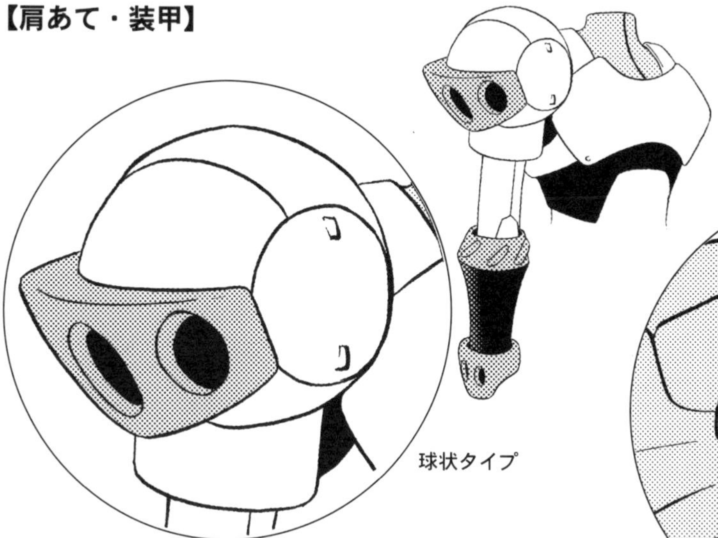

球状タイプ

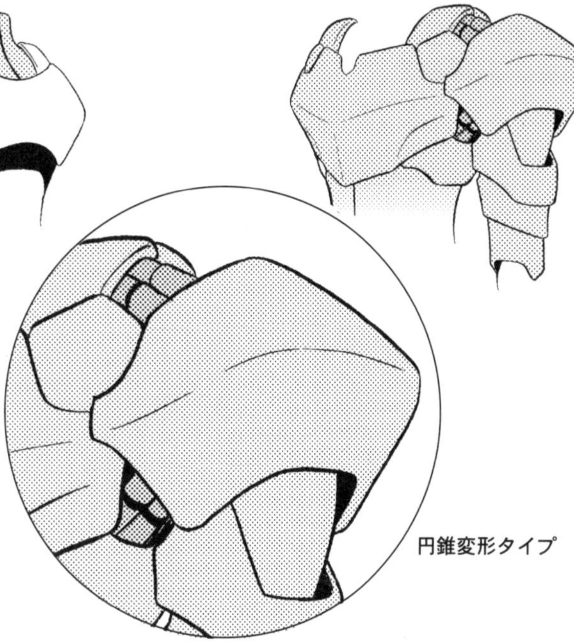

円錐変形タイプ

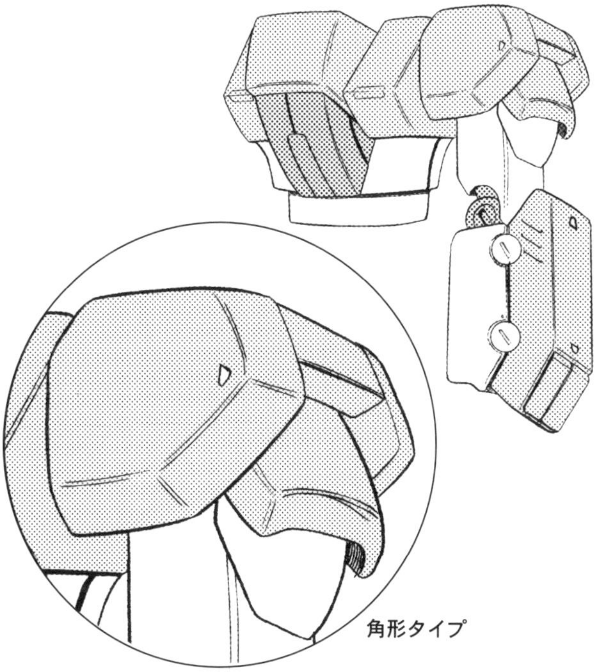

角形タイプ

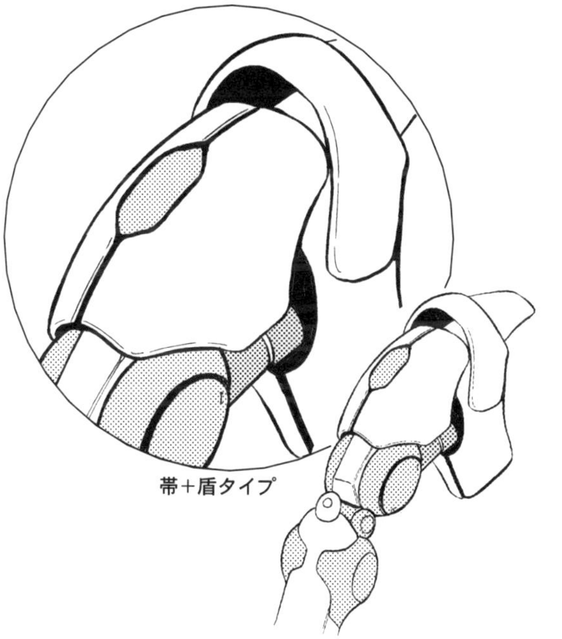

帯+盾タイプ

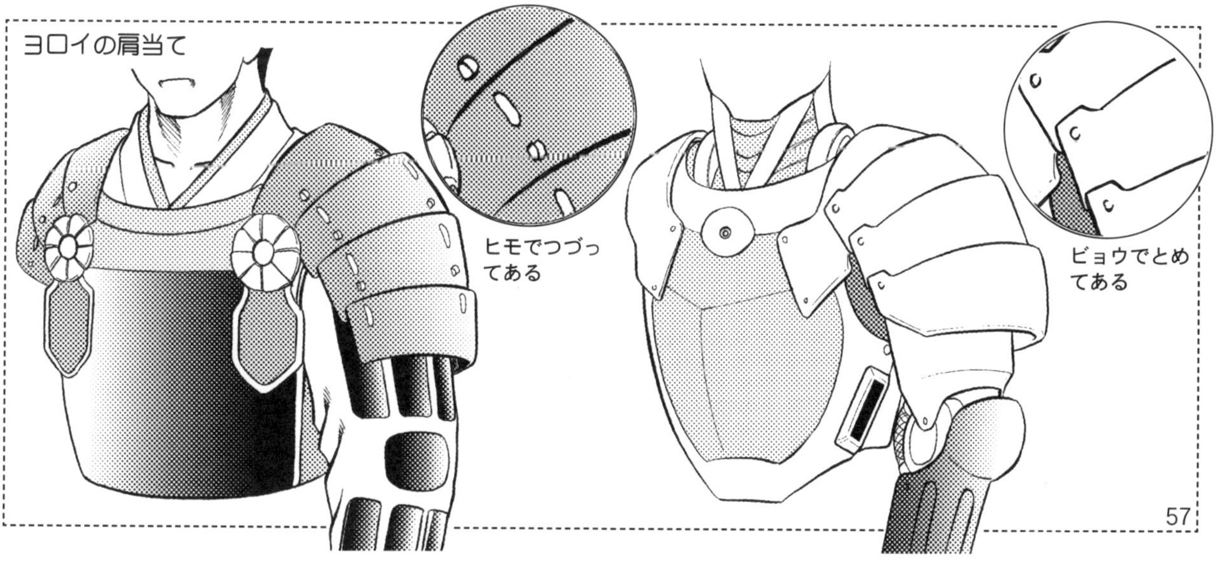

手

機械的に「つかむ」の基本は「はさむ」動作。

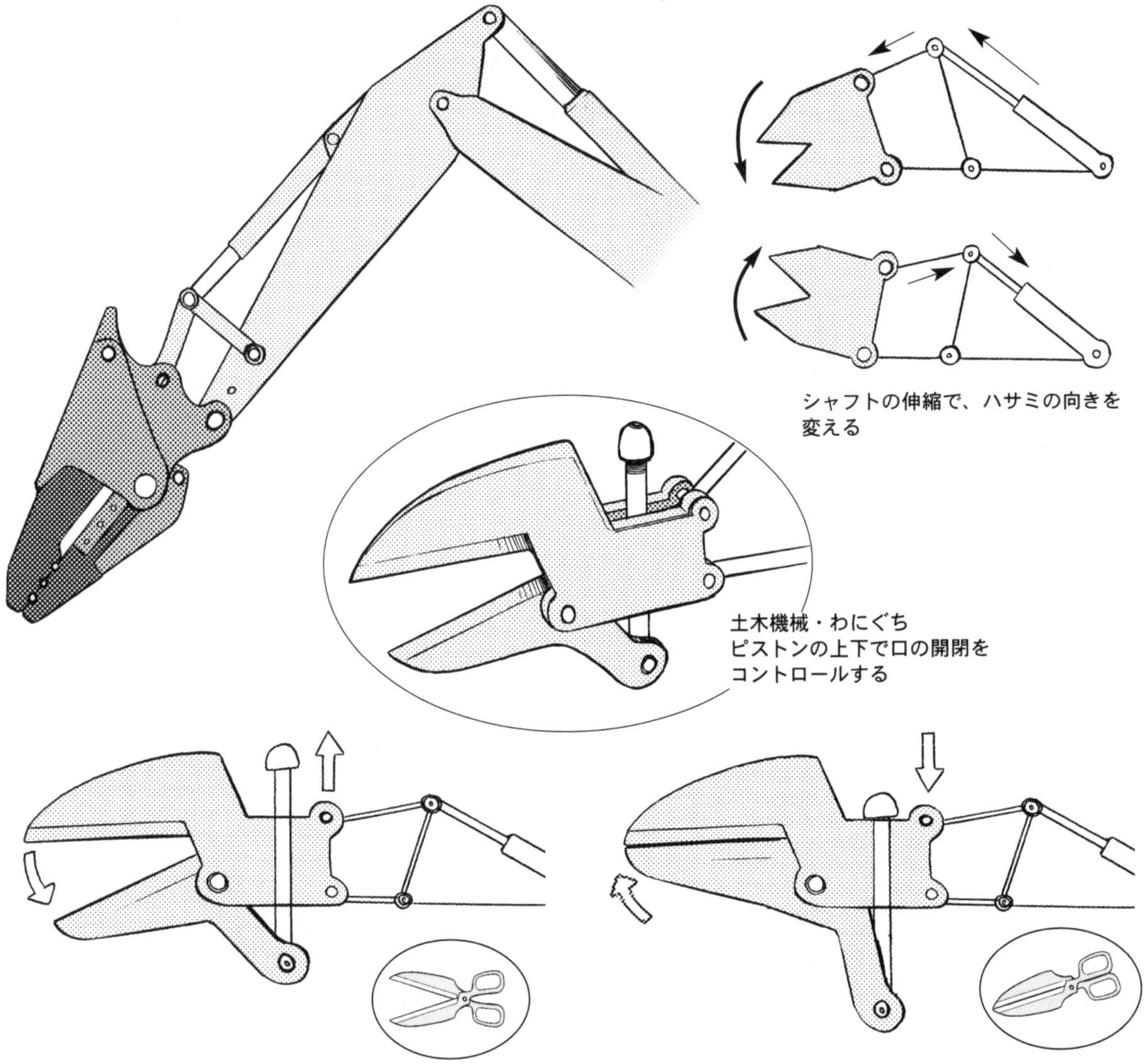

マニピュレーター・クレーンゲーム

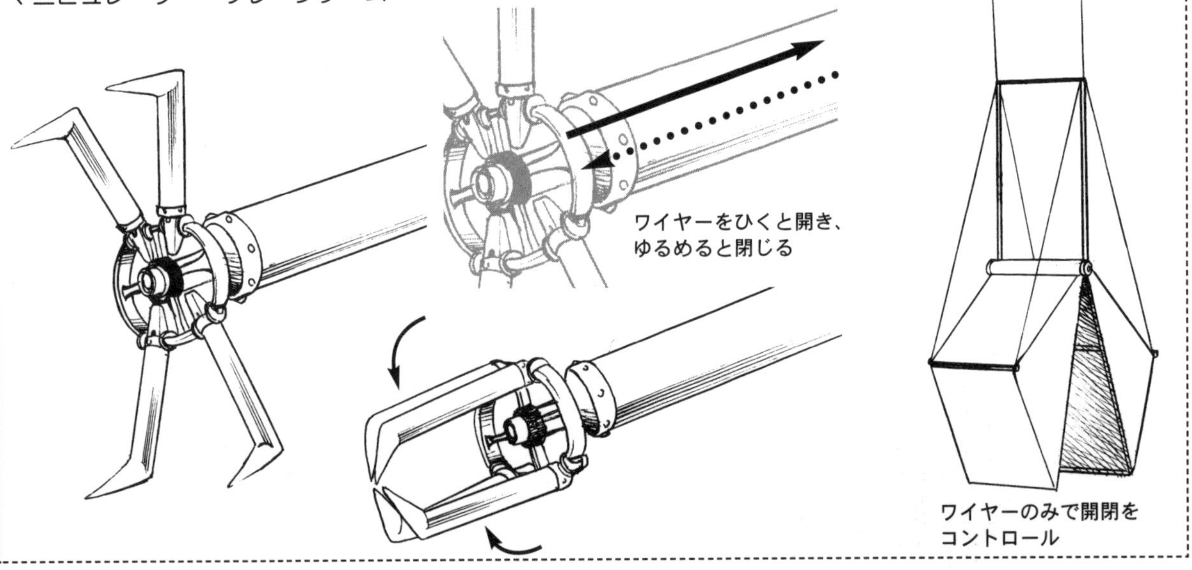

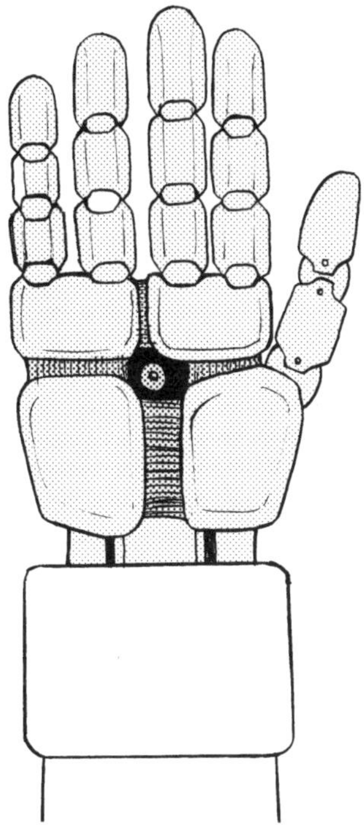

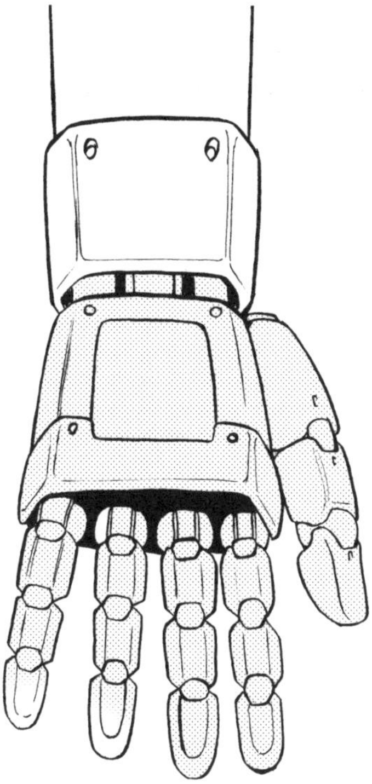

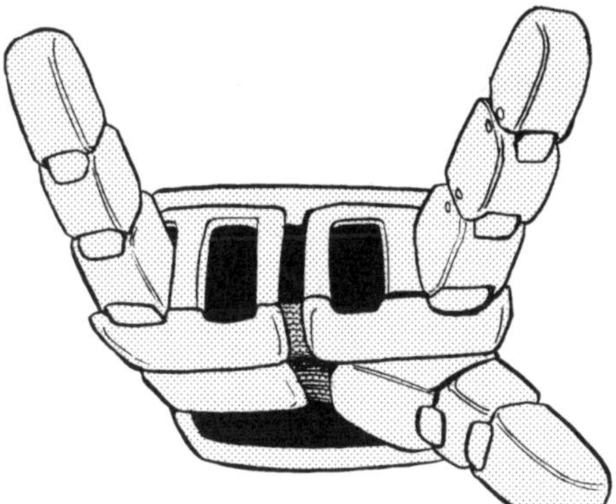

指パーツは取れるものもある

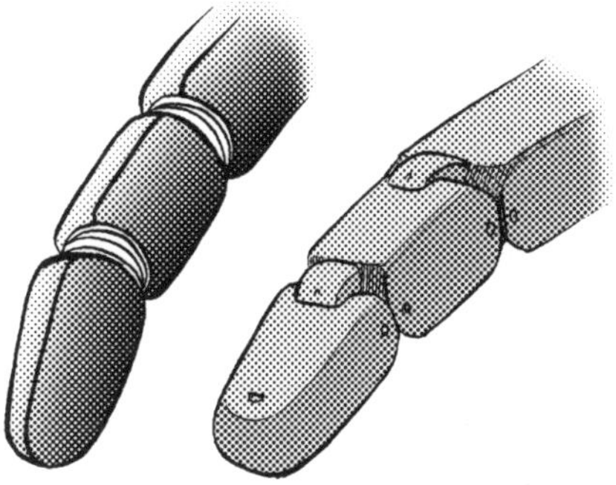

円筒タイプと角柱タイプ

【指の基本デザイン】

角形ベース

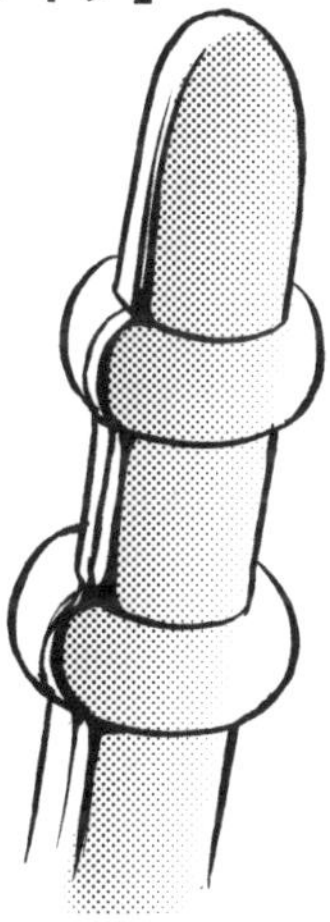

円筒形ベース
ジョイント部大

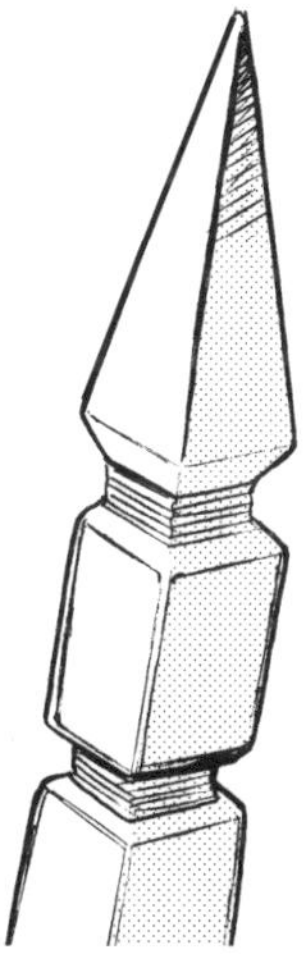

角錐・ツメ状型

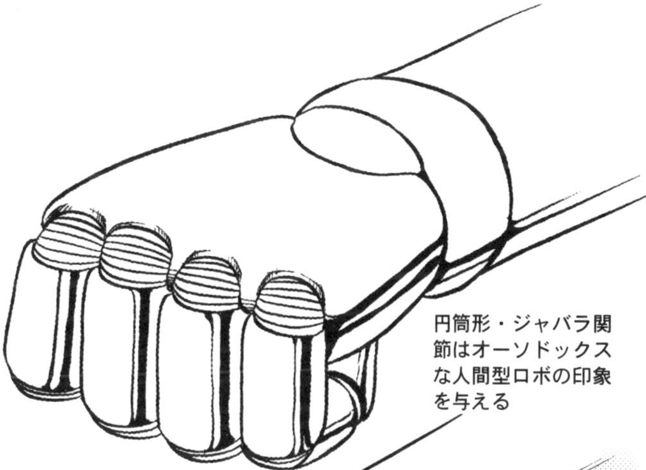

円筒形・ジャバラ関節はオーソドックスな人間型ロボの印象を与える

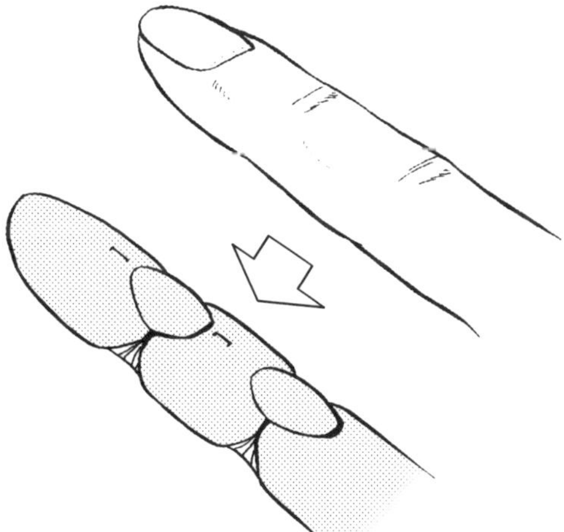

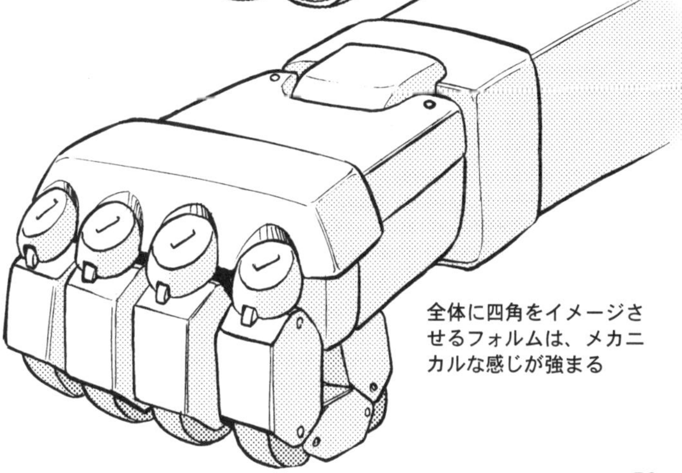

全体に四角をイメージさせるフォルムは、メカニカルな感じが強まる

腕　アームパーツ全体のデザイン

骨格

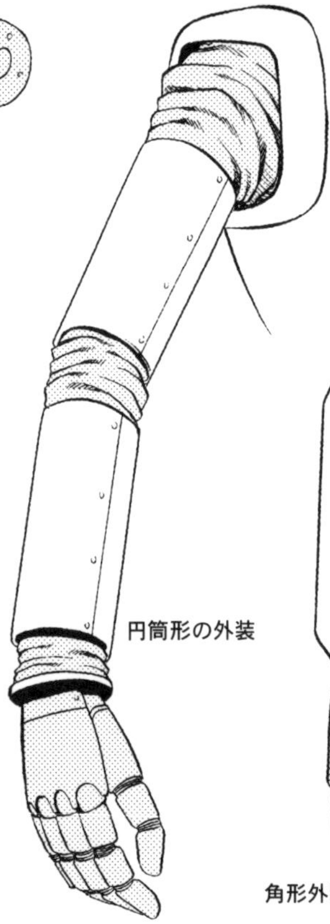
円筒形の外装

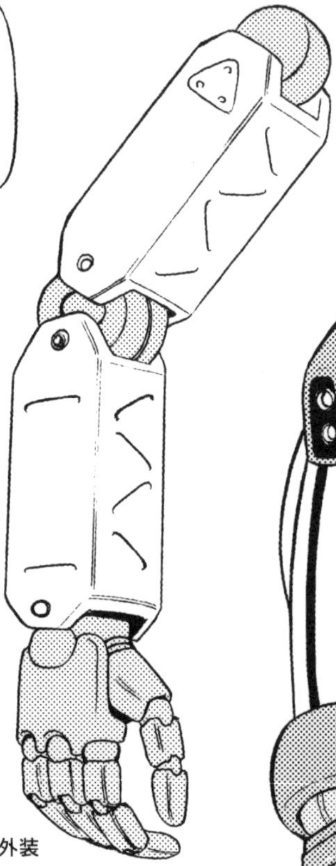
角形外装

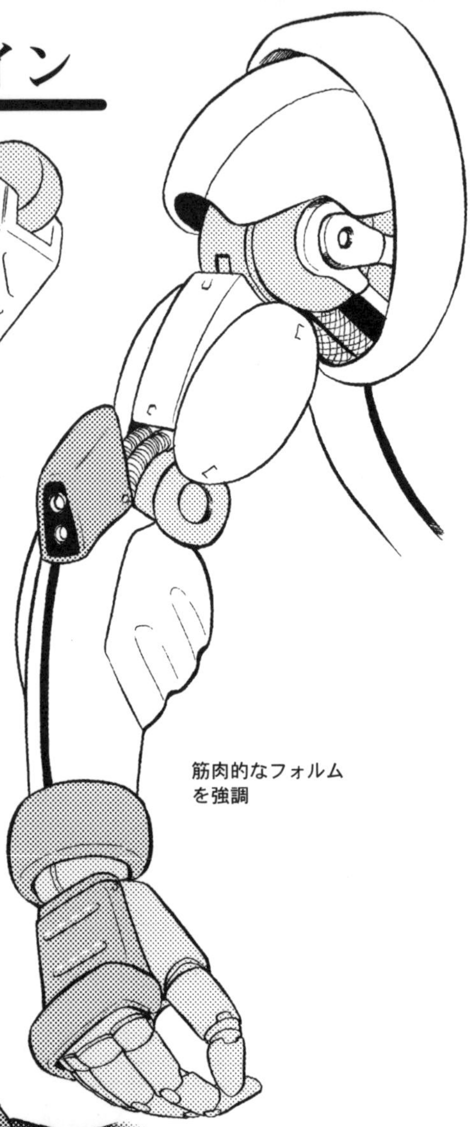
筋肉的なフォルム
を強調

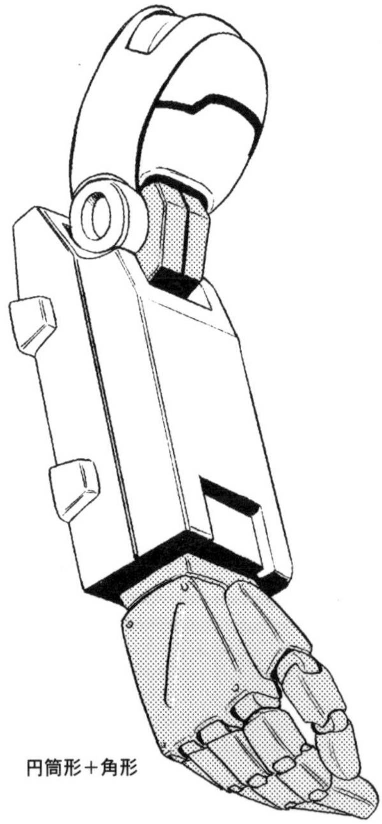
円筒形＋角形

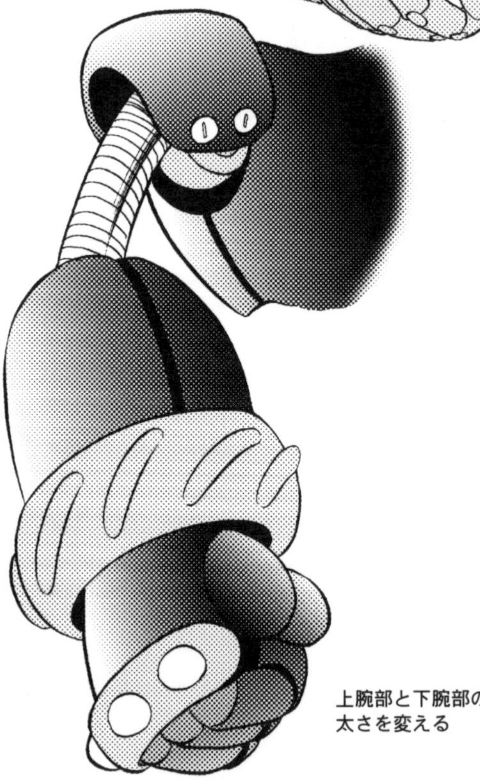
上腕部と下腕部の
太さを変える

【オプションパーツのバリエーション】

盾・ガードパーツ

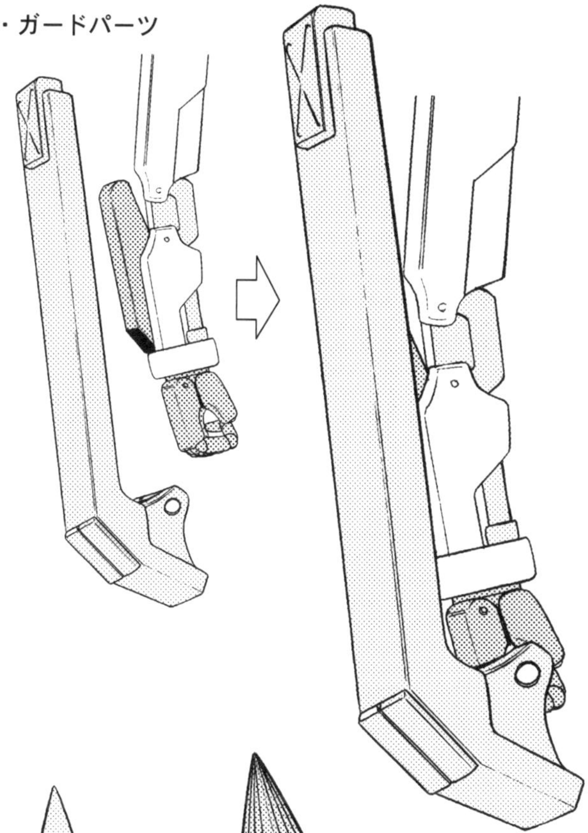

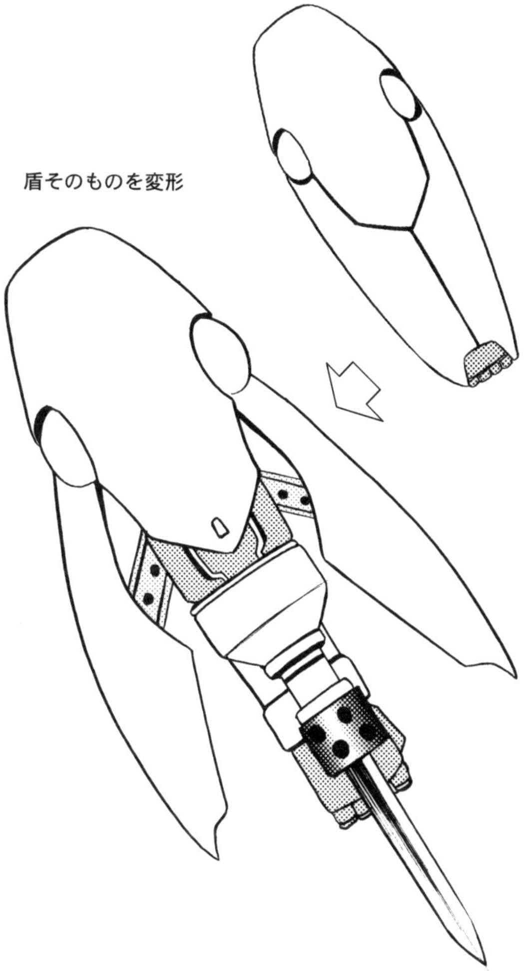

ドリルアームなどにつけ替える

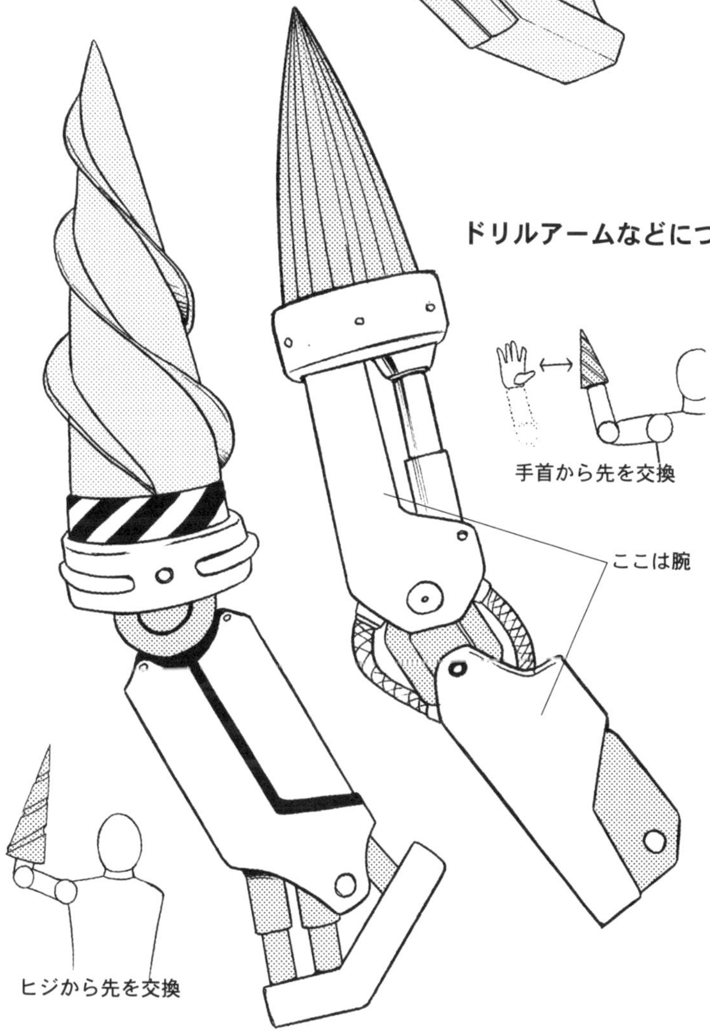

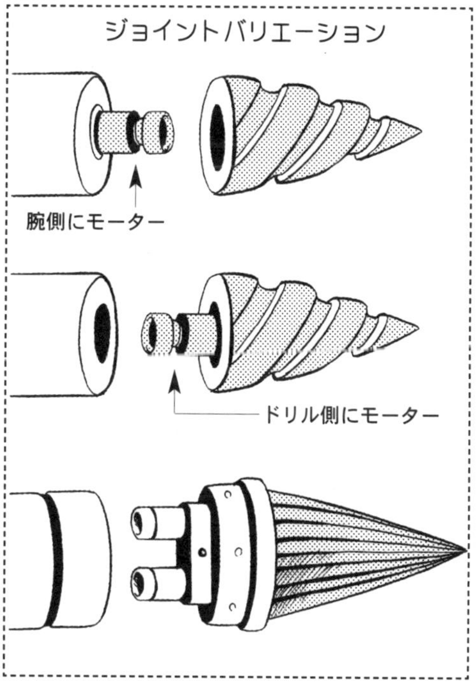

脚

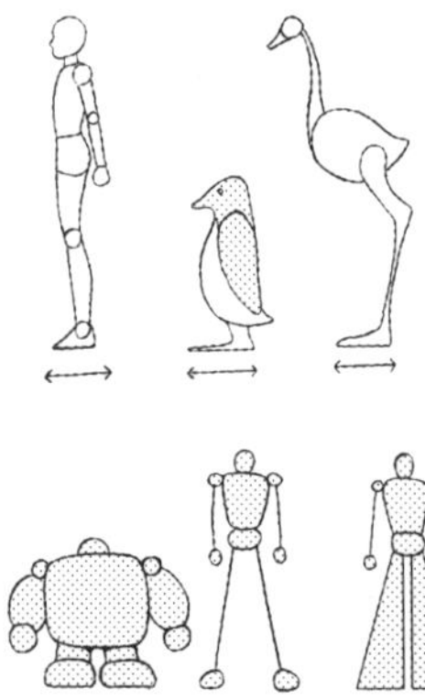

脚部は全体重をささえる重要なパーツ。大きくしっかり描こう

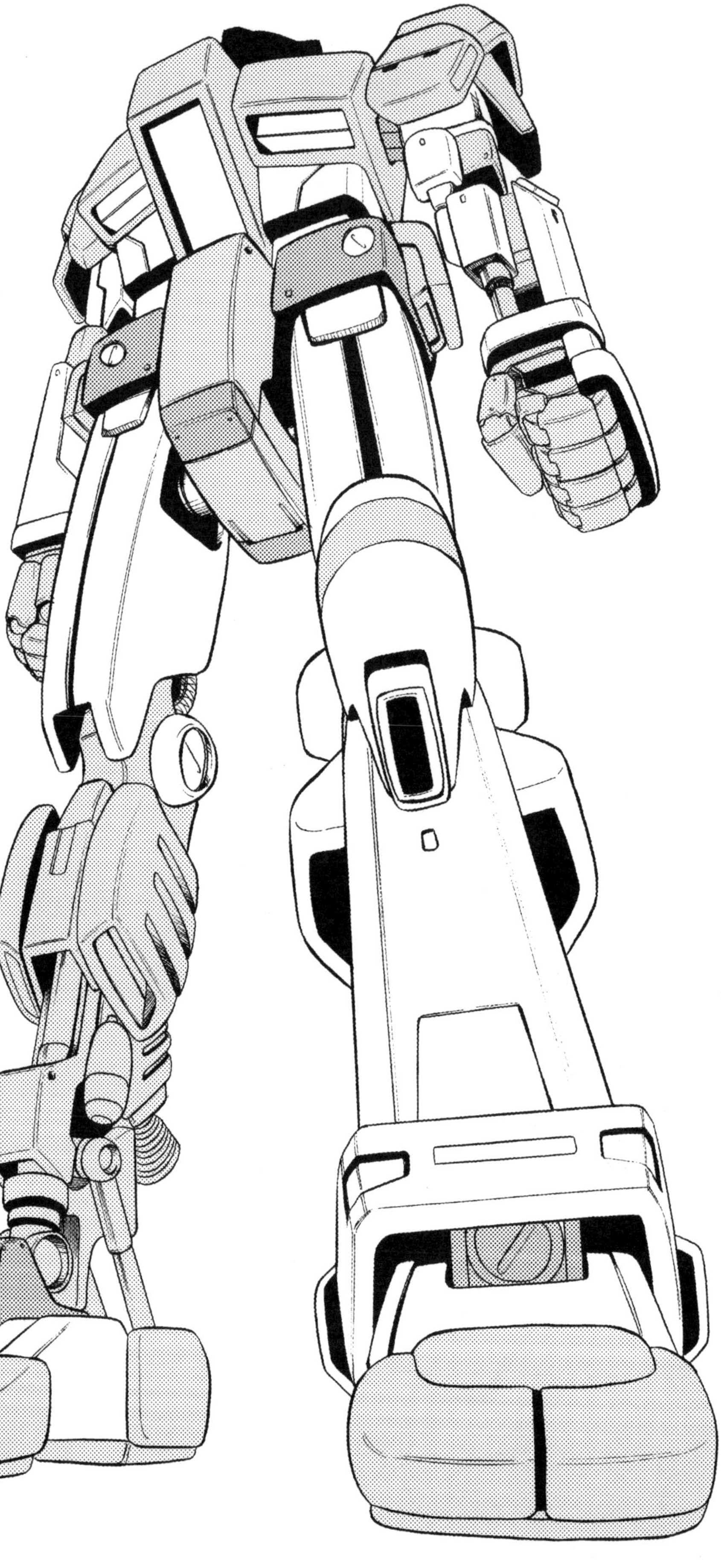

【足】

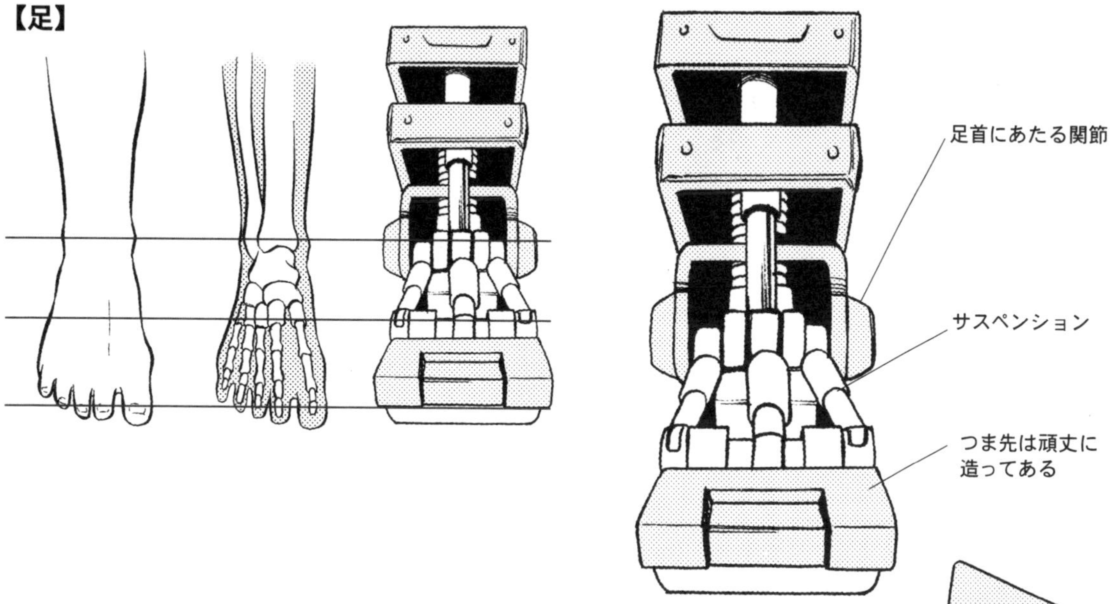

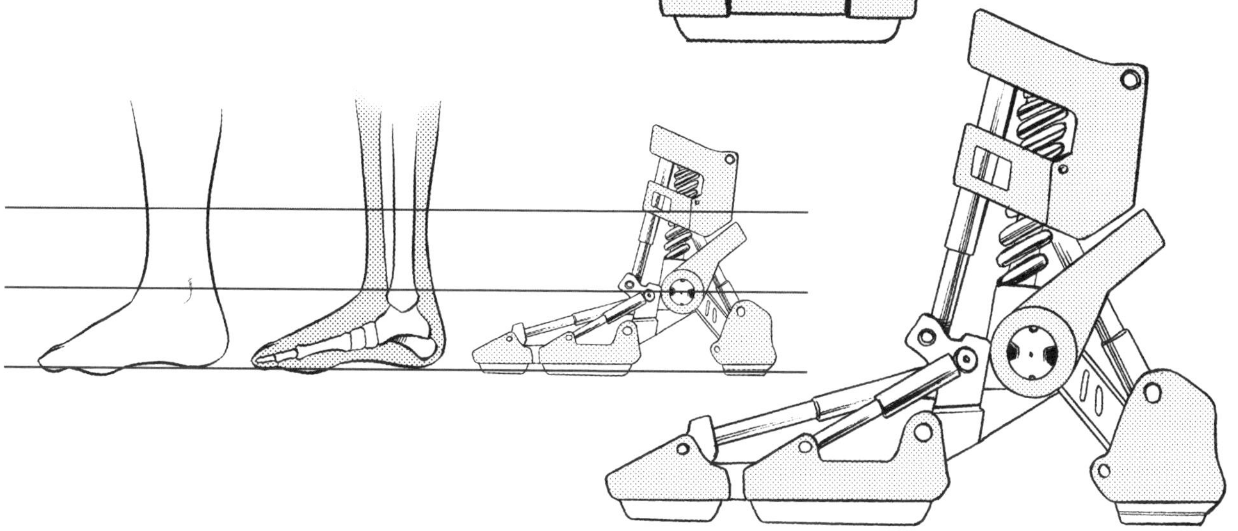

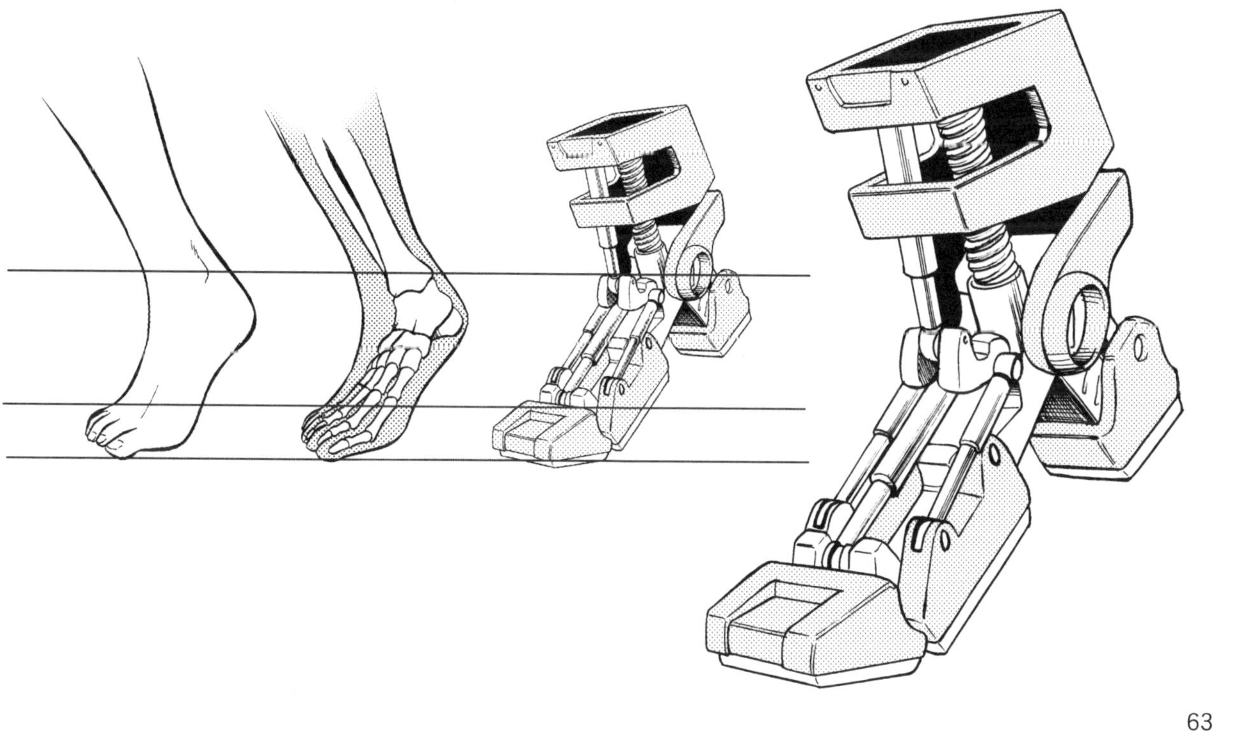

【ずんぐりタイプの足】

ずんぐりタイプは足も太く、短い方が安定感がある

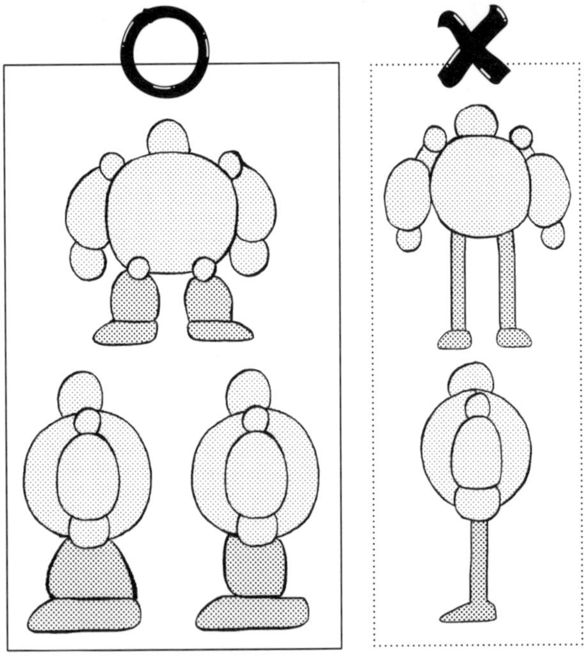

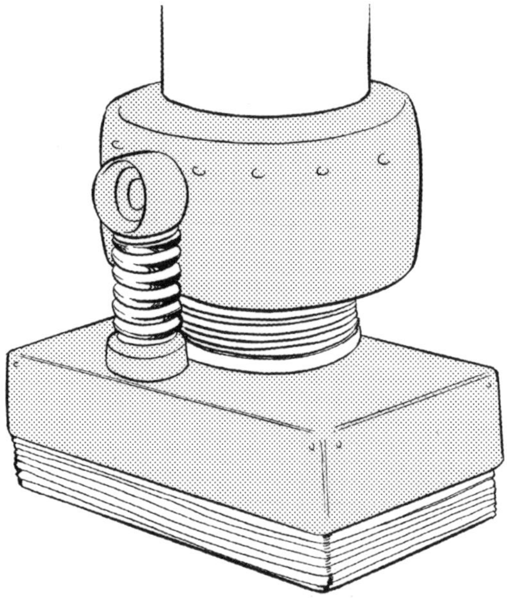

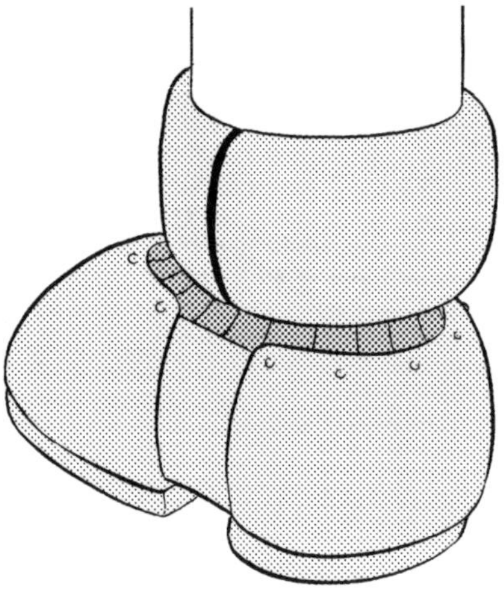

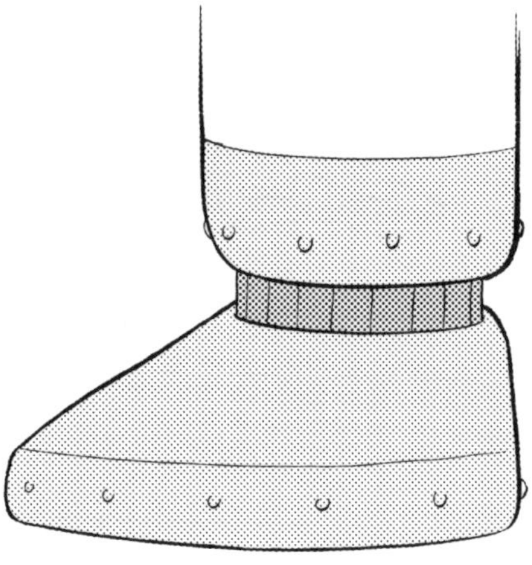

土木作業車輌のオプション支え脚

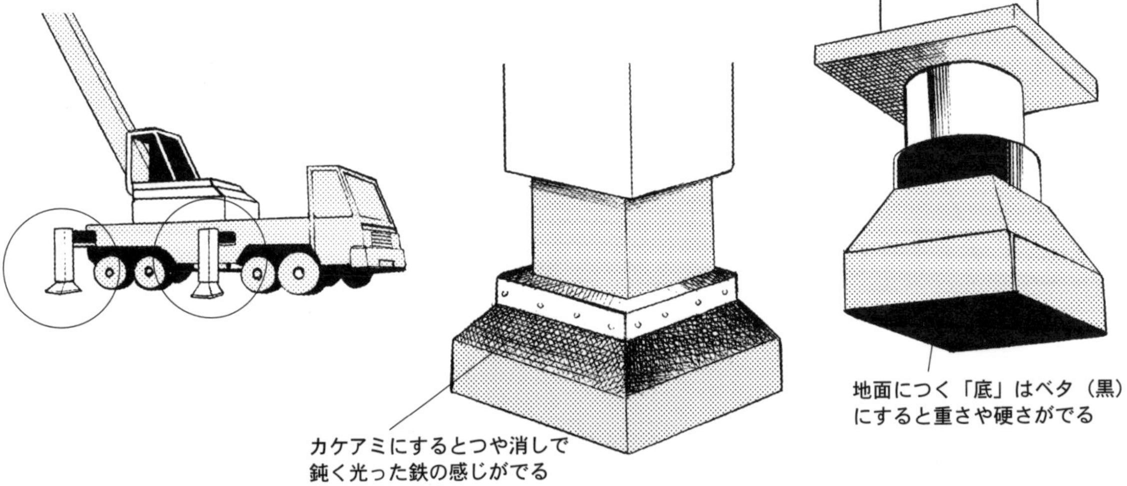

【スマートタイプの足】

シルエットが⏢状になるように足や脚部を大きくすると良い

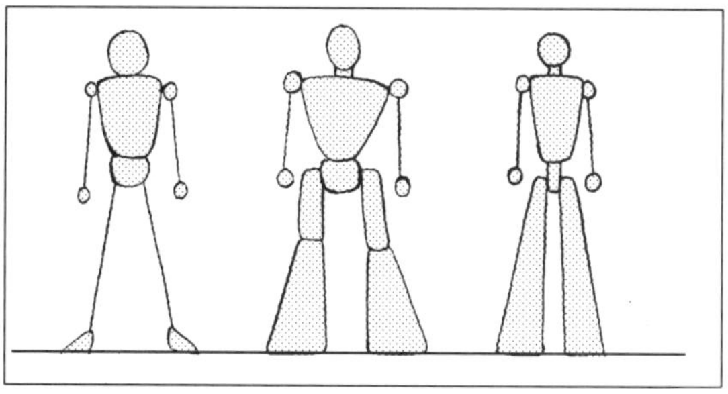

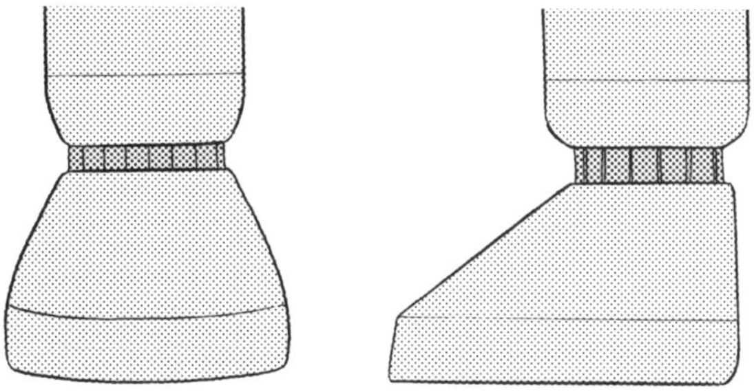

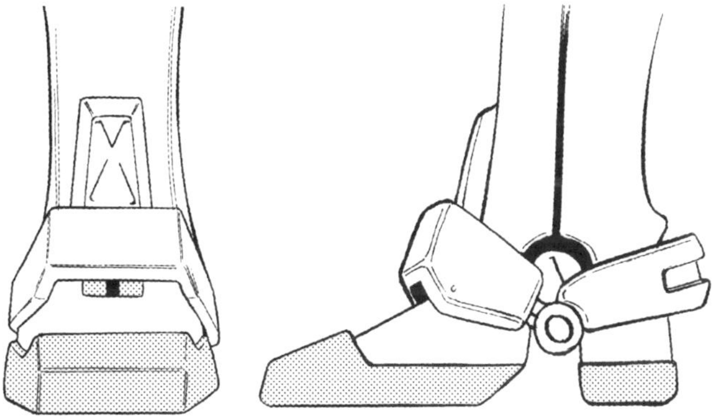

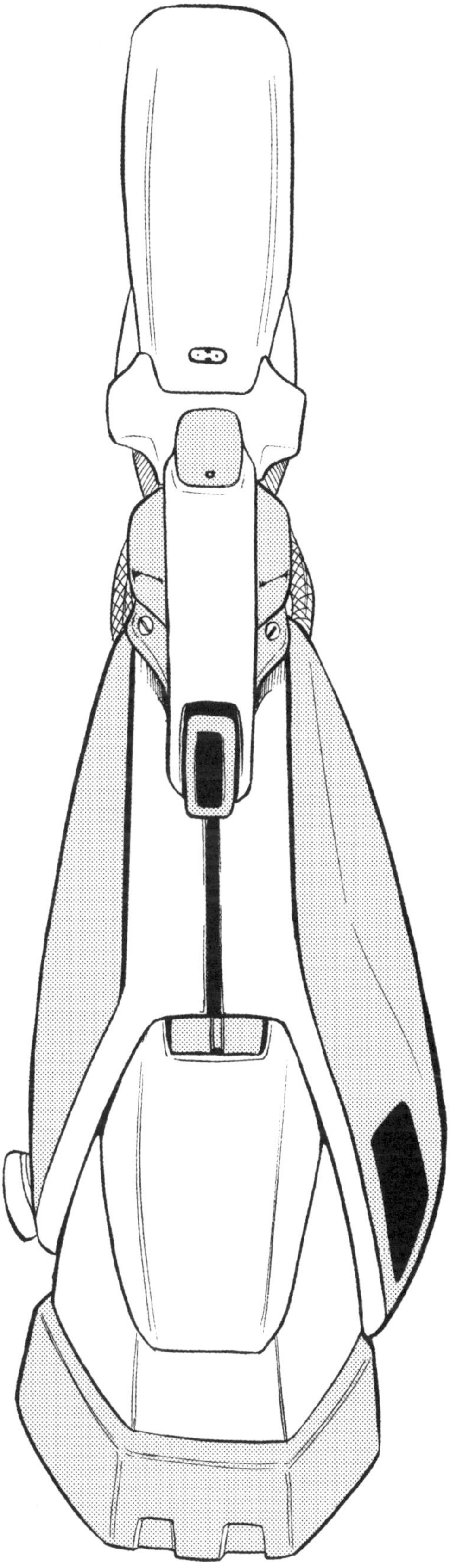

【脚部のフォルム】

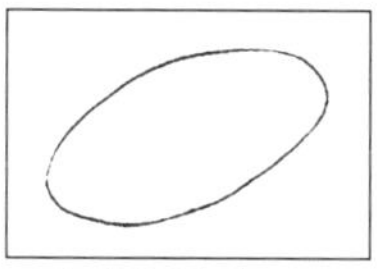

足（足裏面）

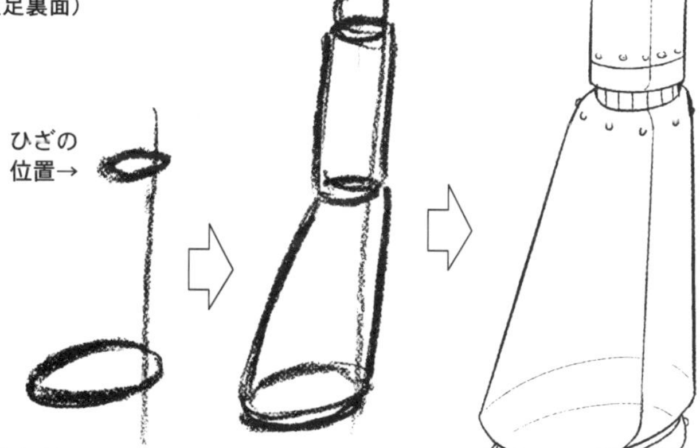

足（足裏面）の形を決めて　ひざや股関節部とつないで脚全体のフォルムを決めて描いていくとイメージしやすい

【脚部のデザイン】

脚のバランス

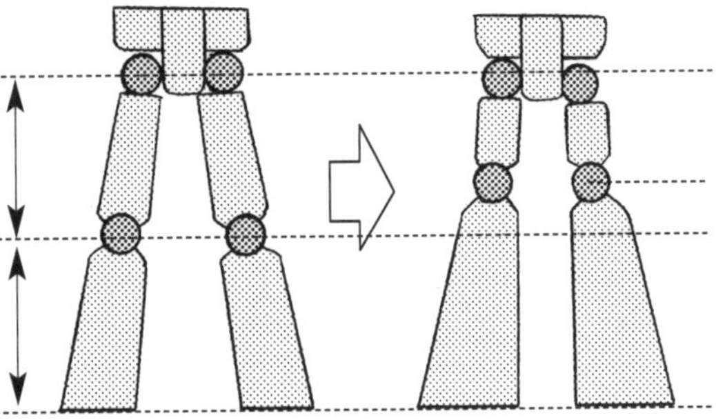

ひざの位置は高めにするとカッコイイ

骨格フレーム

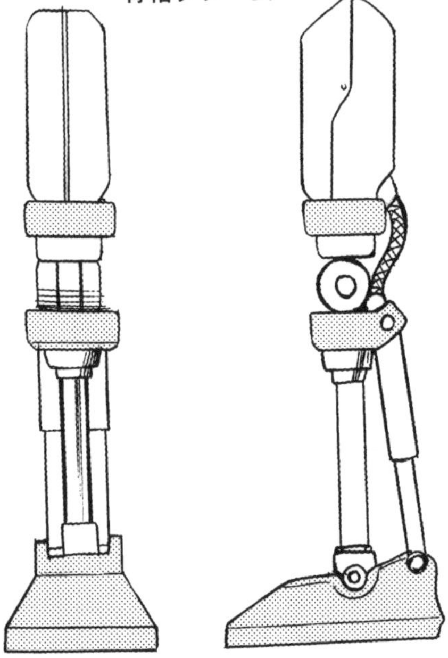

正面図　サイド

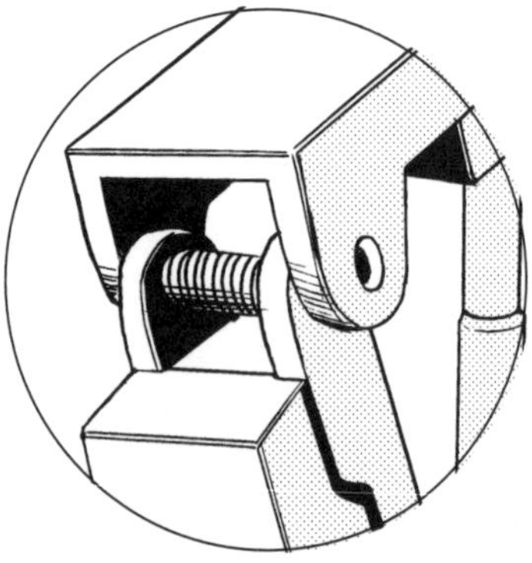

土木用メカのジョイント

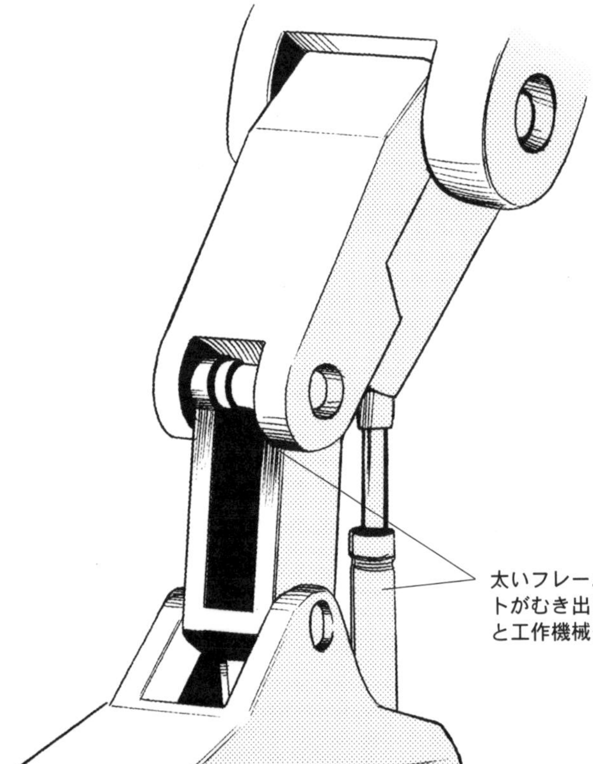

太いフレームに油圧シャフトがむき出しになっていると工作機械タイプになる

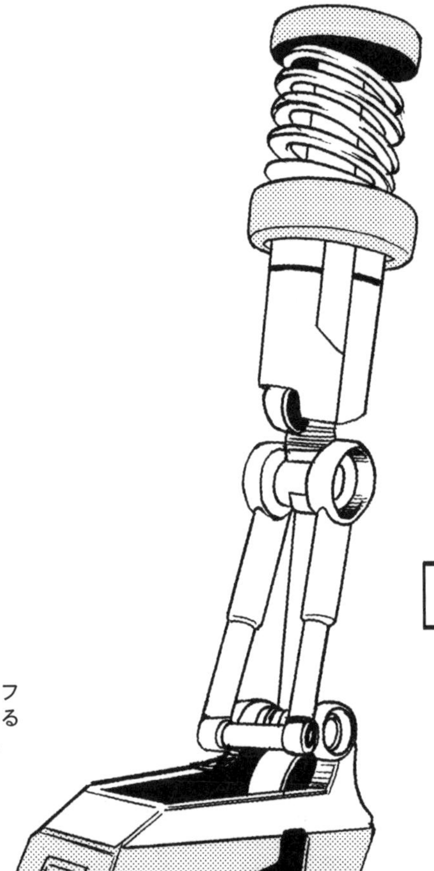

基本的な骨組み。シャフトの太さや数、位置は好みと用途に応じて自由に描く

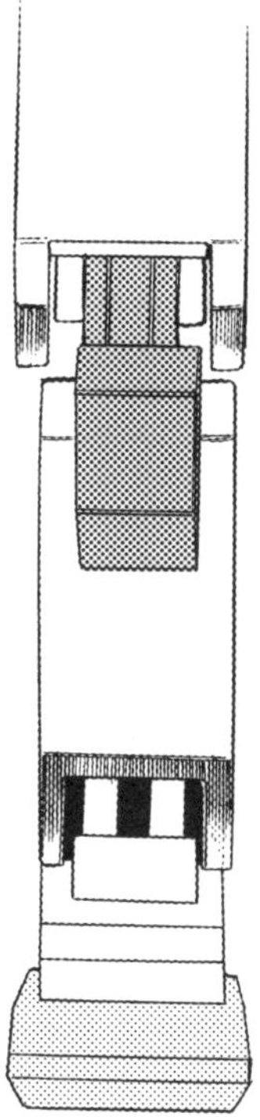

正面

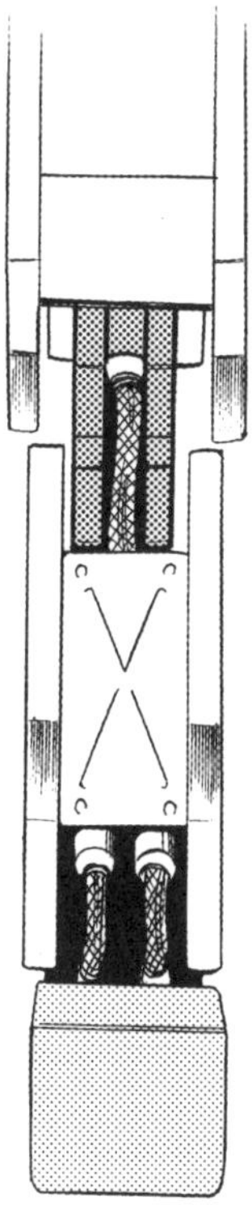

背面

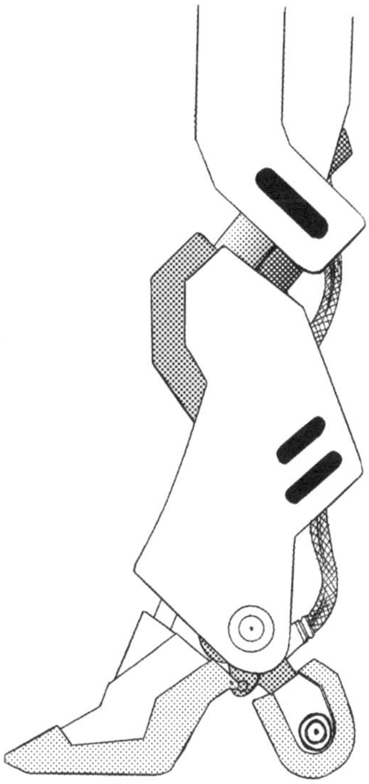

側面

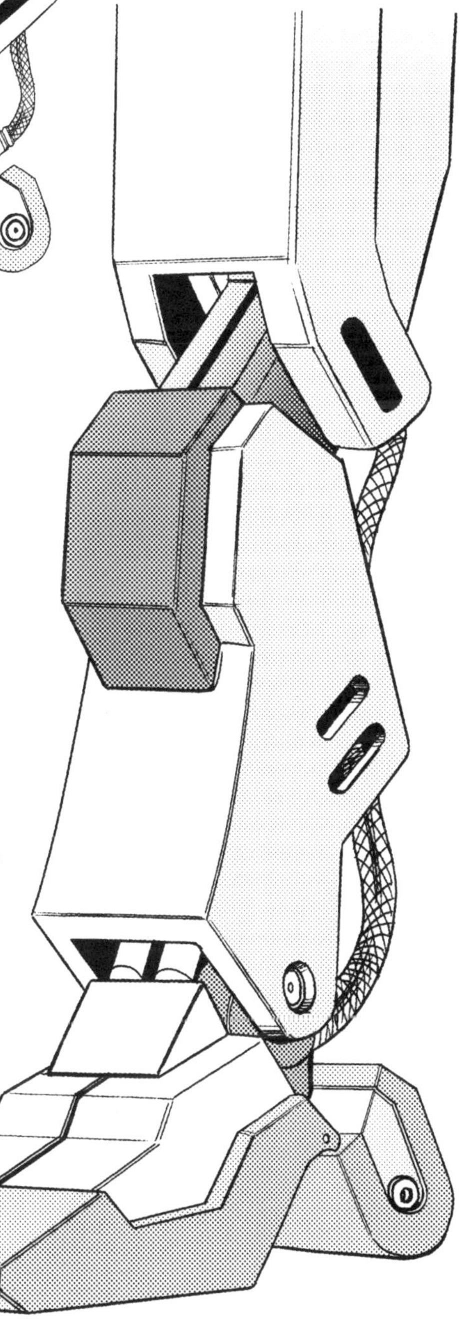

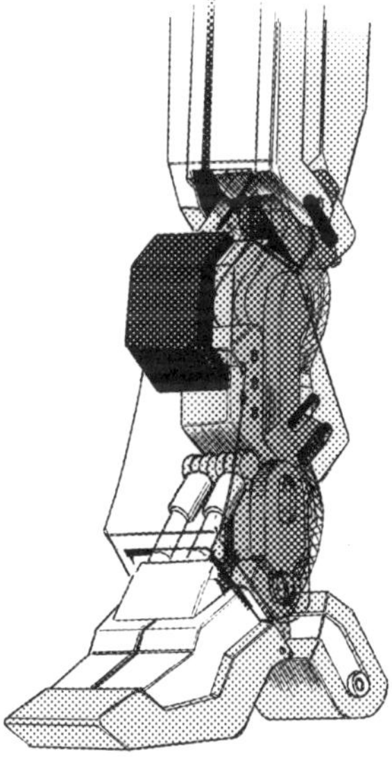

可動部をカバーするように
外装パーツでおおう

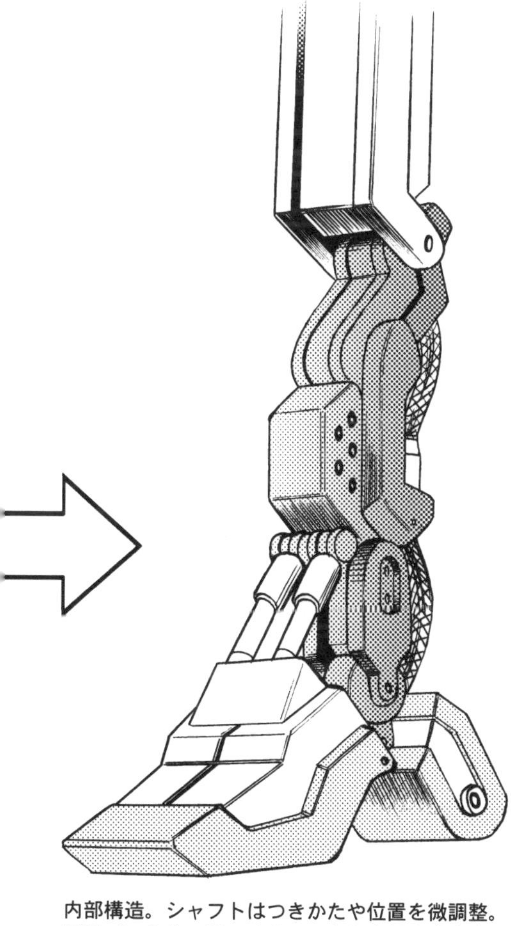

内部構造。シャフトはつきかたや位置を微調整。
補助パーツをつけてメカニックな内部を演出する

金属的な質感表現

白（光）と黒のコントラストを強くすると、光った金属感が表現され、コントラストを弱めると鈍い輝きの金属やプラスティックの感じがでる。

【プラスチック】

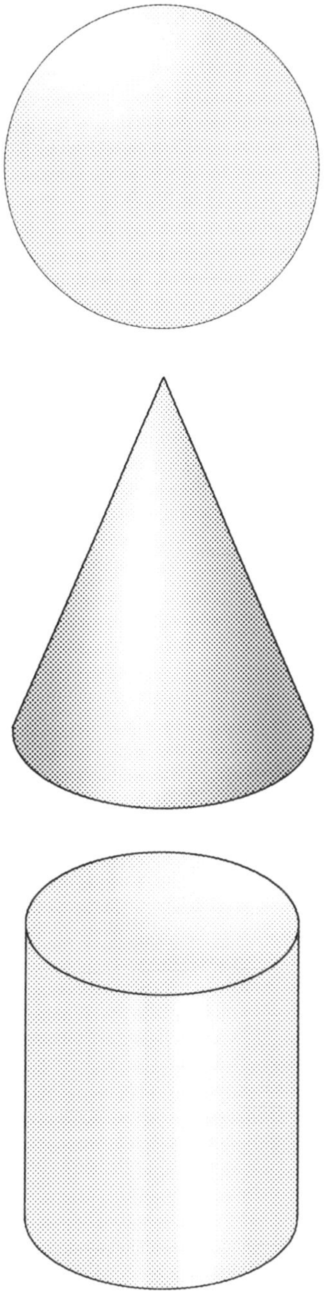

【ザラザラ面】

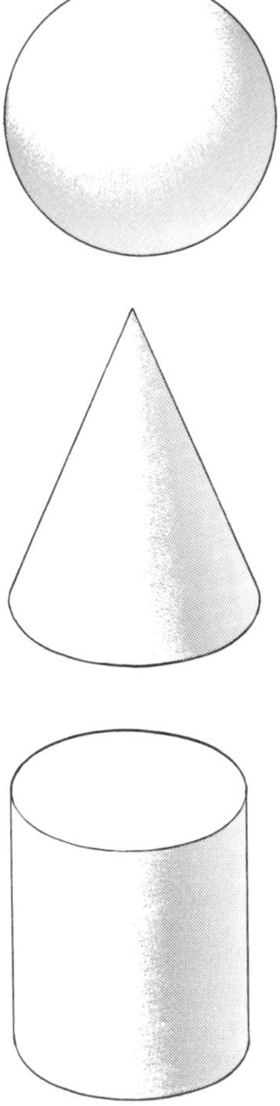

【ツルツル面】

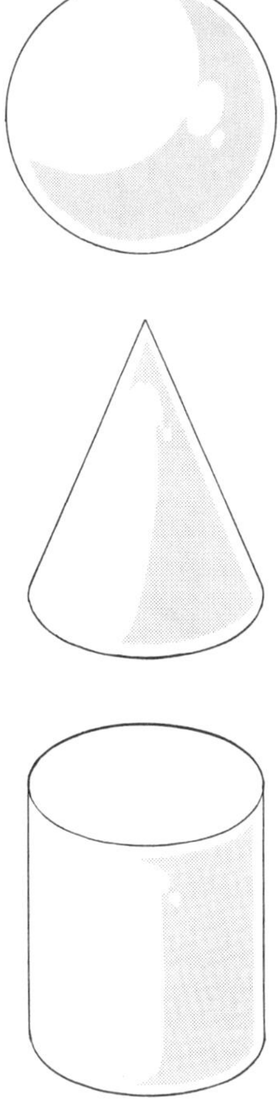

立体の手触り感、質感は、トーンのケズリや
切り抜き方で表現する場合もある

【サビ・古びた金属】

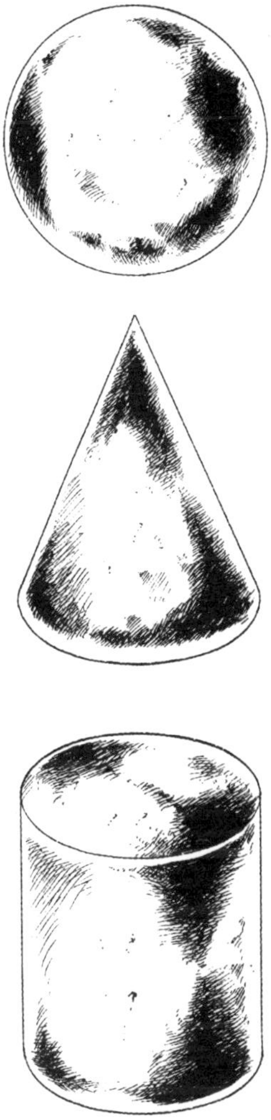

ヨゴレや古びた感じは
タッチを主体に表現。
この上にグラデや普通
のアミトーンを貼って
削っても良い

【金属面】

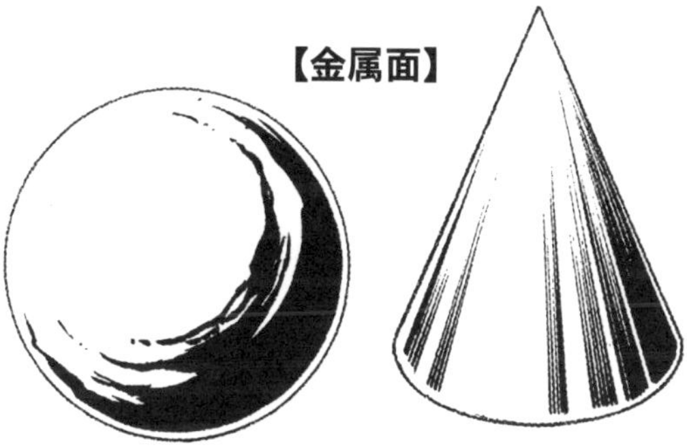

ベタや直線のみで
金属的な表面を表す

応用例

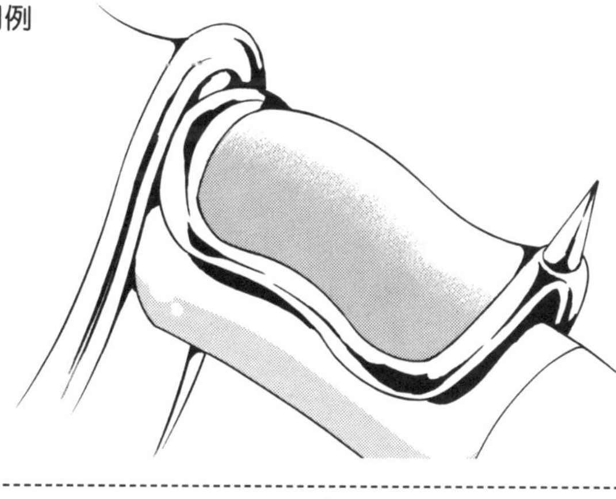

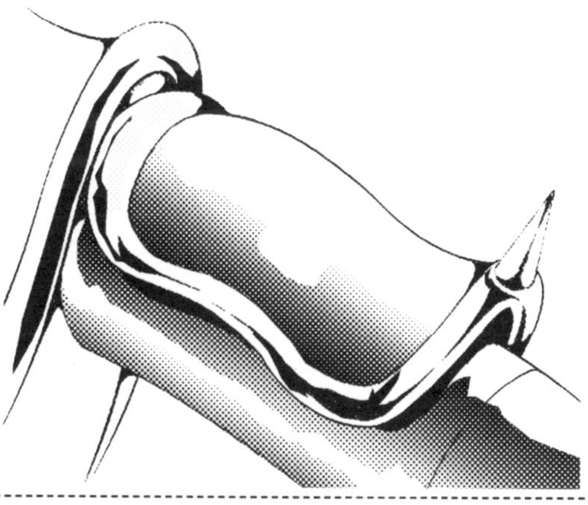

曲面ボディのトーン表現

球。円錐、円筒の立体表現を組み合わせて表現しよう。

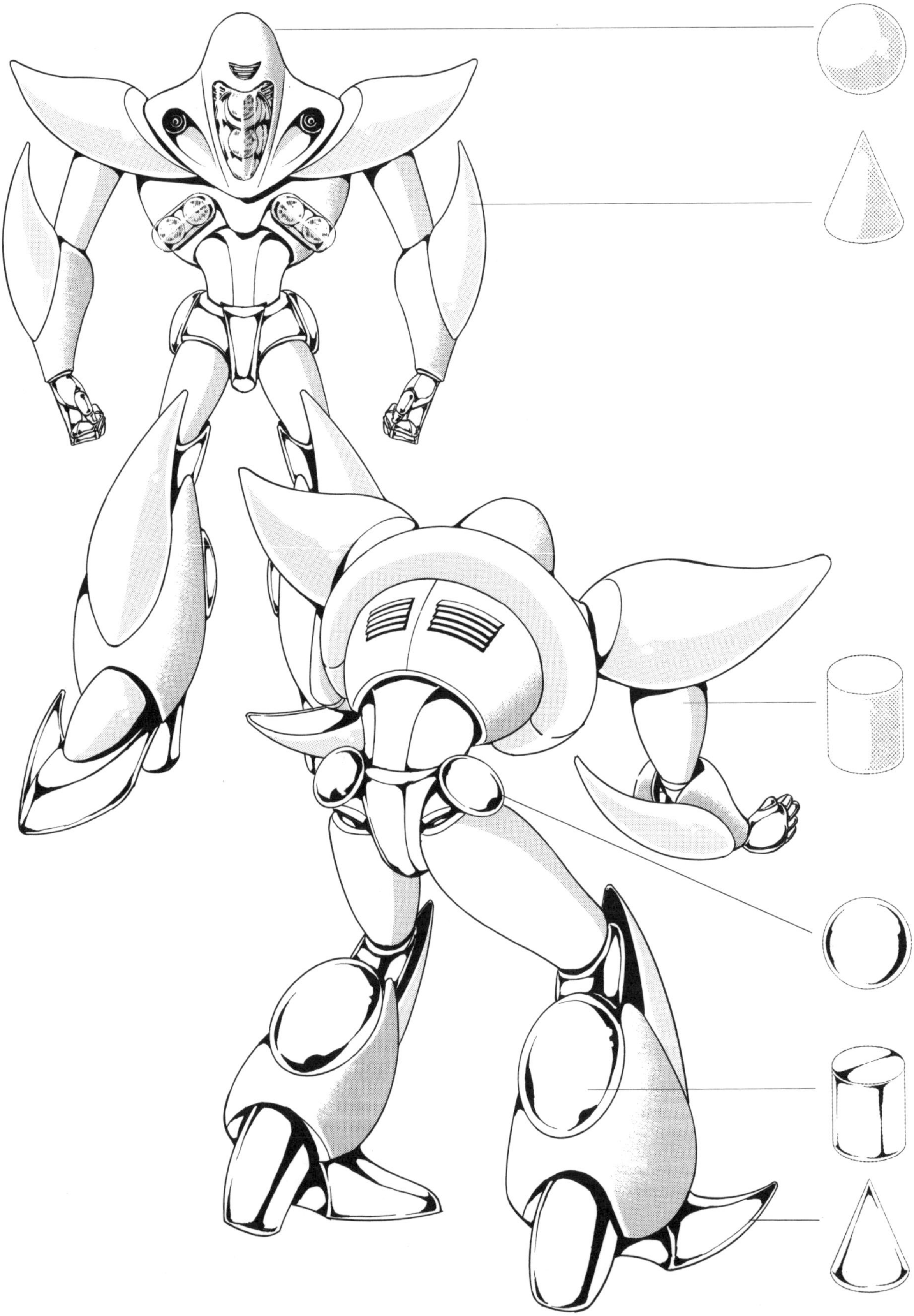

プロセス1

普通に曲面表現したもの

プロセス2

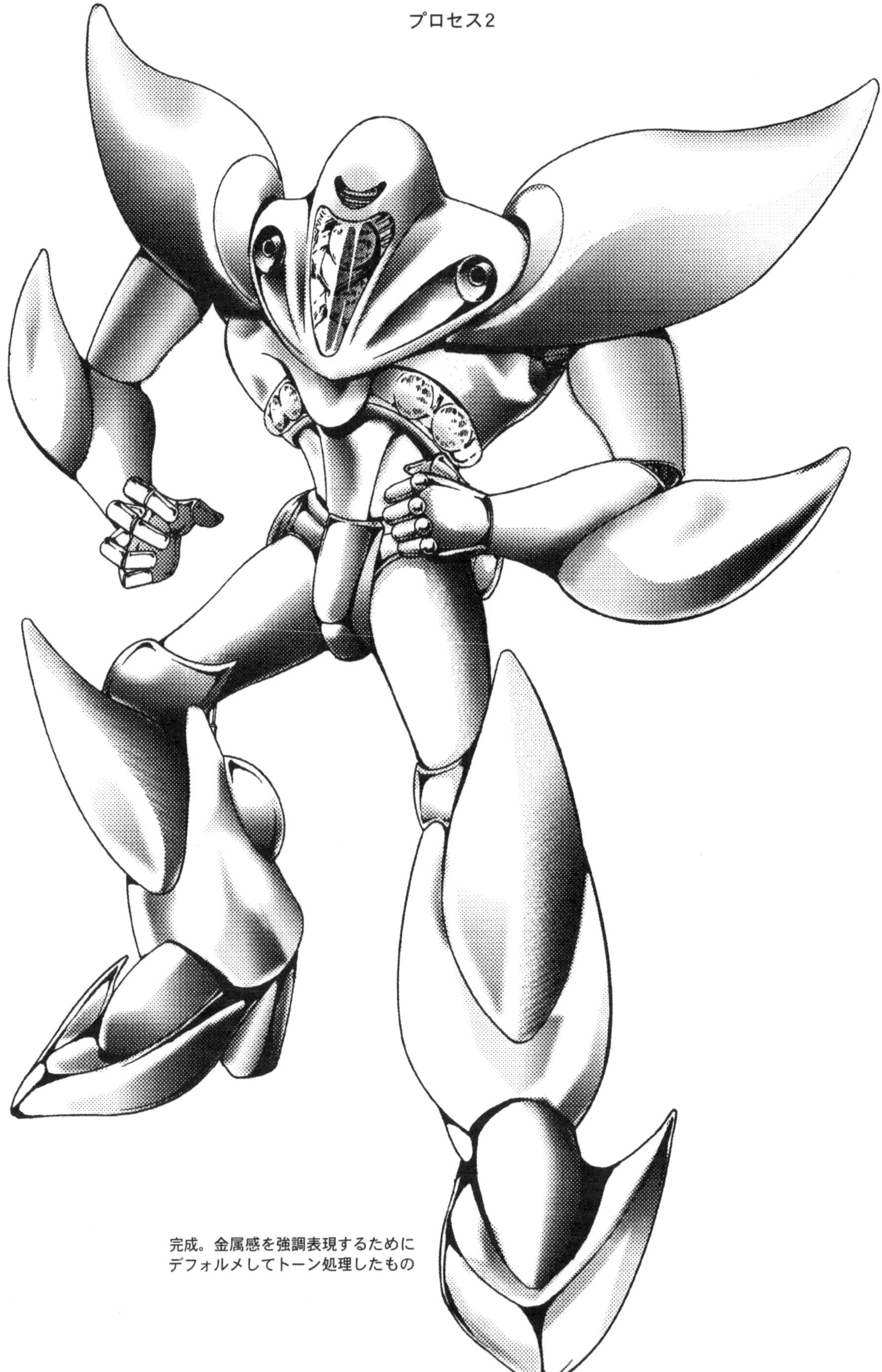

完成。金属感を強調表現するために
デフォルメしてトーン処理したもの

第２章
戦闘ロボ

ヨロイをベースにデザインする

フォルムを生かしながら単純化やパーツの変形、置き換えでロボにする。

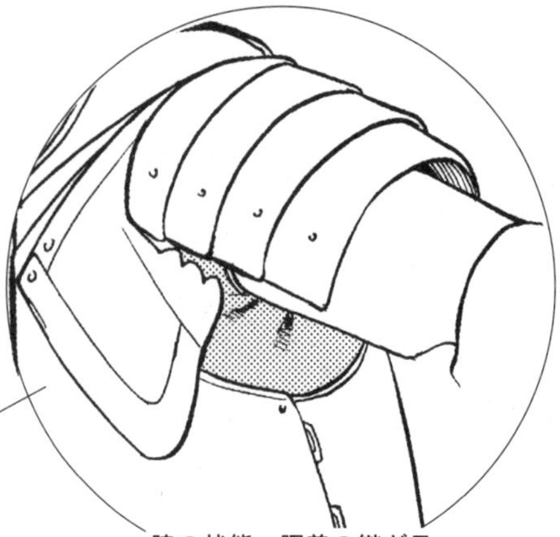

脇の状態。胴着の継ぎ目

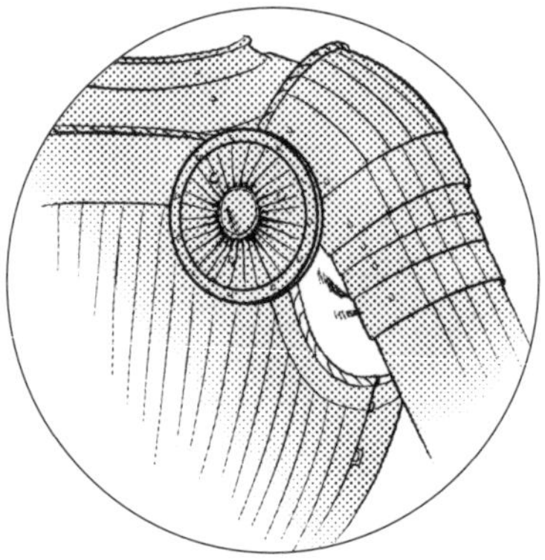

肩当てと胴着の別バージョン

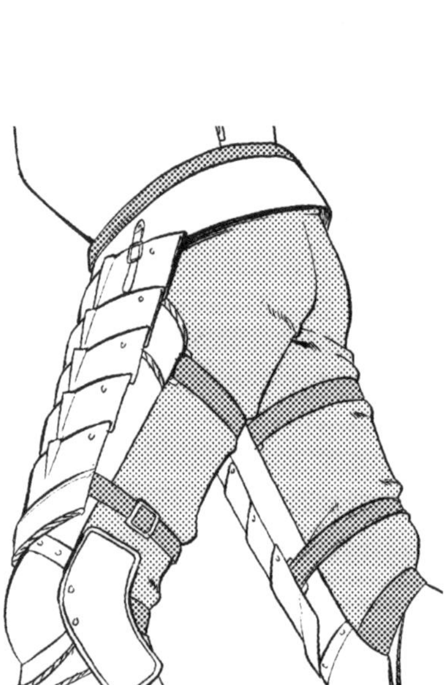

ももあてとひざカバー

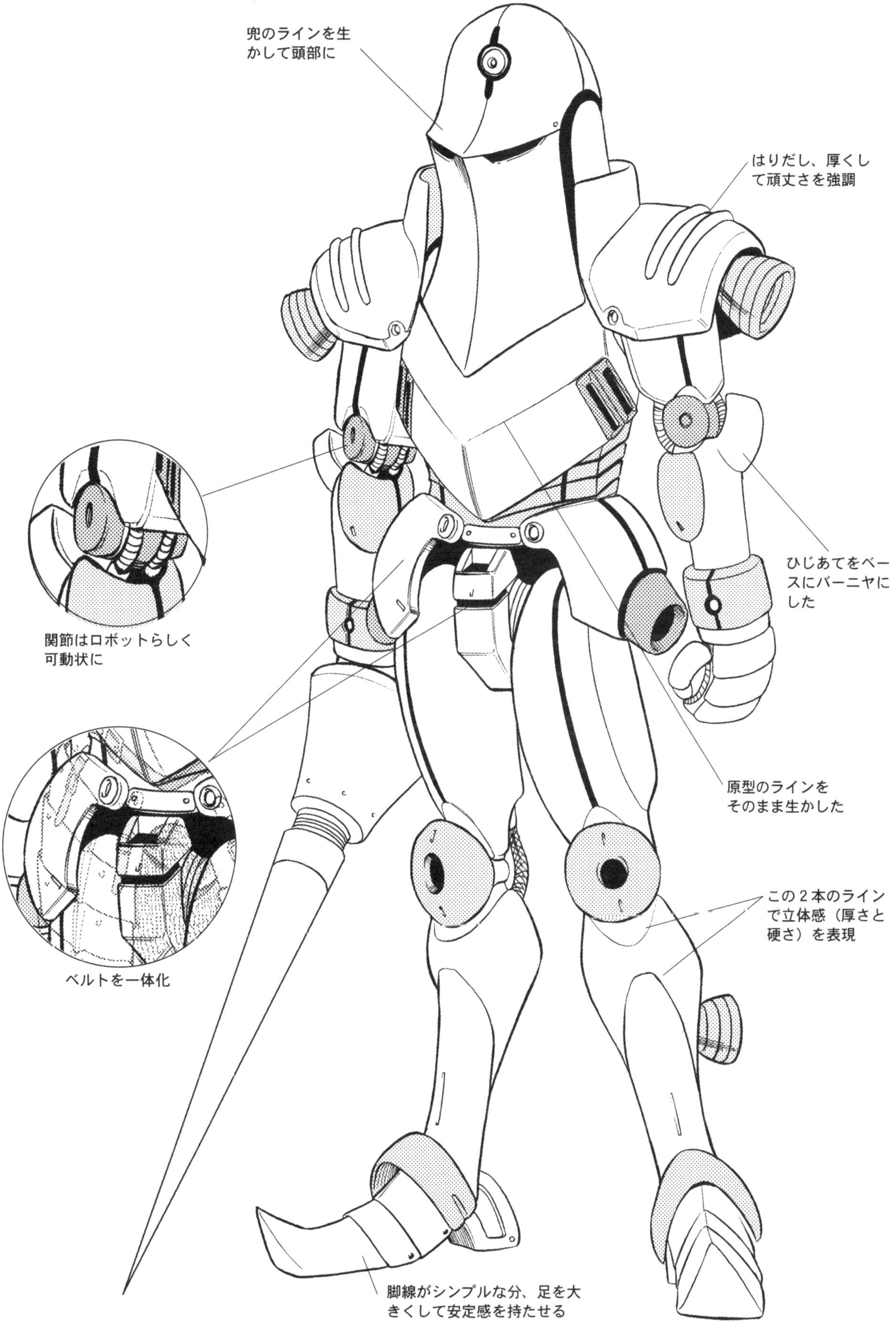
兜のラインを生
かして頭部に
はりだし、厚くし
て頑丈さを強調
ひじあてをベー
スにバーニヤに
した
関節はロボットらしく
可動状に
原型のラインを
そのまま生かした
この２本のライン
で立体感（厚さと
硬さ）を表現
ベルトを一体化
脚線がシンプルな分、足を大
きくして安定感を持たせる

【剣や斧、槍などをロボット用にする～メカニカルアレンジ～】

フォルムは現行のものとほとんど同じでも、継ぎ目やインジケーターを描いてＳＦ的な機械的な感じをだす。

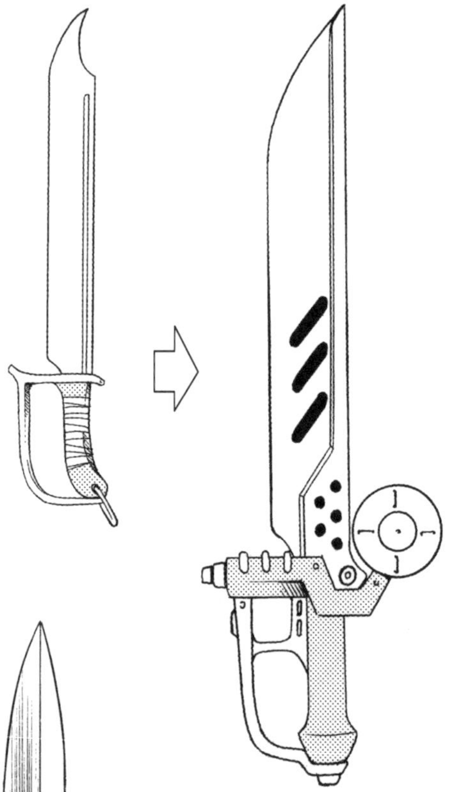

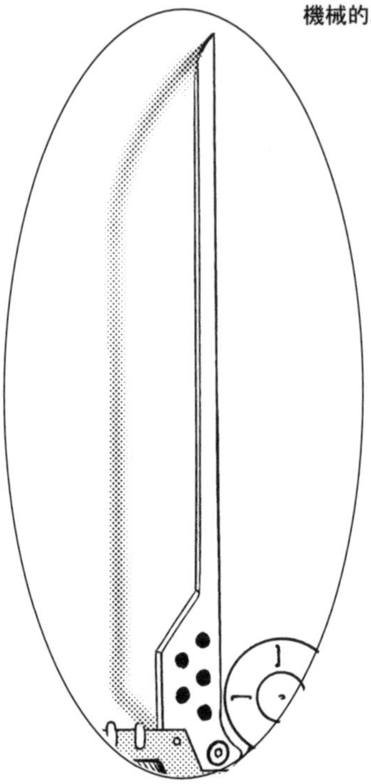

エッジの部分をトーンにして削るとレーザーブレード調になる

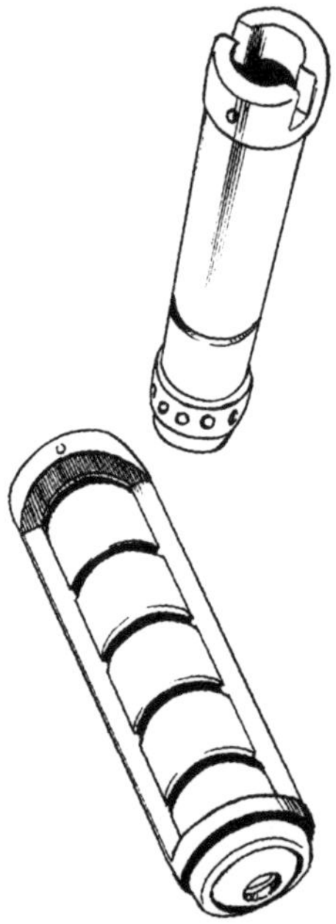

柄部分を金属シャフト状にするとメカっぽい感じになる

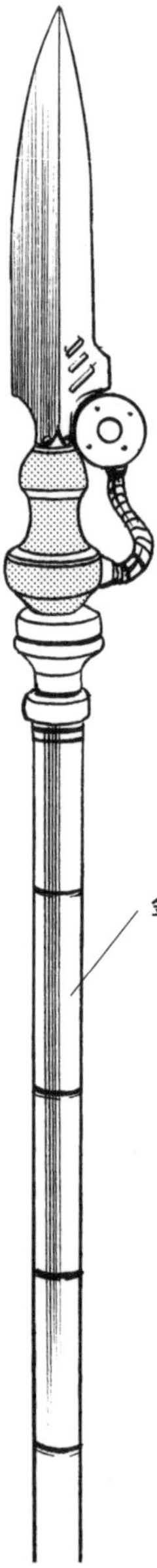

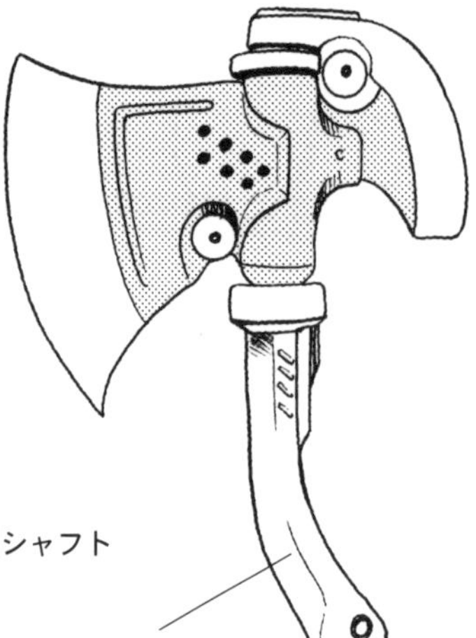

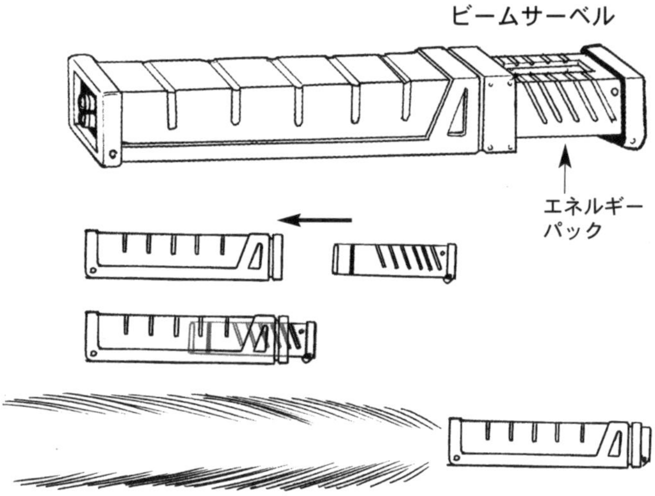

ビームサーベル類は、エネルギーパックをオプションとして設定しても良い

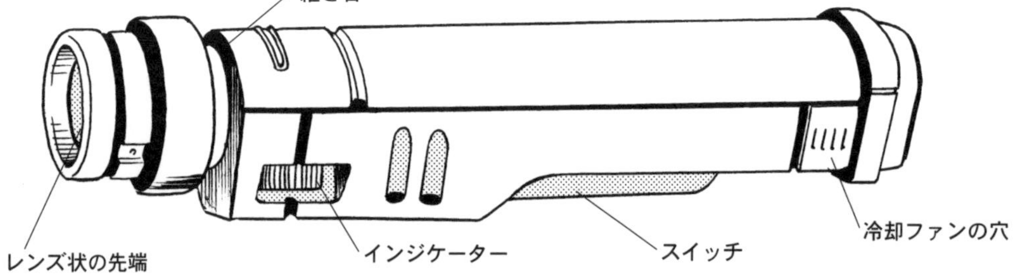

メカっぽさを演出する小道具

【シャフト】

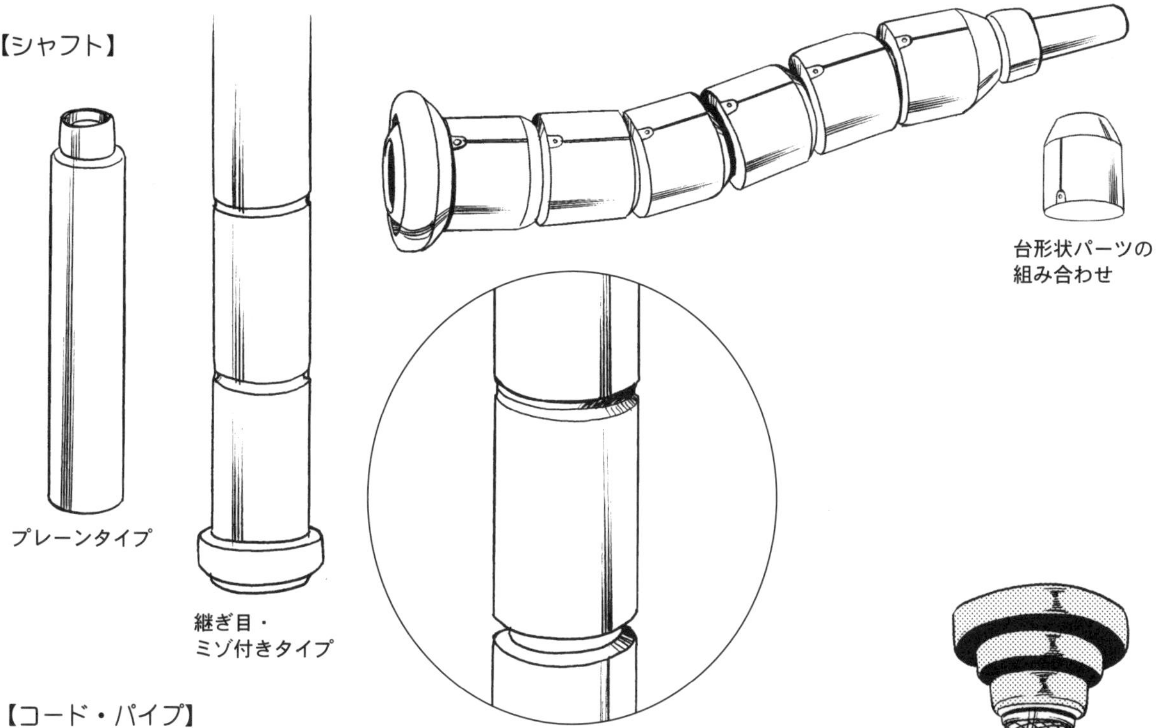

【コード・パイプ】

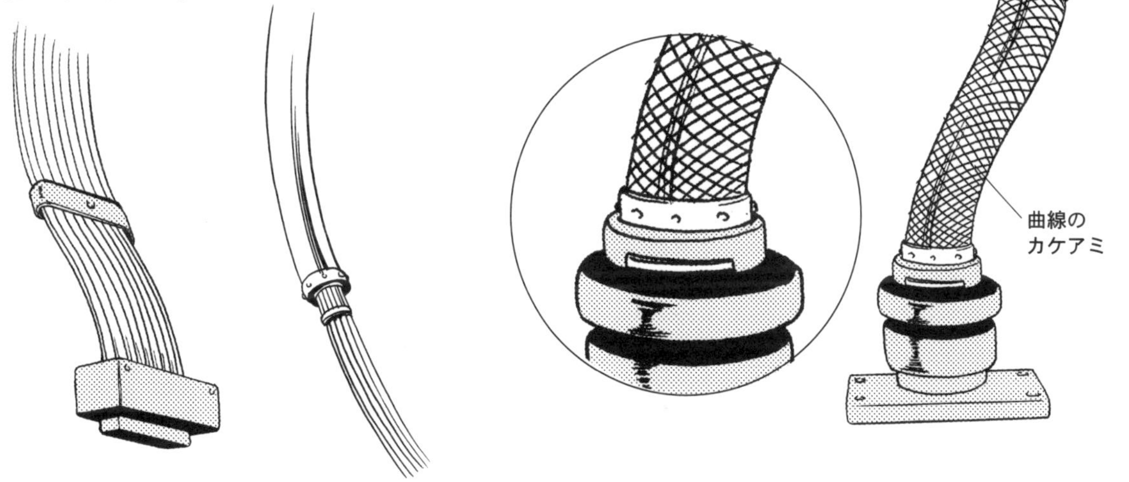

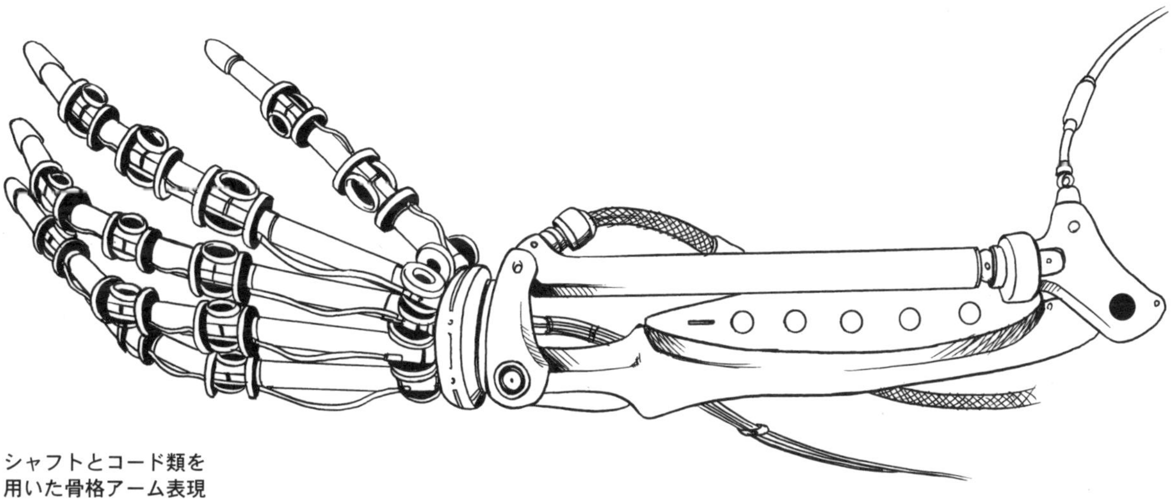

シャフトとコード類を
用いた骨格アーム表現

戦闘コスチュームをベースにする

特殊工作員スタイル。宇宙服や潜水服なども参考にしよう。

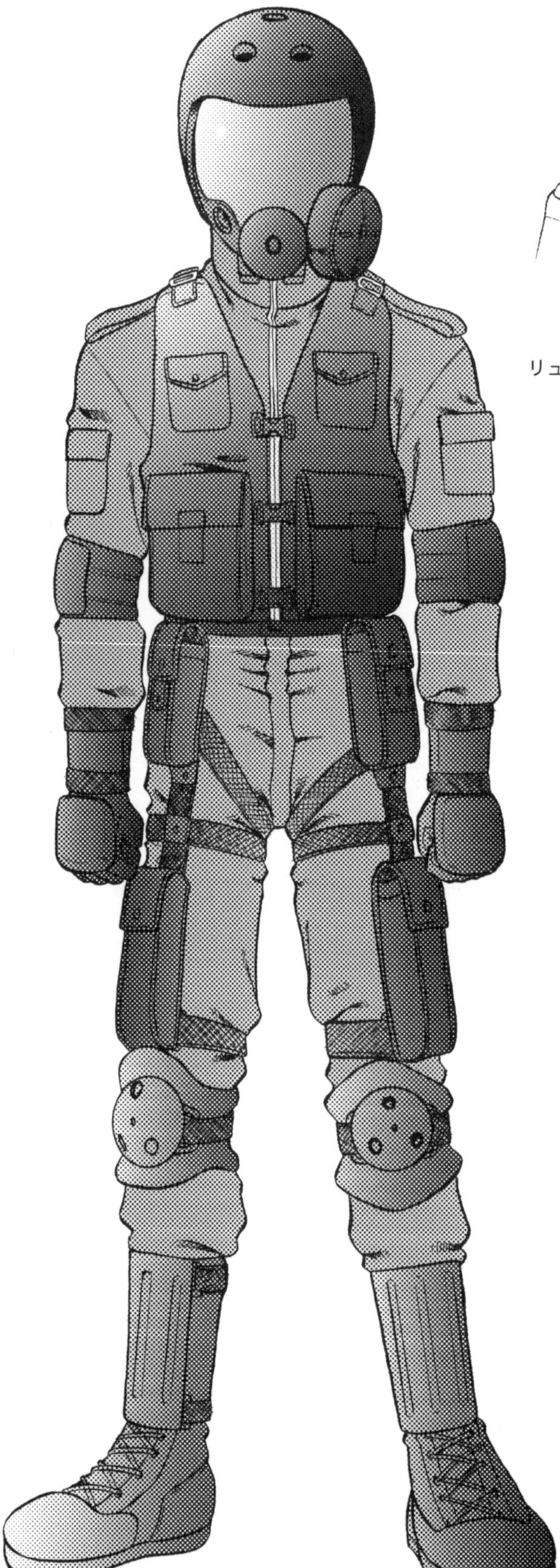

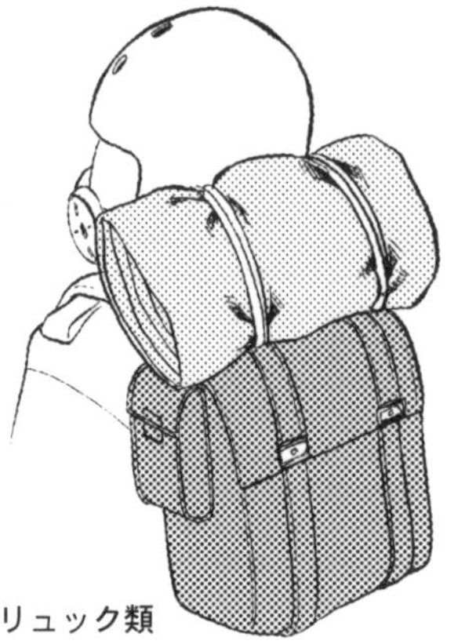

リュック類

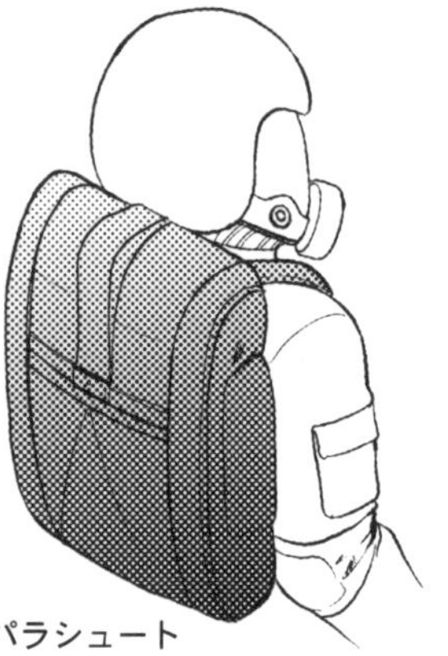

パラシュート

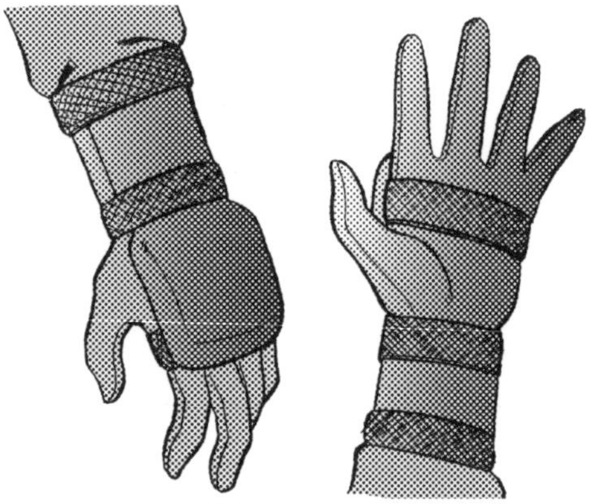

手袋は厚くて丈夫。手の甲にもガード用のクッション類がつく

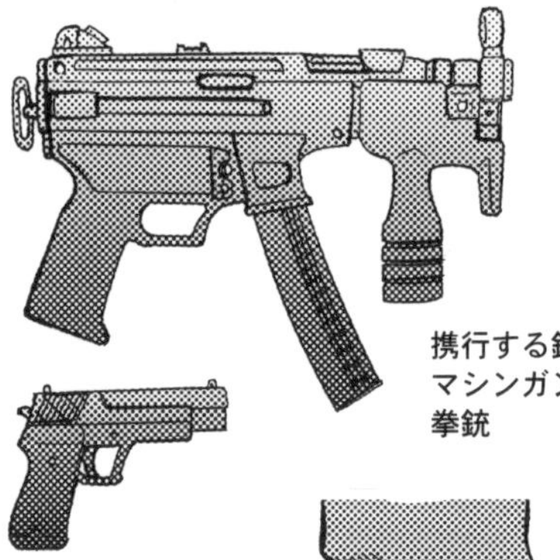

携行する銃器類
マシンガンタイプと
拳銃

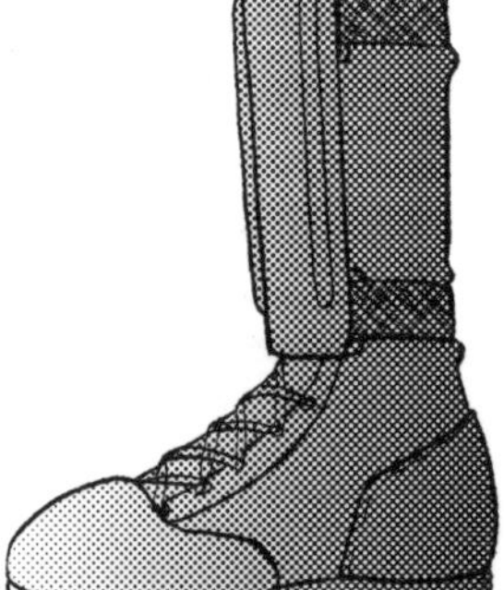

ブーツに
すねガード。
靴底は厚い

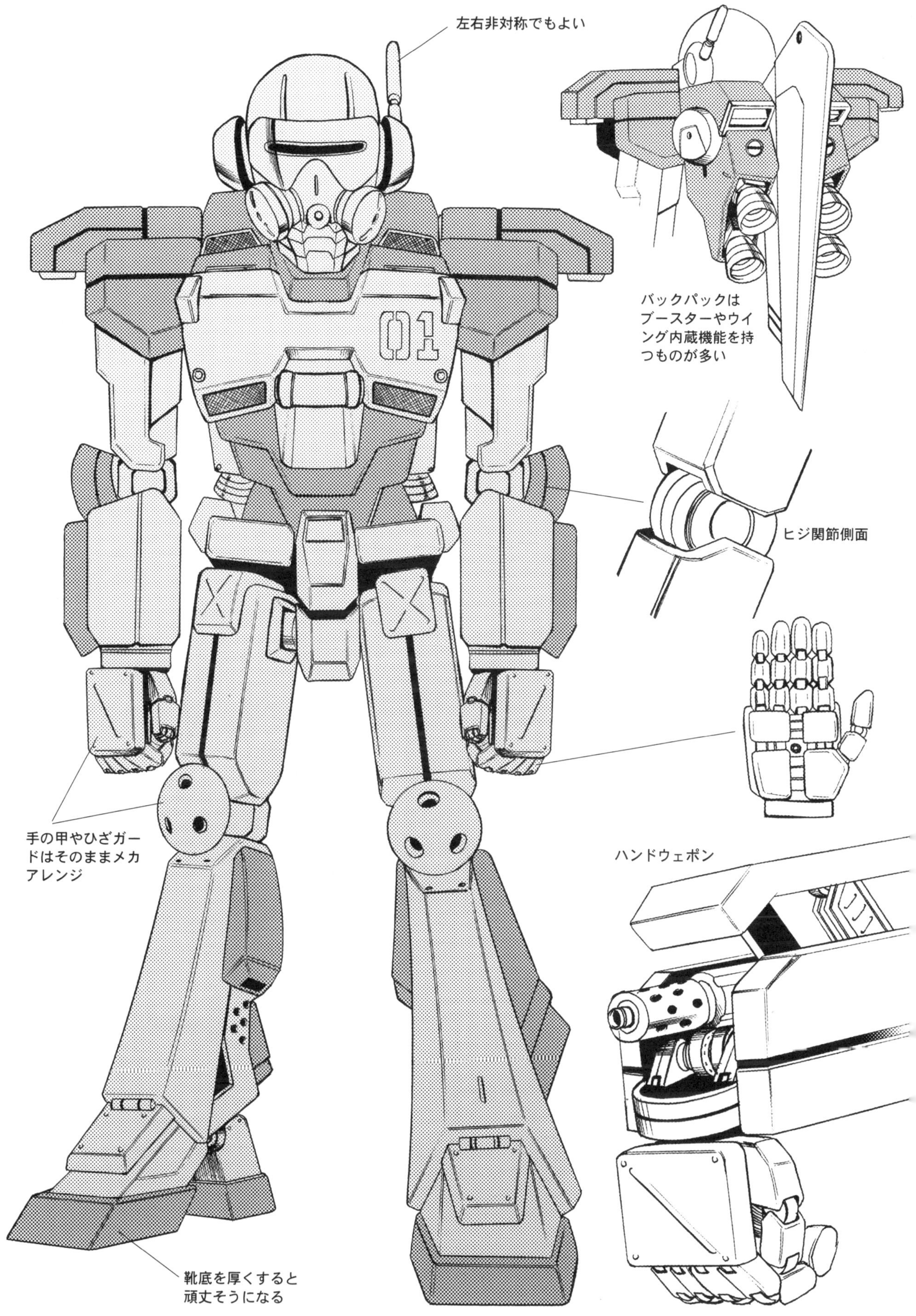
左右非対称でもよい
バックパックは
ブースターやウイ
ング内蔵機能を持
つものが多い
ヒジ関節側面
ハンドウェポン
手の甲やひざガー
ドはそのままメカ
アレンジ
靴底を厚くすると
頑丈そうになる

頭部のデザイン

パイロットヘルメットは、ロボの顔デザインの参考になる。

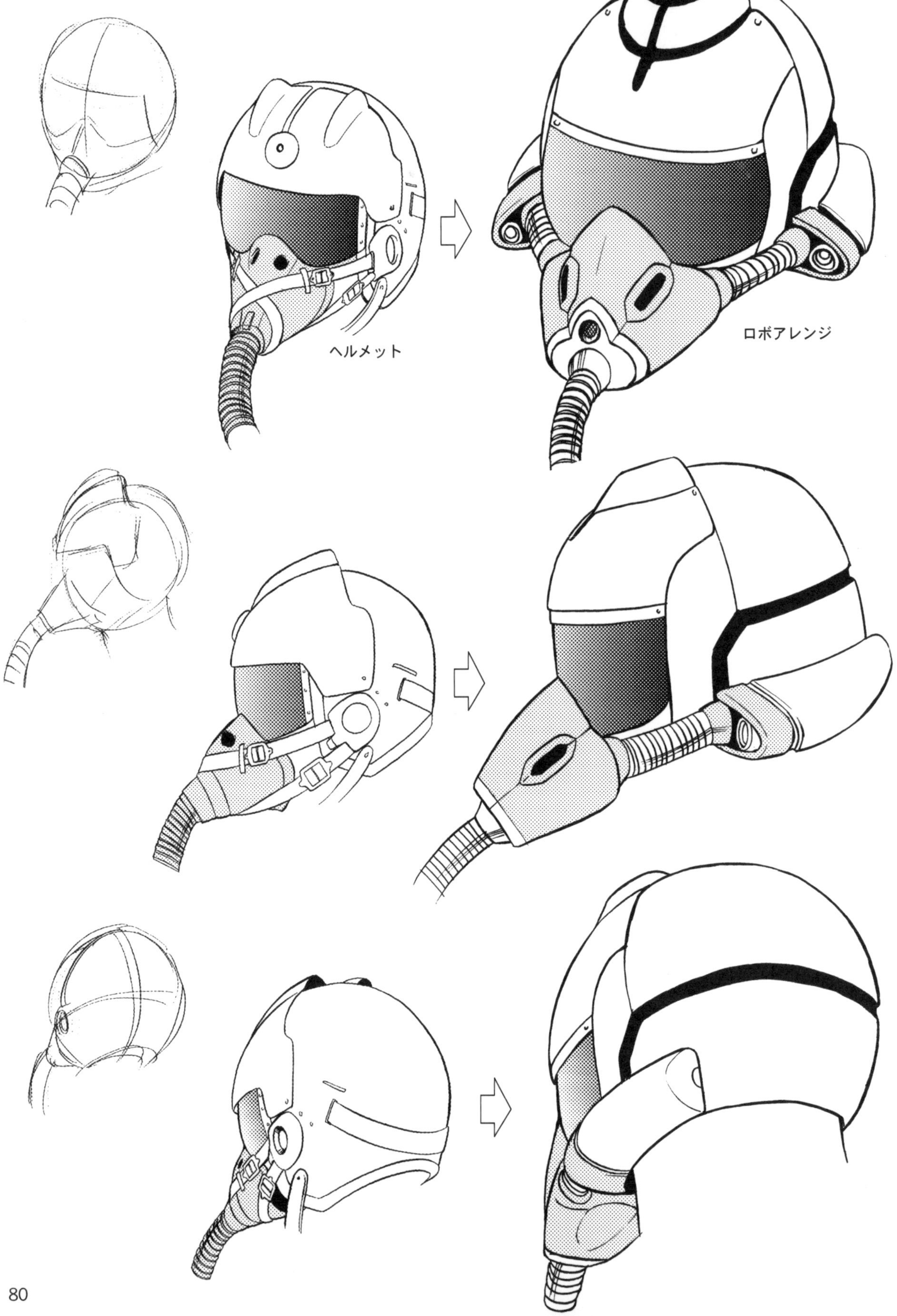

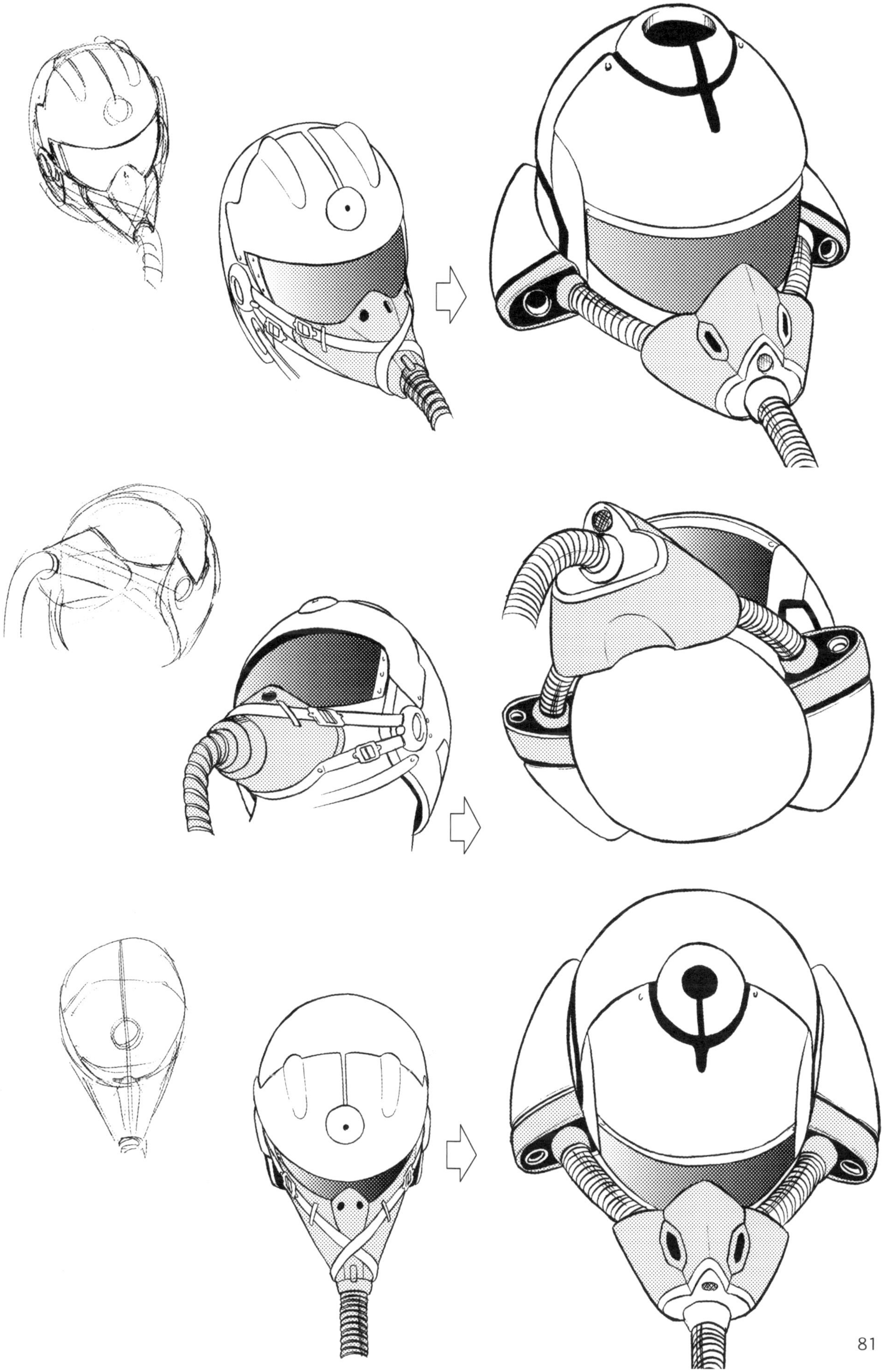

兵器ユニット ～銃器アレンジ～

構え方や握り方は実際のポーズをもとにしよう。

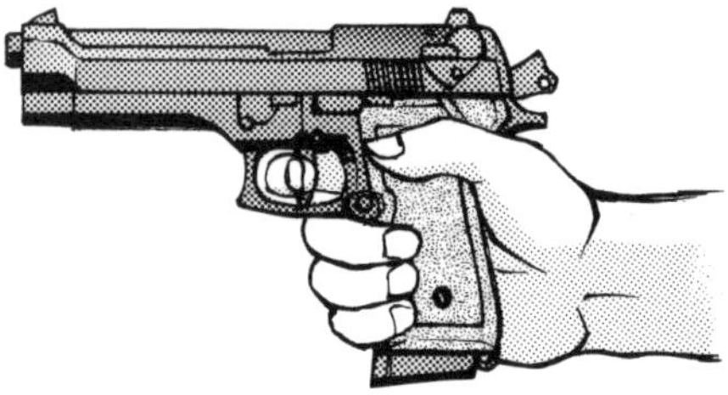

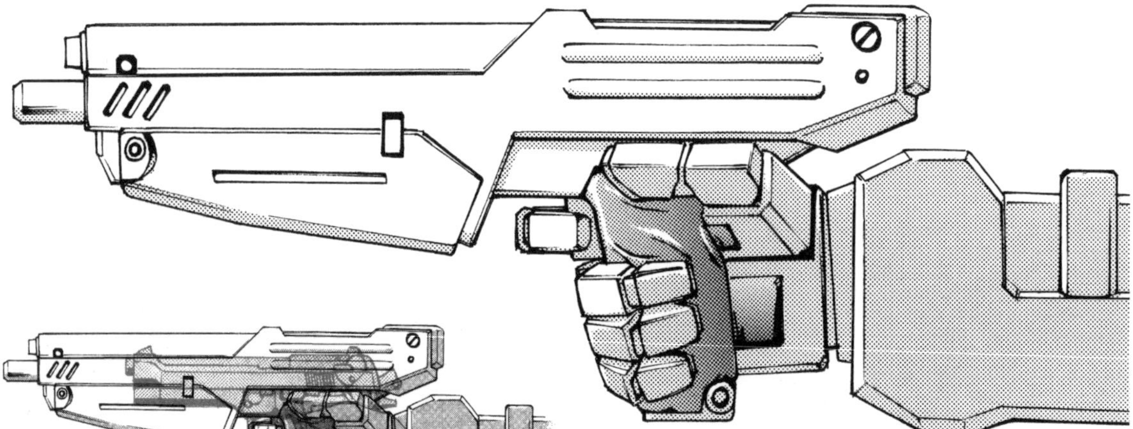

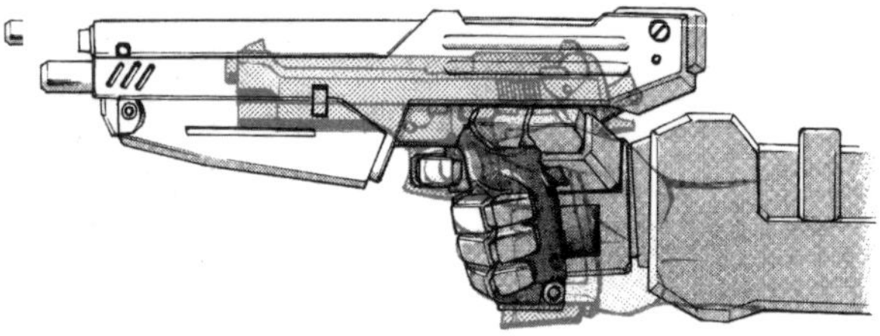

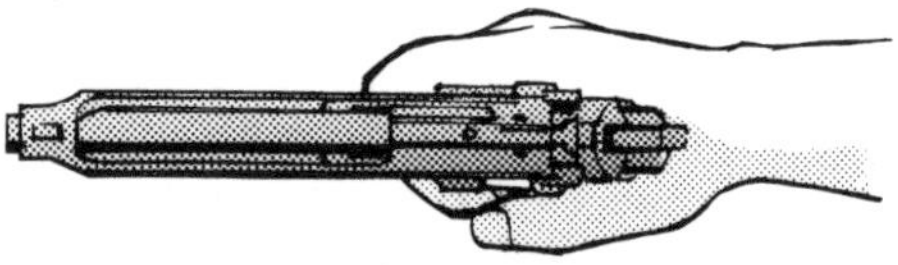

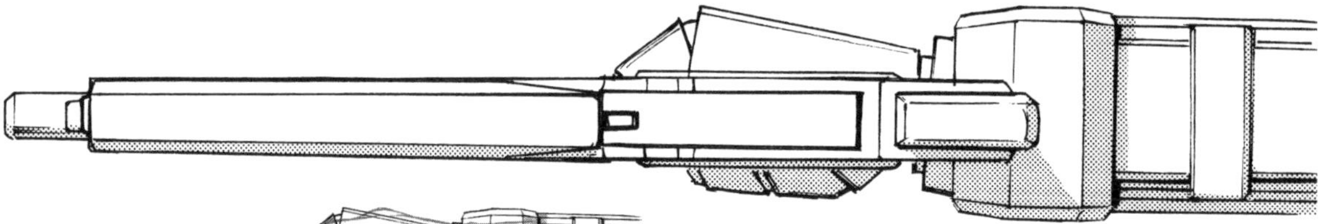

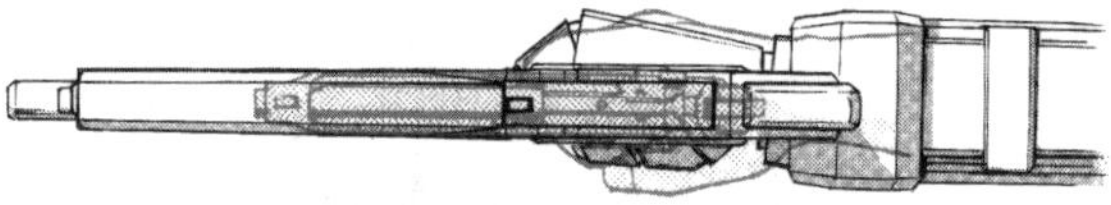

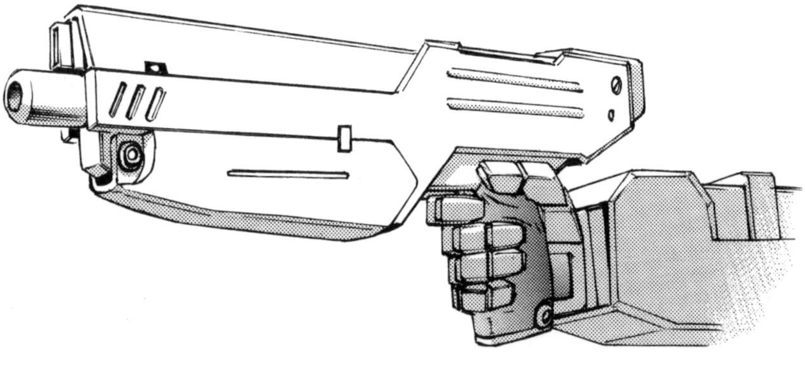

指が銃身になっているもの
（射出物：銃弾、レーザーなど）

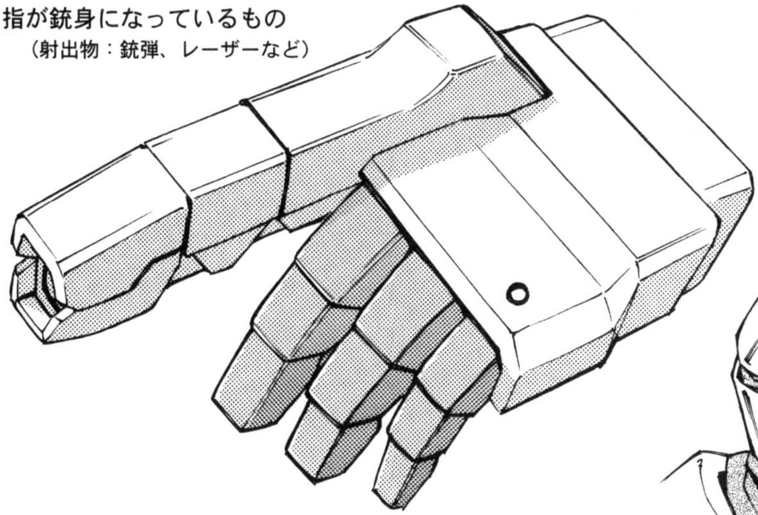

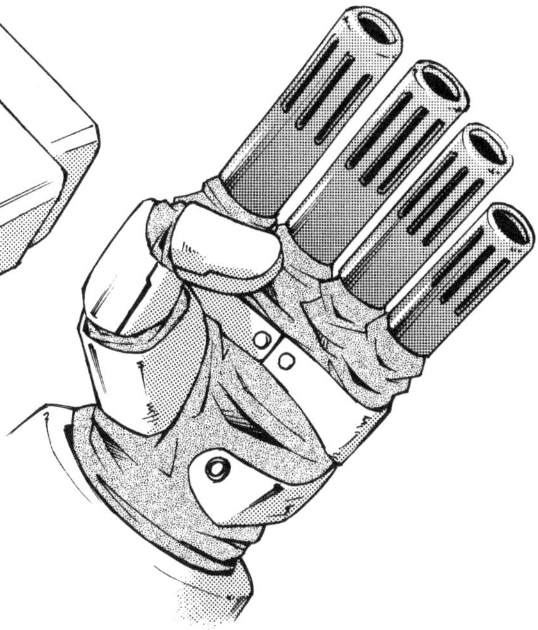

アームキャノン類　腕が銃身・弾倉を備えている

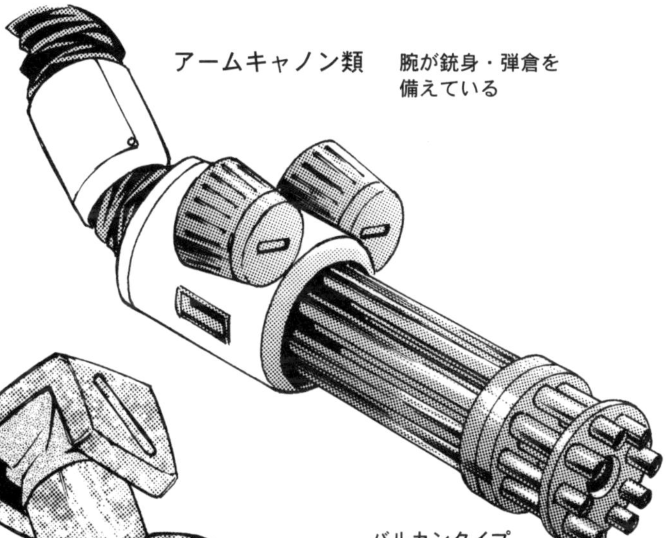

バルカンタイプ

ハンドミサイル・ハンドガン類

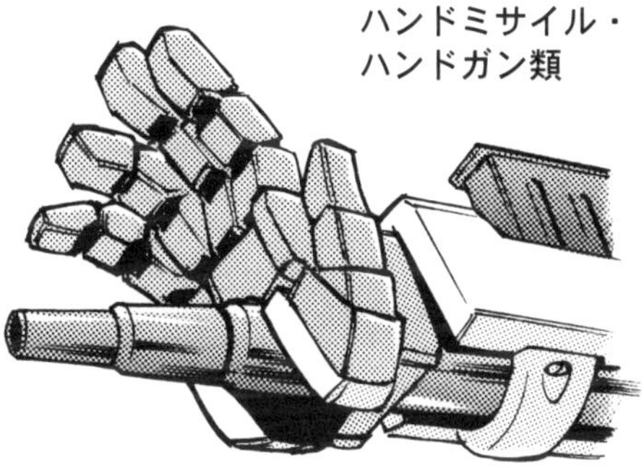

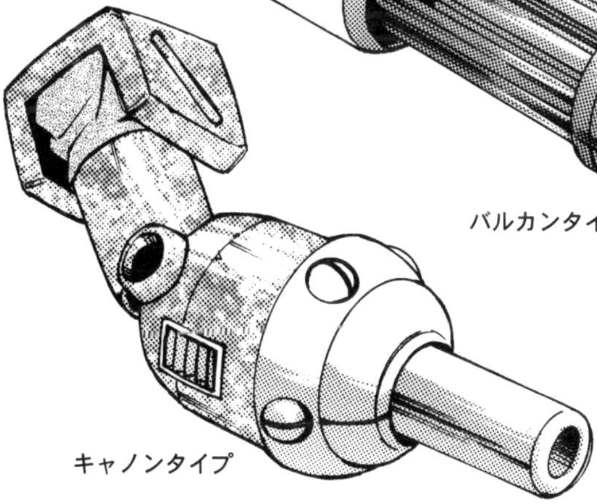

キャノンタイプ

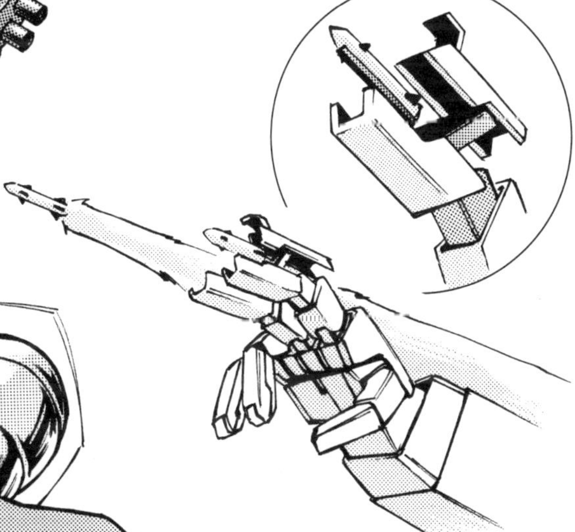

レーザータイプ

【弾倉アレンジ】

弾倉や装弾システムを、ロボのアームウェポンに応用しよう

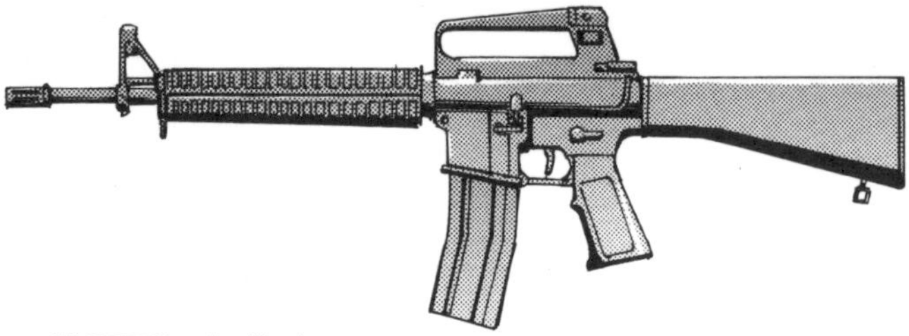

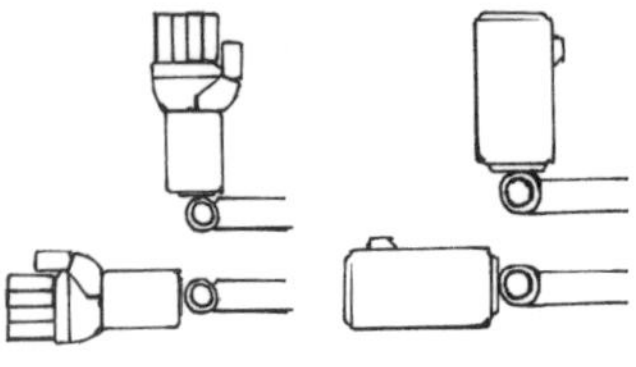

手や腕がガンタイプの場合

弾倉の交換・脱着

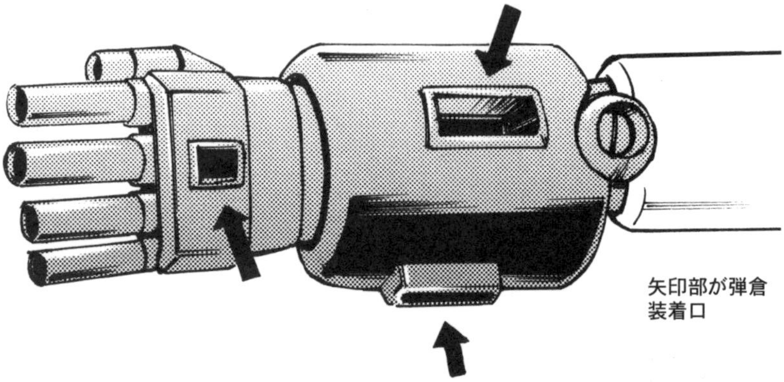

矢印部が弾倉
装着口

弾倉バリエーション

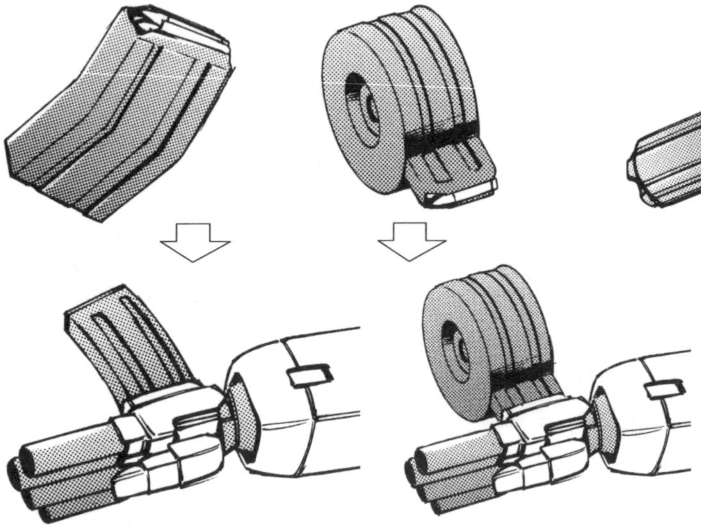

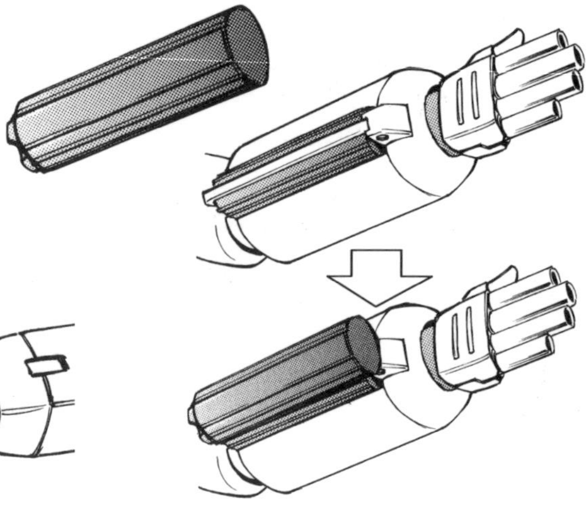

機関銃タイプ

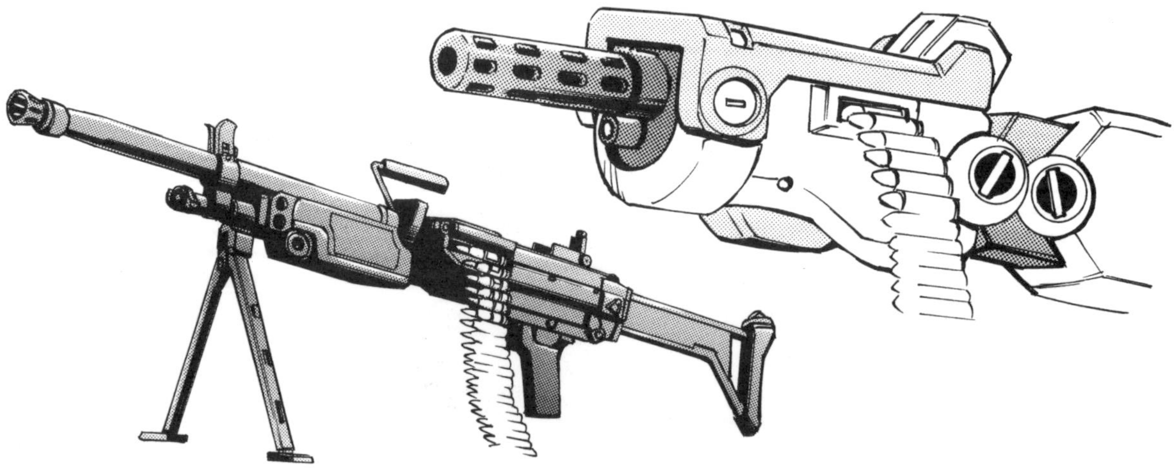

オプションの交換と変形　　銃身部と銃床部を交換、組み合わせることで、様々な形にできる

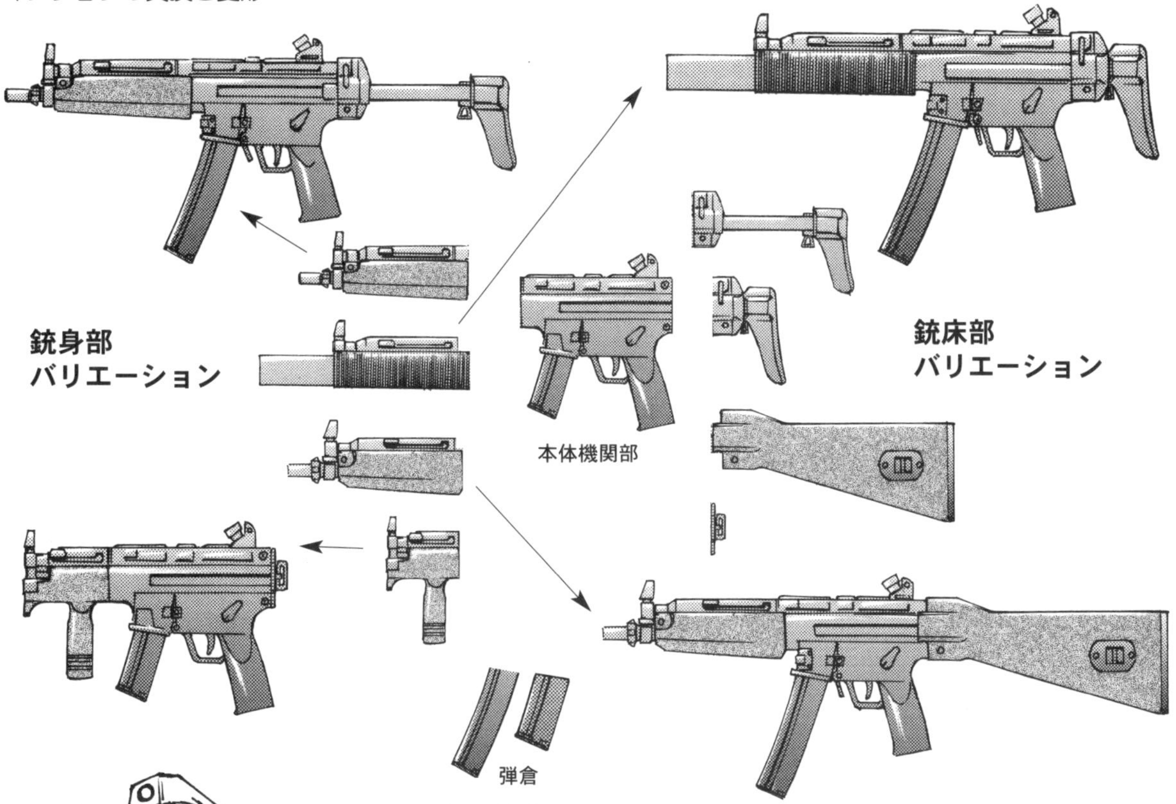

【エネルギー銃】

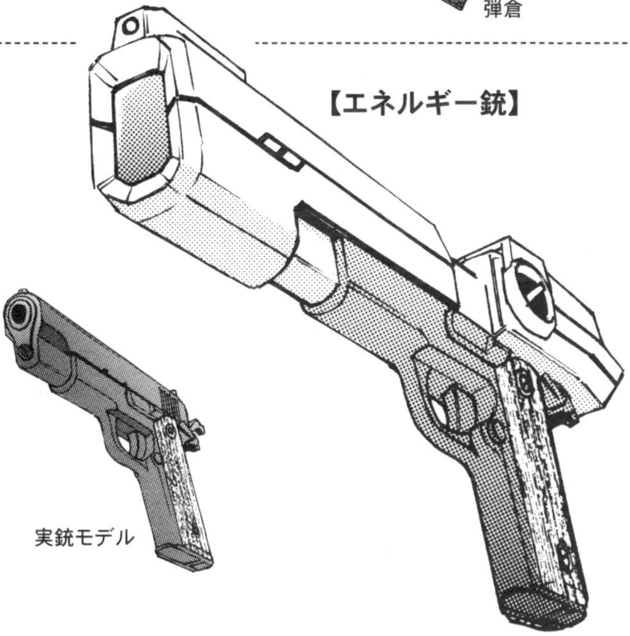
実銃モデル

ＳＦ的な銃口のいろいろ

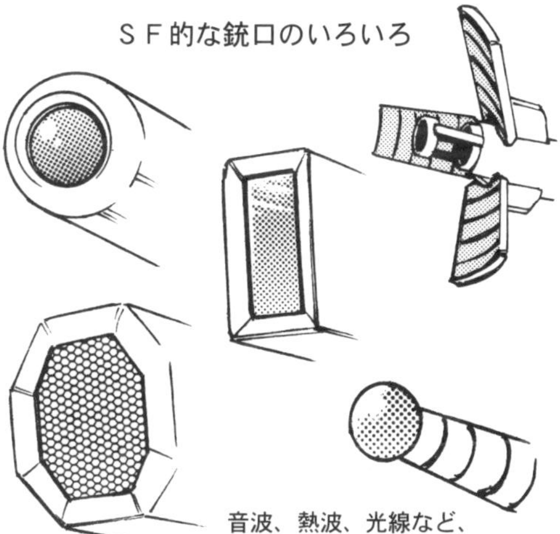
音波、熱波、光線など、
発射されるものは自由

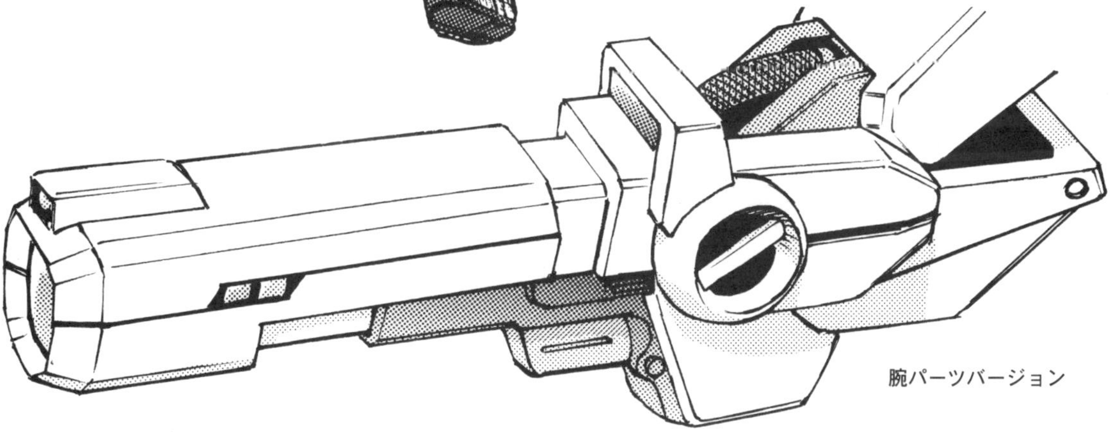
腕パーツバージョン

【銃身・銃口部のいろいろ】

ハンドガン・ライフル・オートガンなどさまざまな形状を応用しよう

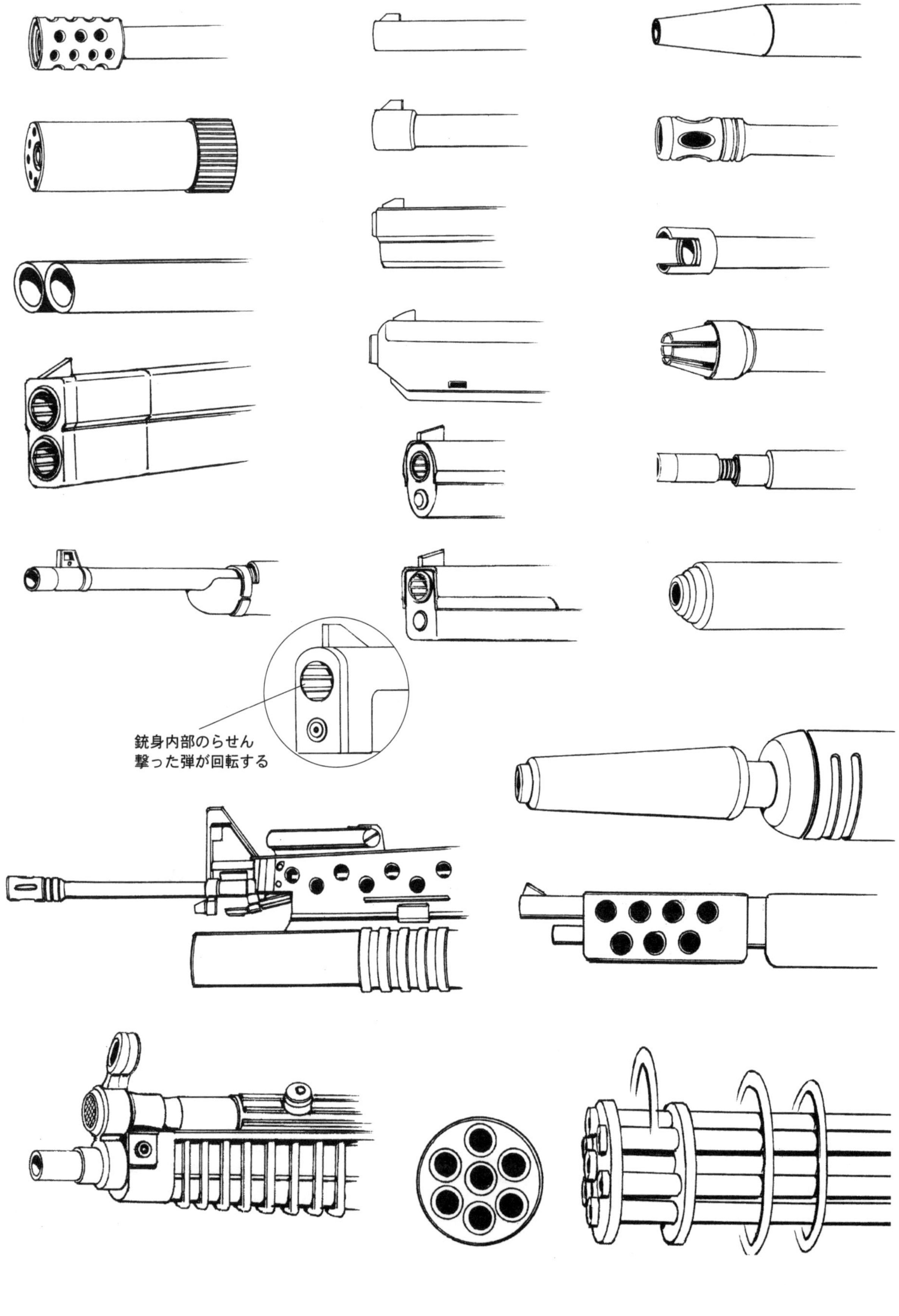

バズーカ

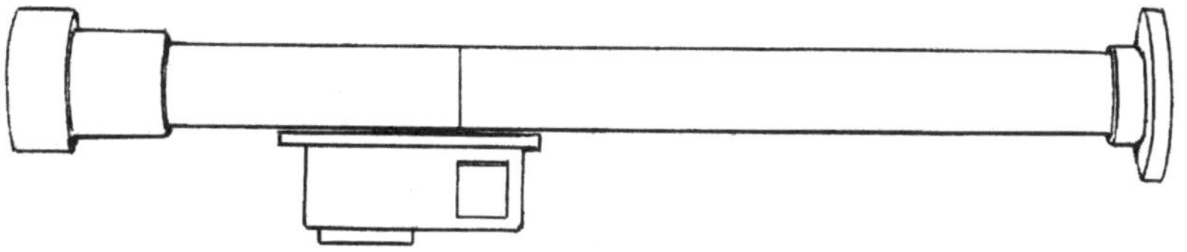

戦車砲塔部

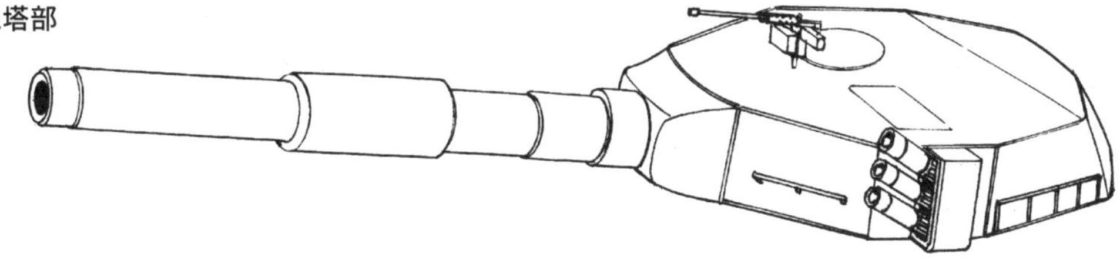

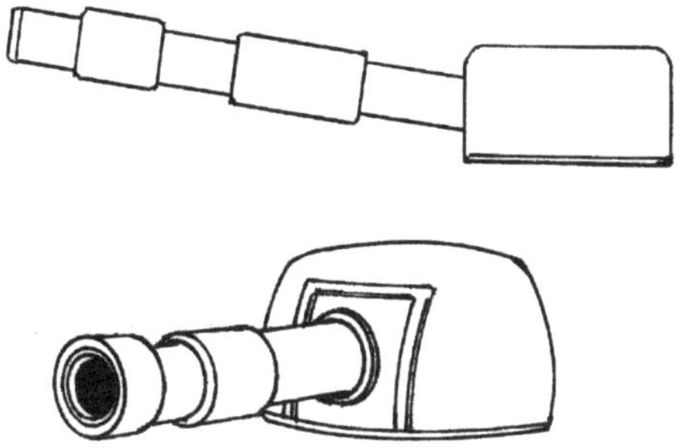

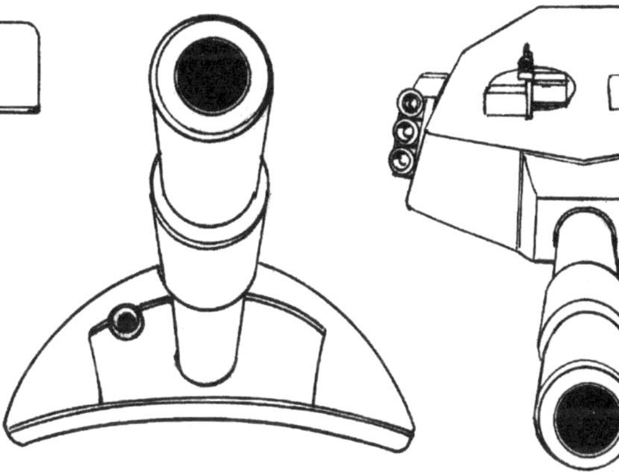

シンプルタイプ

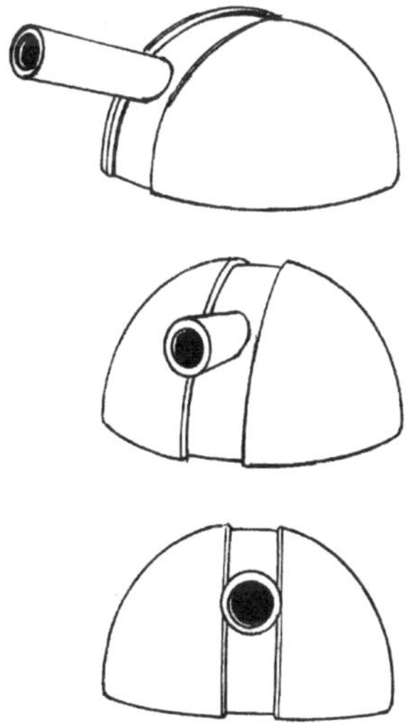

砲塔先頭部

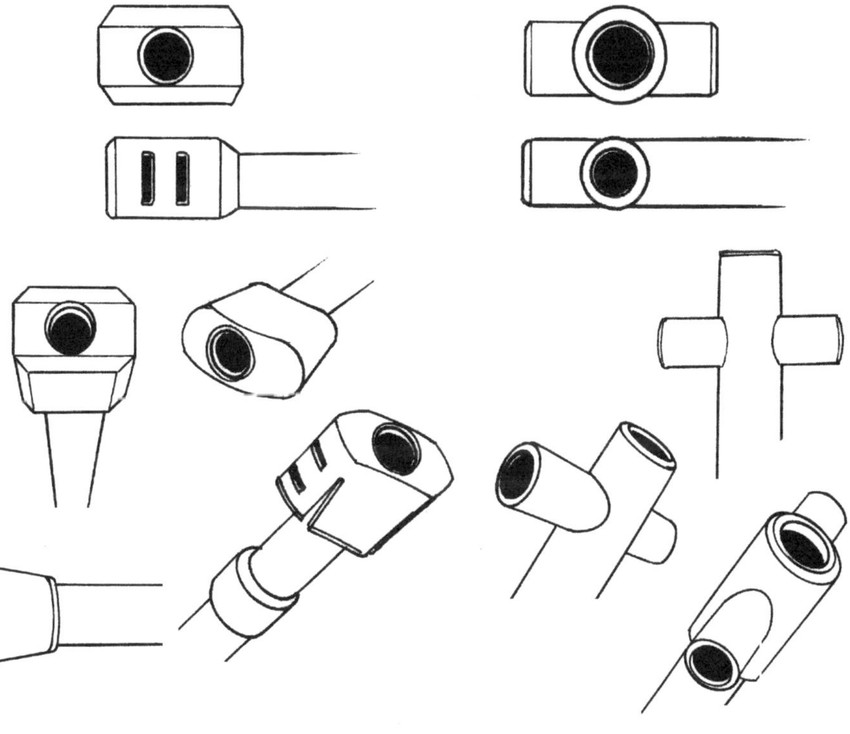

自走砲・高射砲砲身先端

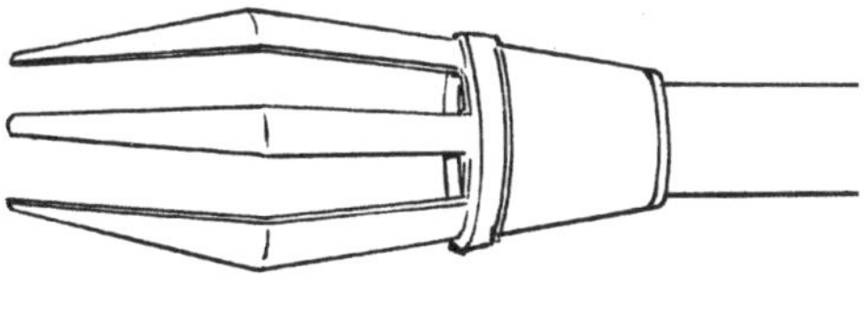

【ミサイル・ランチャー類】

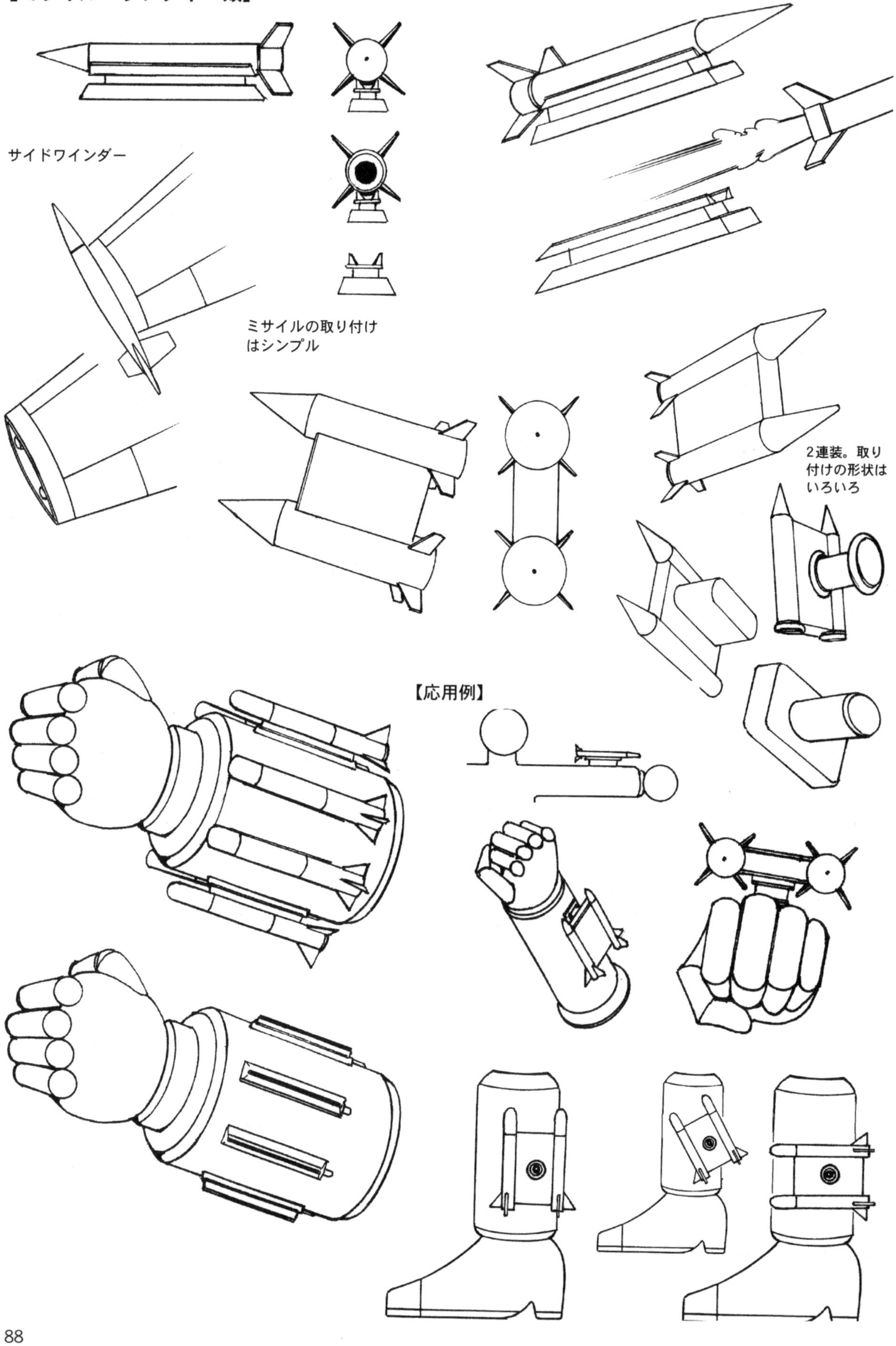

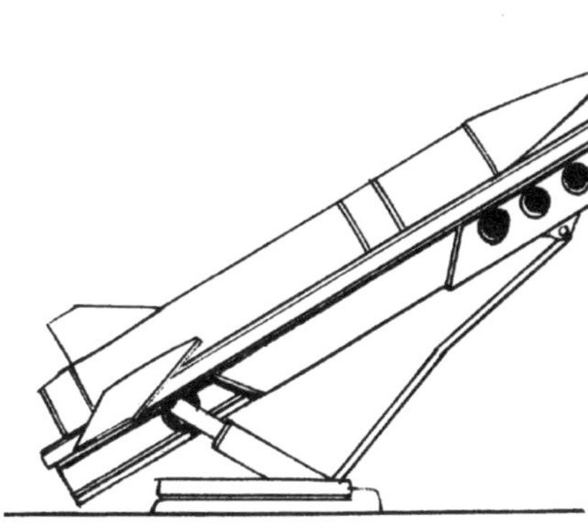

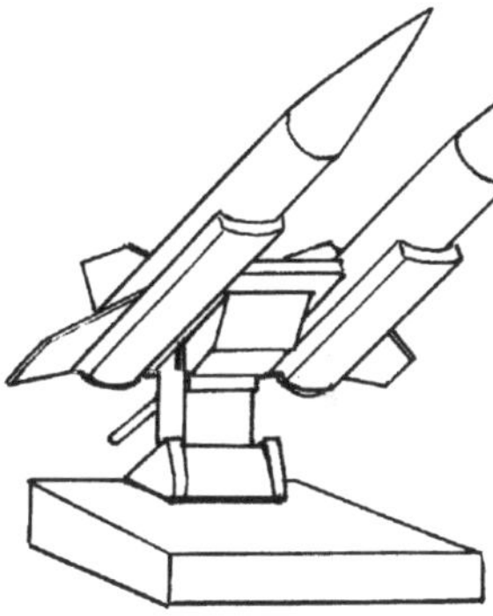

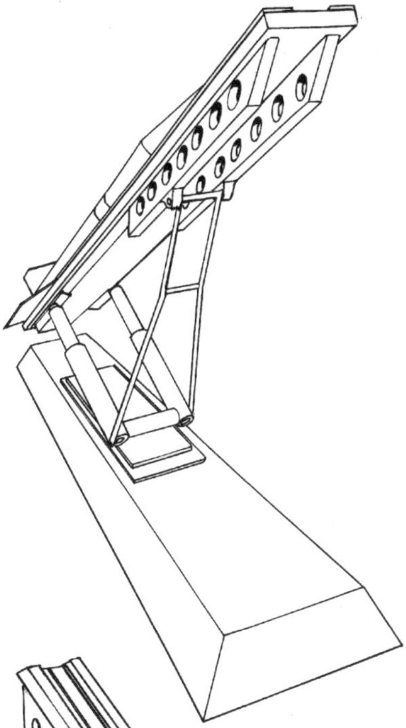

発射台を背負う

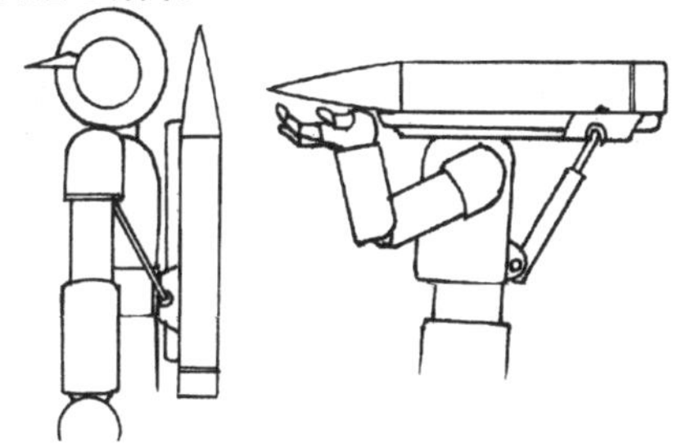

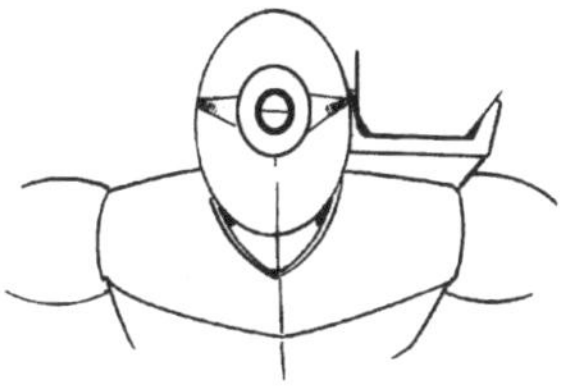

ランチャーをつける

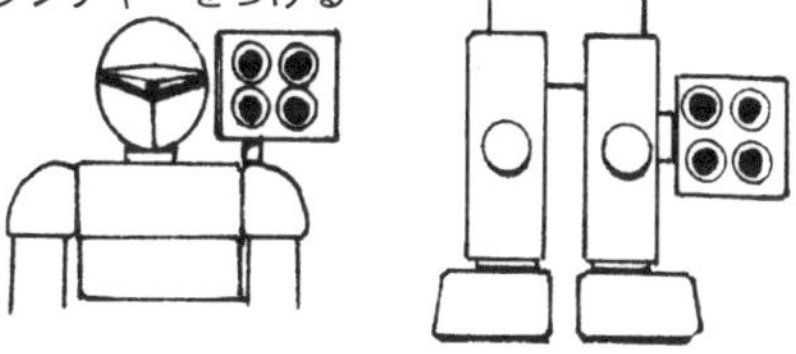

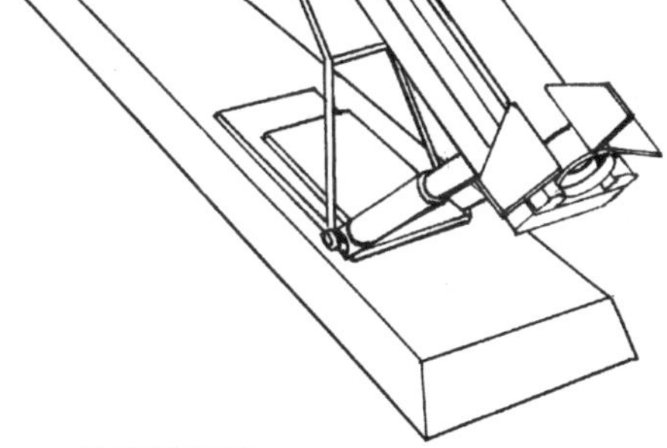

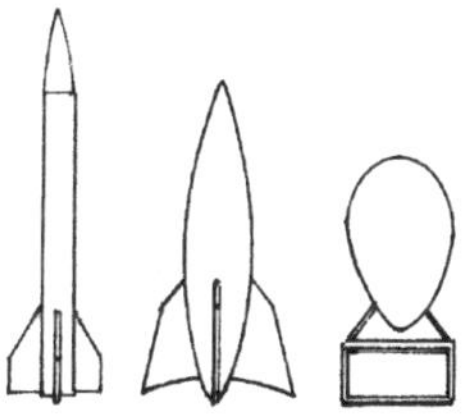

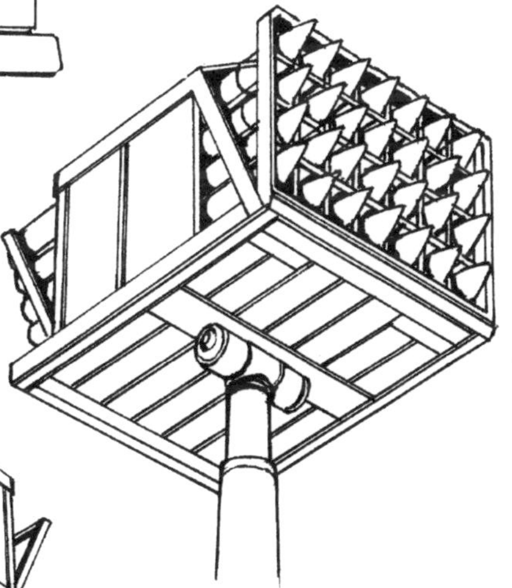

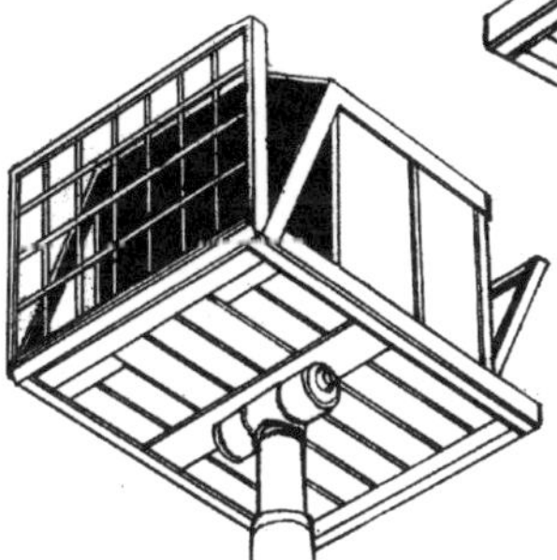

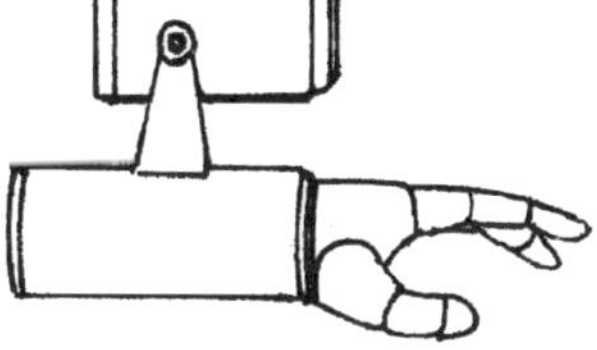

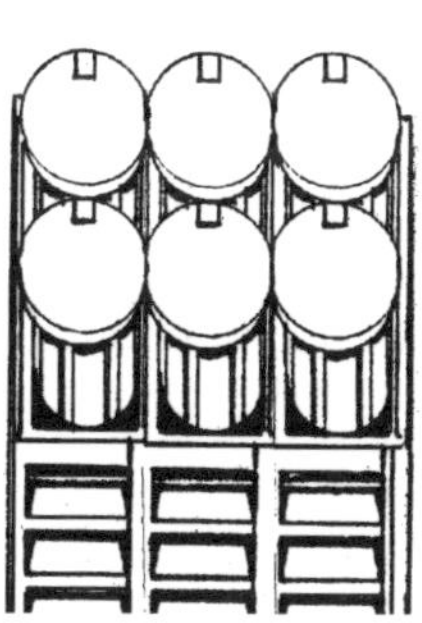

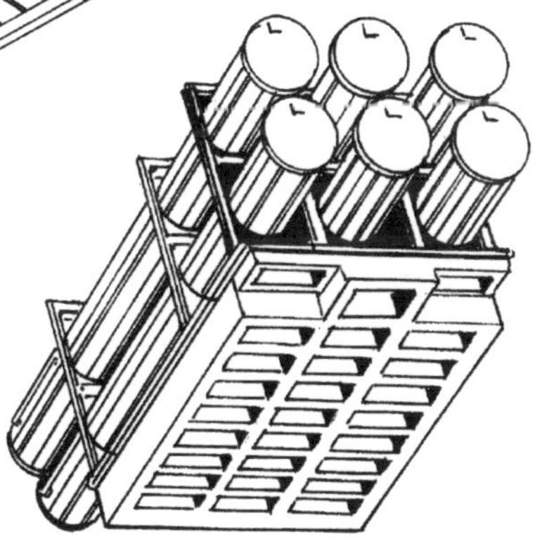

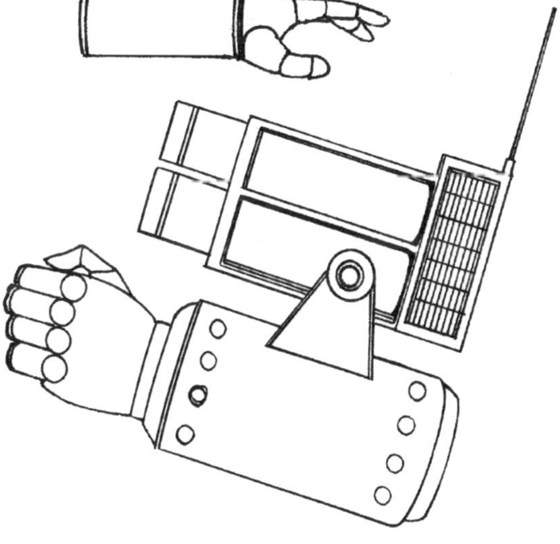

移動ユニット

スケート靴や車や飛行機など、いろいろな移動アイテムをアレンジ、応用する。

【足にはく】

インラインスケート

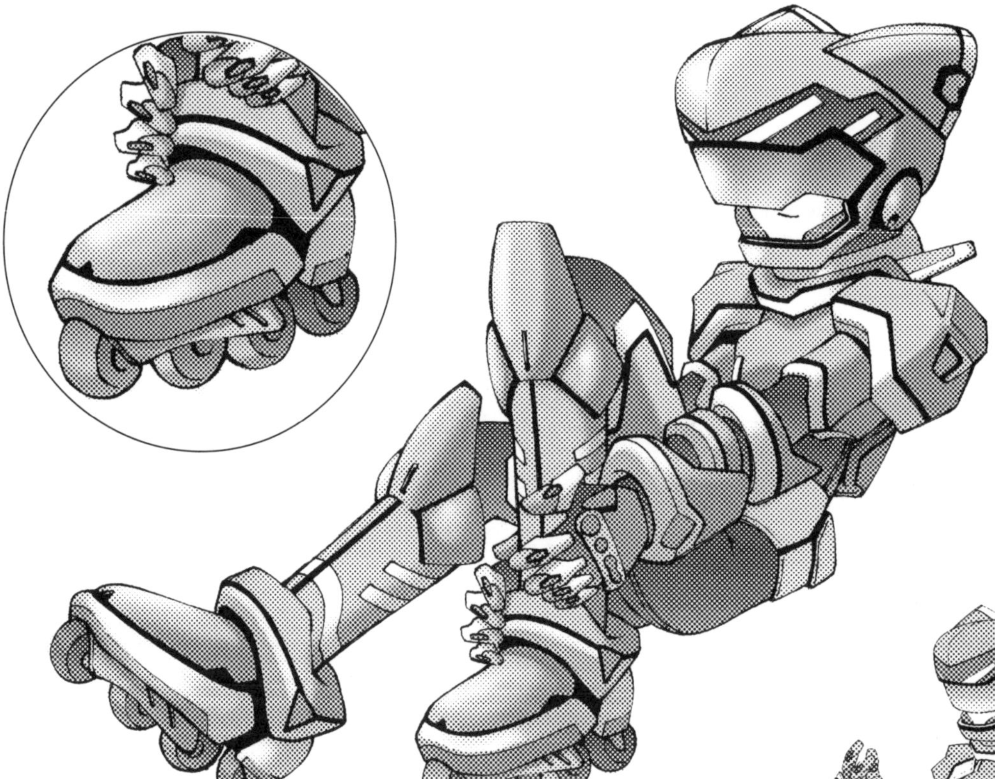

腰に巻く

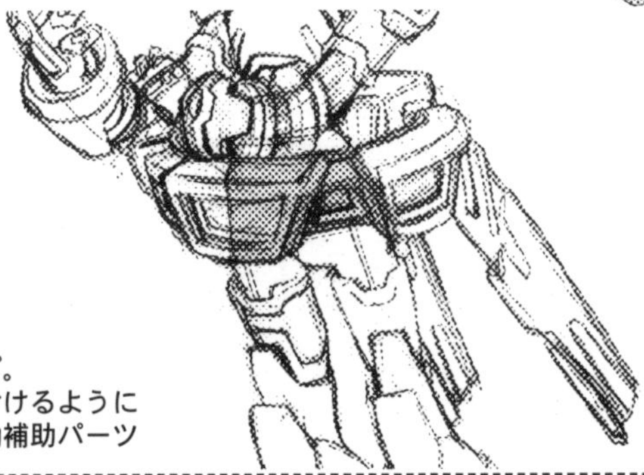

浮き輪タイプ。
胴体に巻き付けるように
装着した移動補助パーツ

タイヤ付きシューズ　… フォルムはインラインスケート

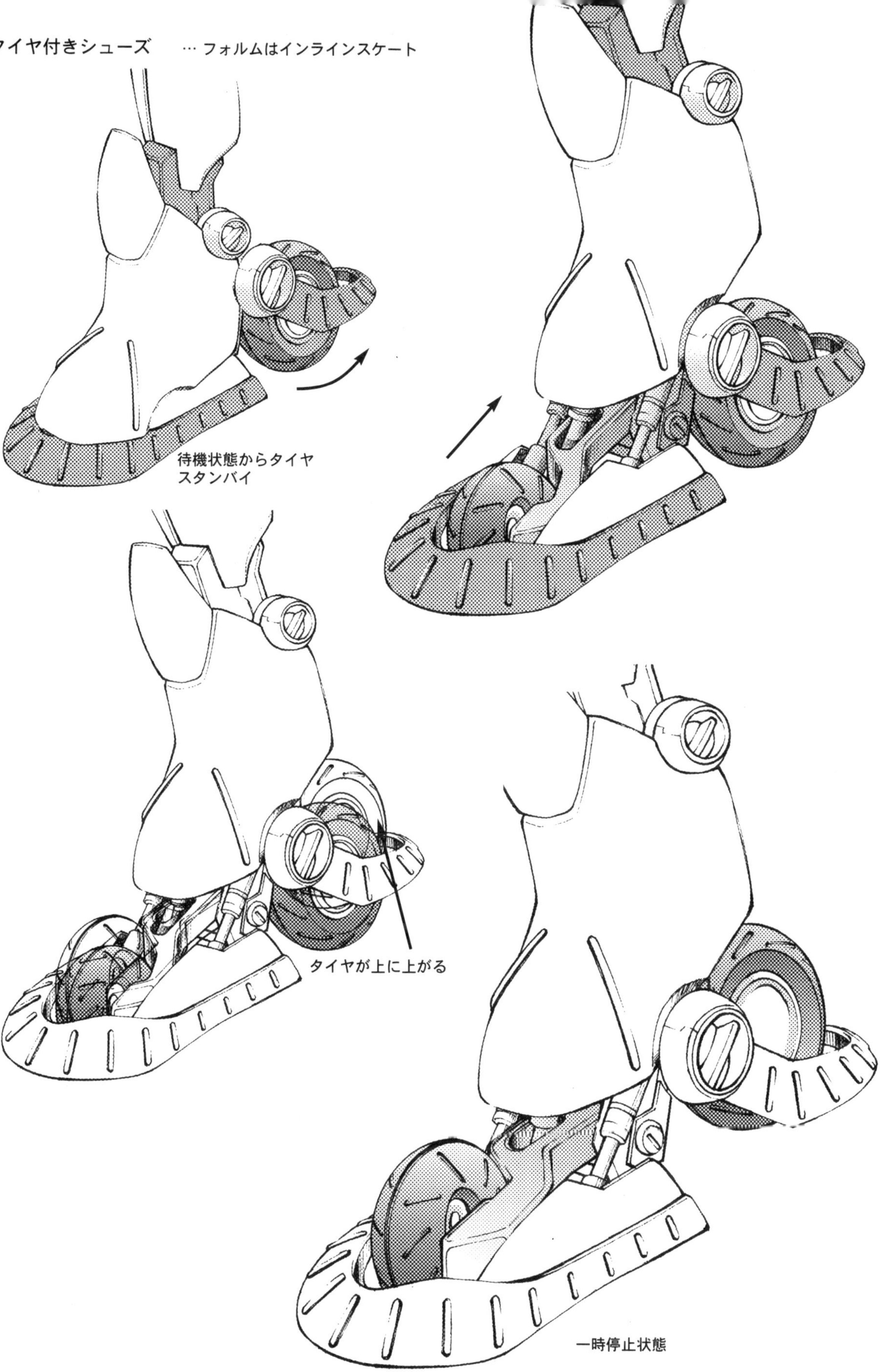

【スキー靴の応用～カタパルト～】

スキー靴と板の装着メカニズムはカタパルトに応用できる

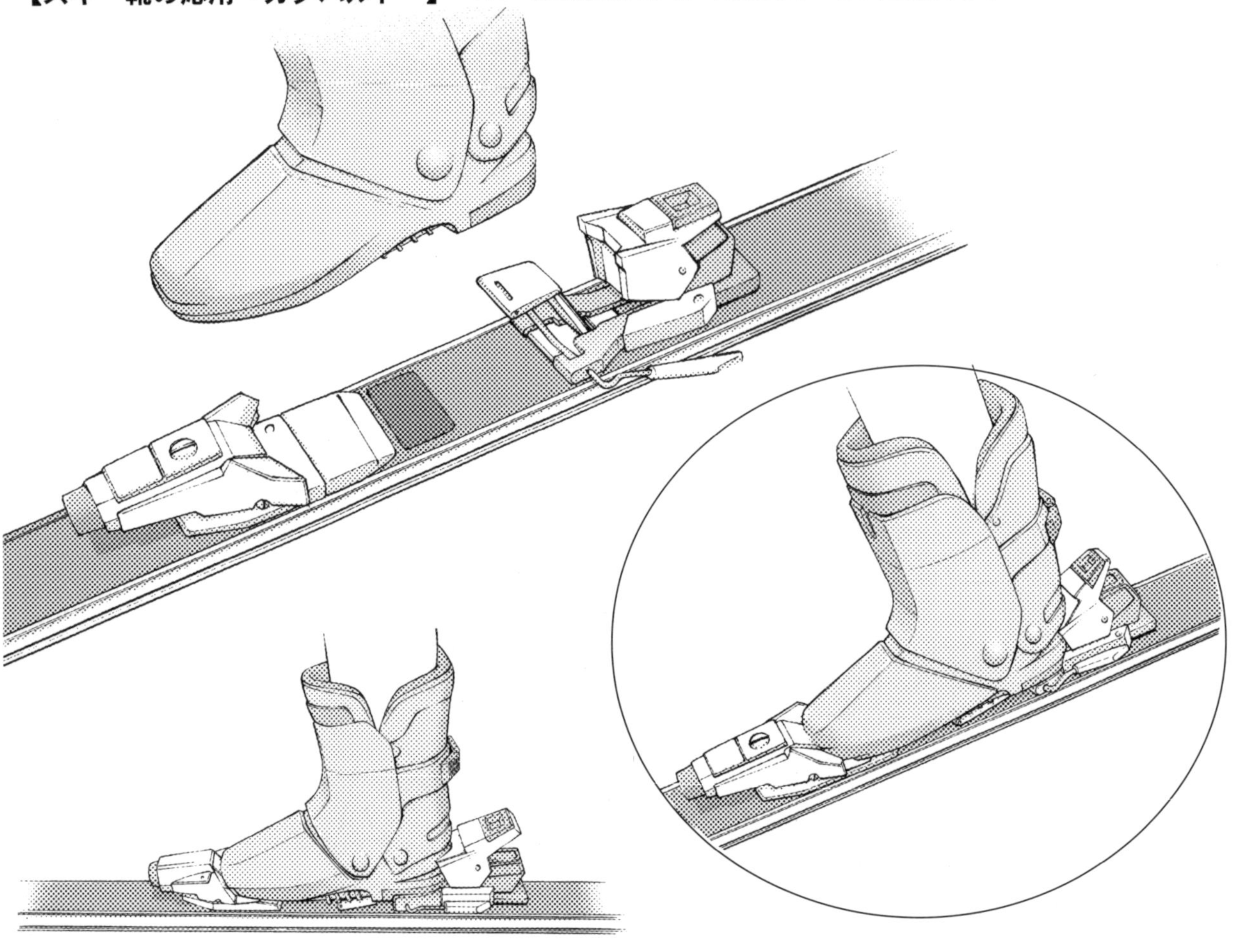

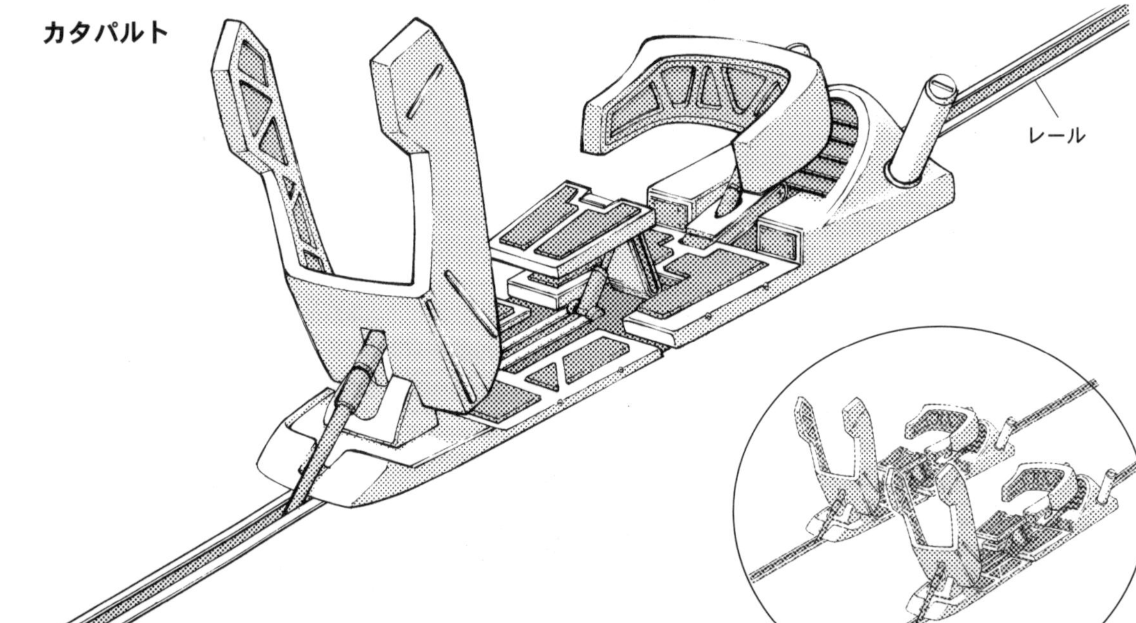

カタパルト

装着

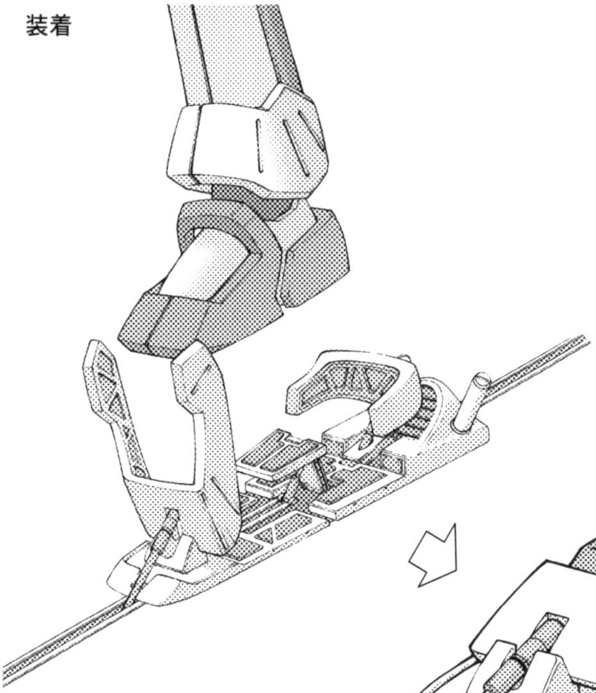

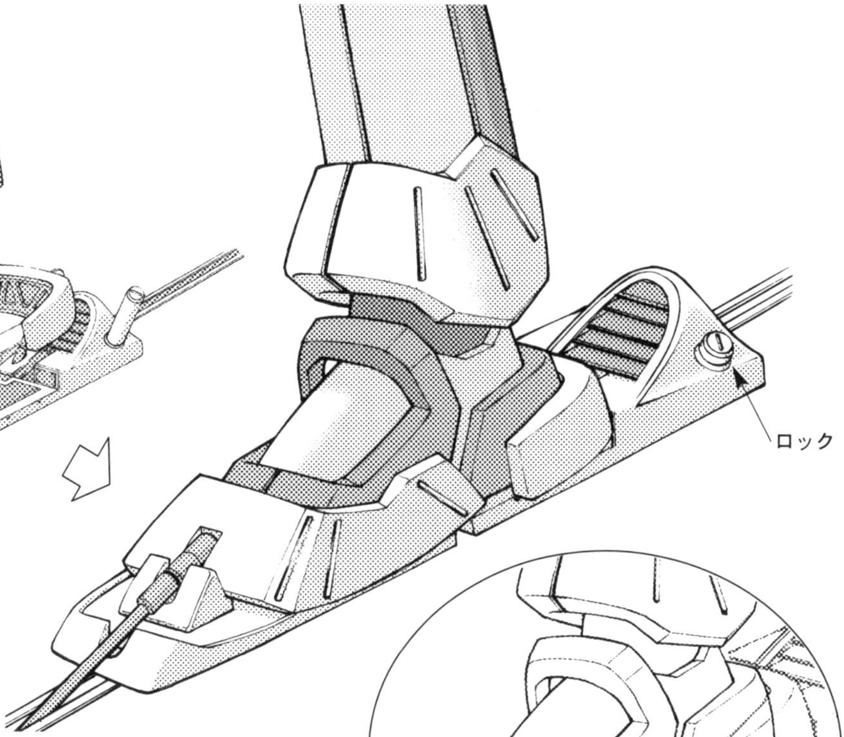

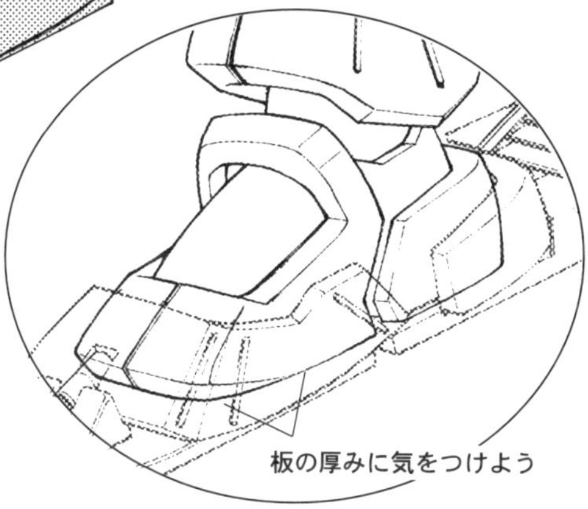

【下半身の交換 ～合体～】 足のかわりに用途に合わせた移動メカと合体する

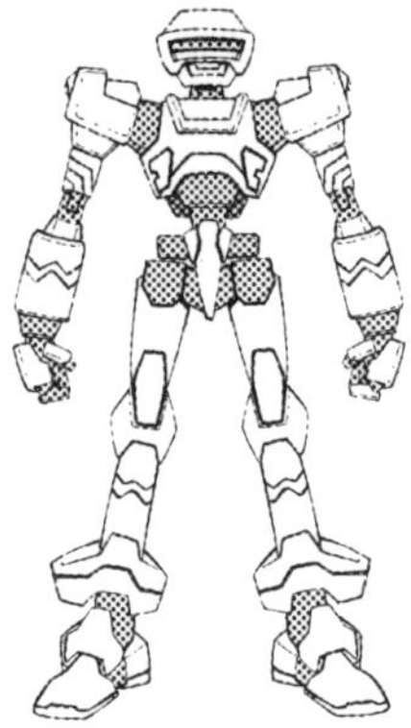

基本スタイル

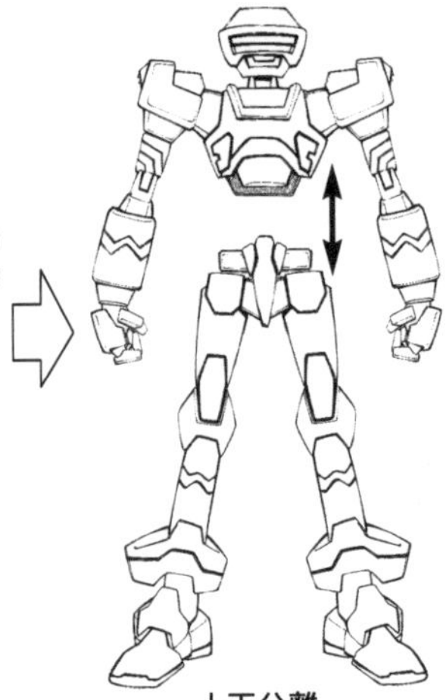

上下分離

上半身パーツ

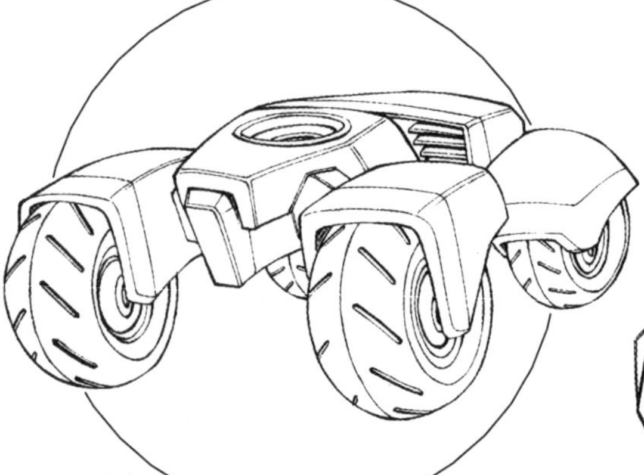

下半身。
車・バギーパーツ

合体する移動メカは自由

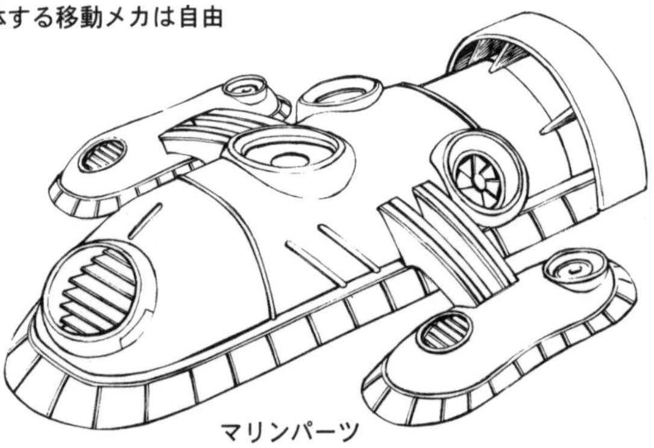

マリンパーツ

タンクパーツ

最初から上半身のみの
ロボでも良い

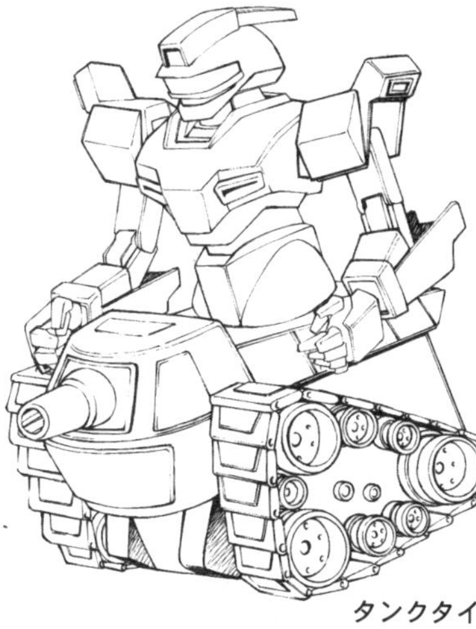

タンクタイプ

マリンタイプ

ホバータイプ

【飛行パーツ・翼ユニット】

翼はボディに対して垂直になるものと水平になるものの2とおり

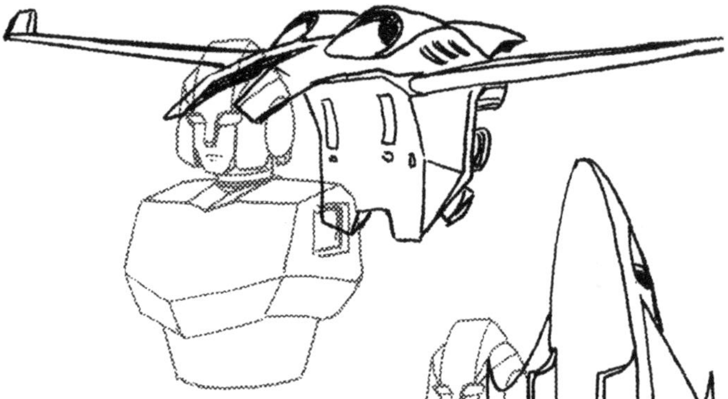

体に対して垂直の翼

体に対して水平の翼

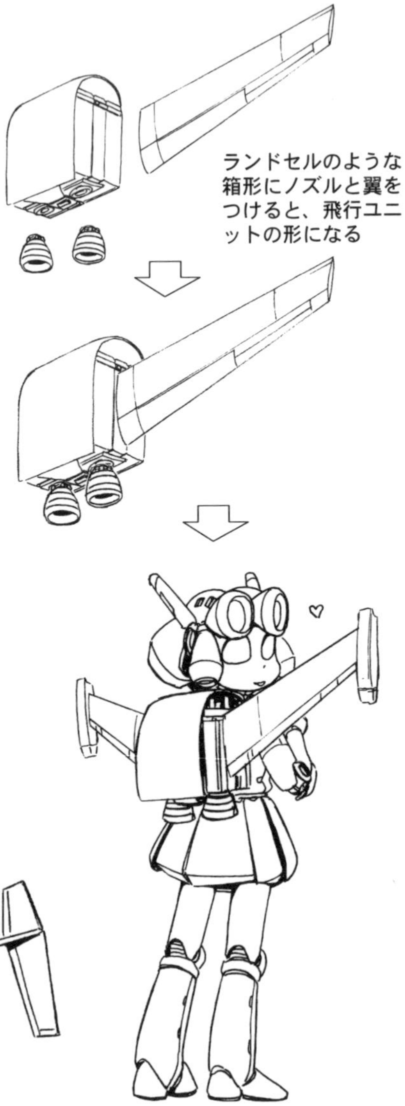

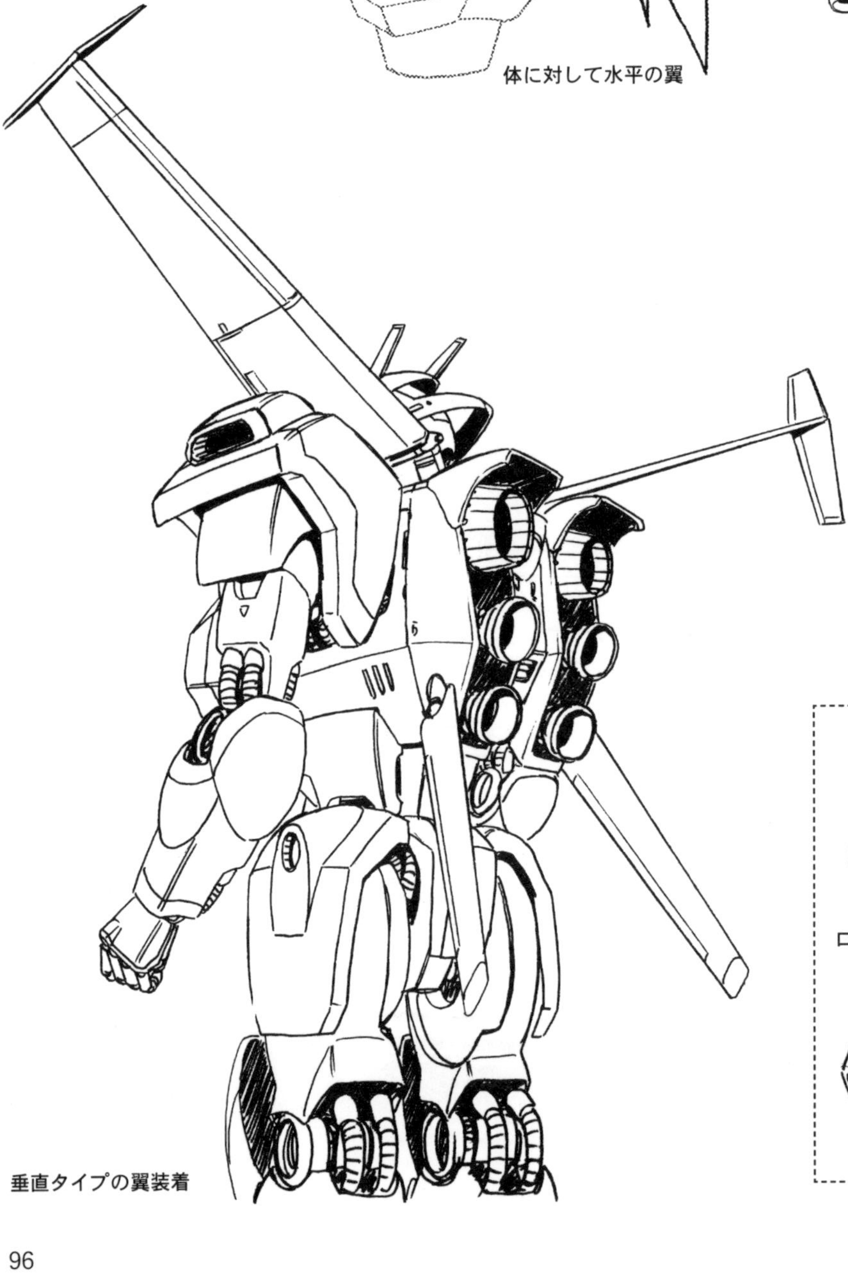

垂直タイプの翼装着

推進ノズル

ロケットエンジン

ジェットエンジン

角形バーニア

丸形バーニア

水平タイプの翼

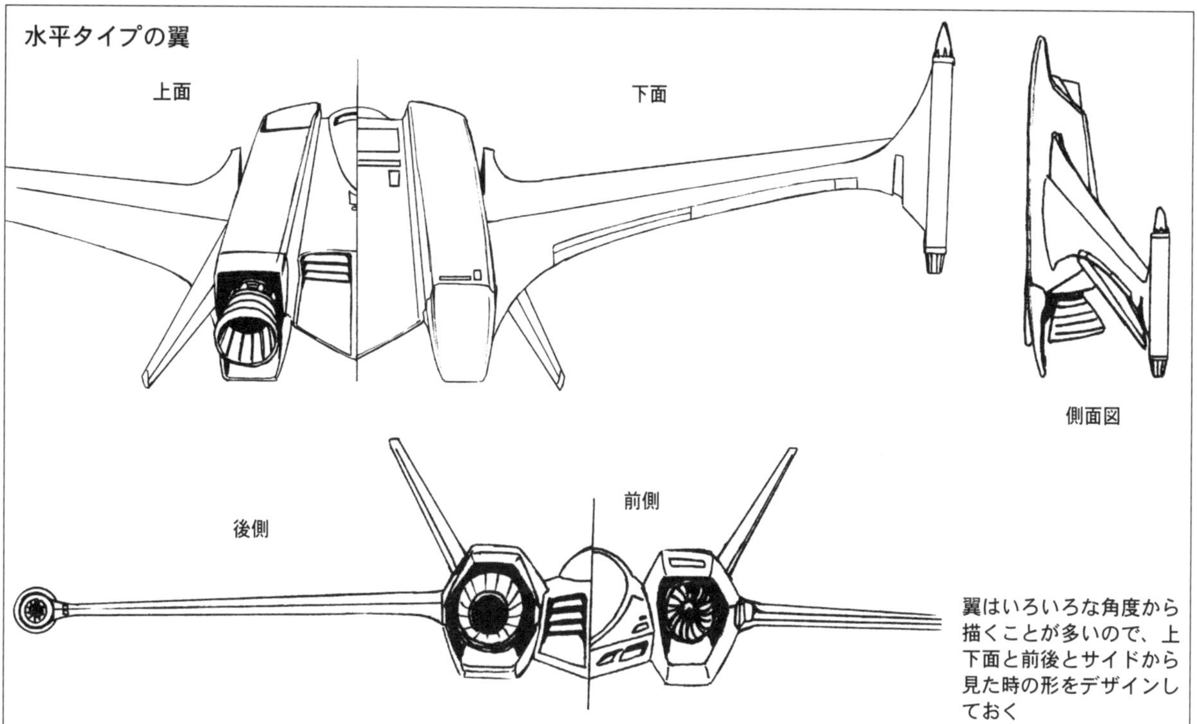

翼はいろいろな角度から描くことが多いので、上下面と前後とサイドから見た時の形をデザインしておく

【メカ・合体アレンジ 〜変形ロボ】 戦闘機や車などのパーツを組み合わせてロボにする。もとのものの特徴を生かそう

戦闘機アレンジ

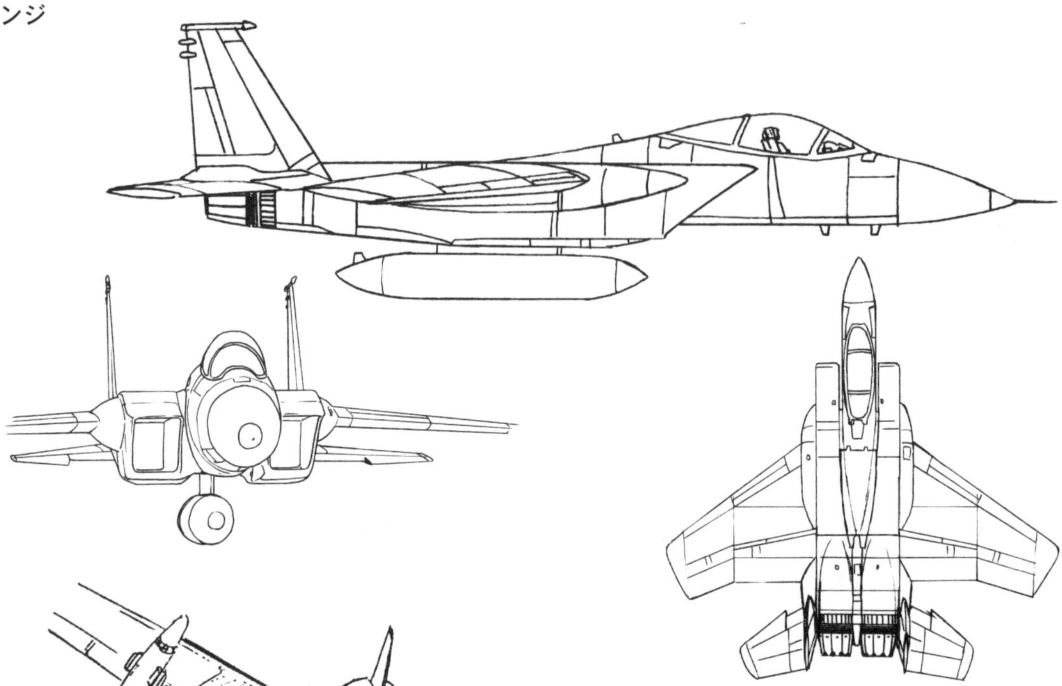

他のメカのパーツを、一目でわかるように組み合わせてデザインすると、合体や、変形したように見える

車アレンジ

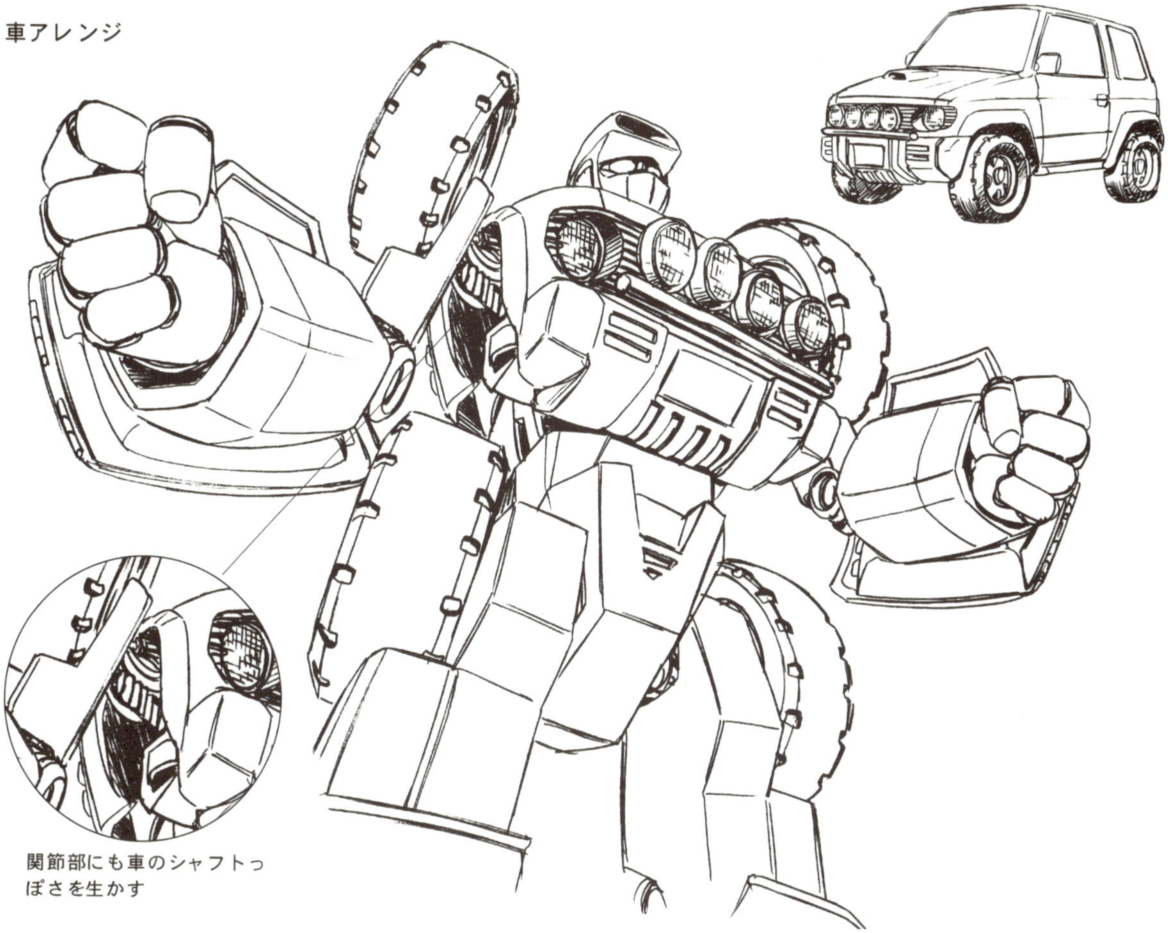

関節部にも車のシャフトっぽさを生かす

バイクアレンジ

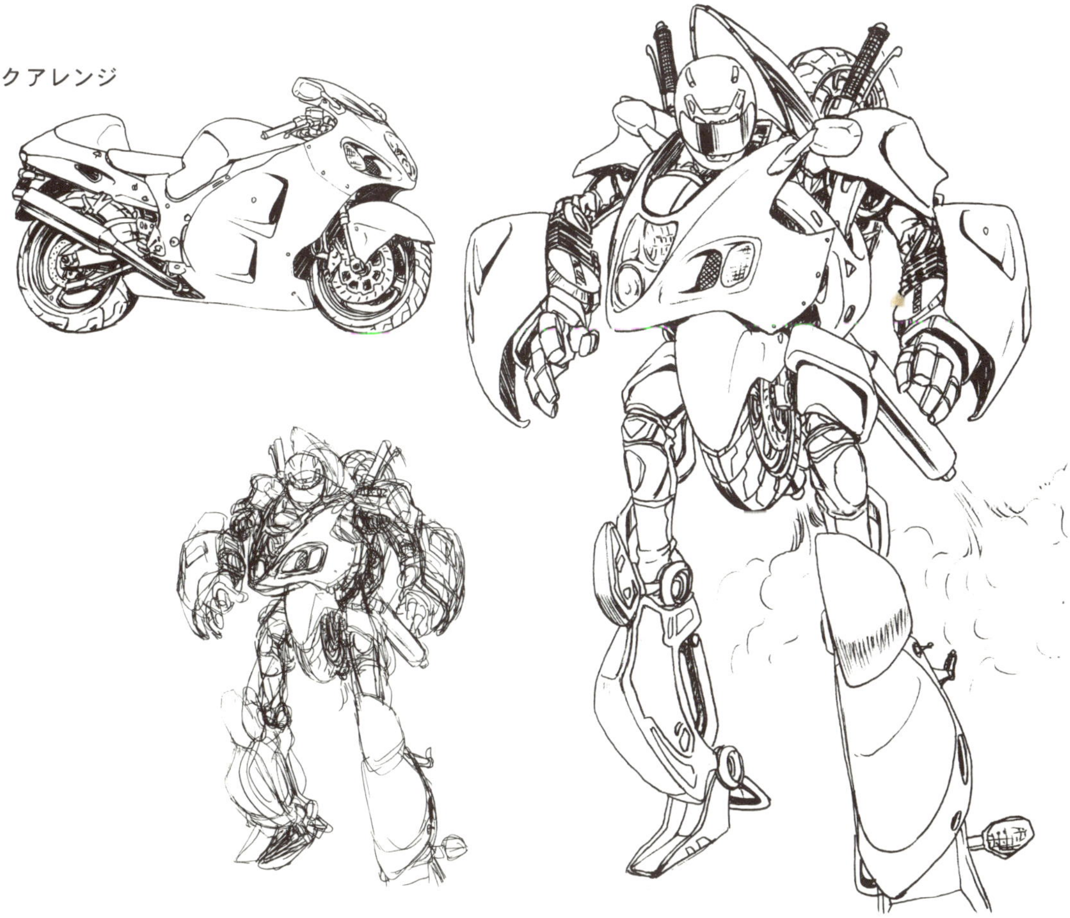

色表現と特殊効果

色は灰色の色調の違い（濃いか薄いか）で表現する。カラー写真を白黒コピーすると色がグレーになるので参考にしよう。

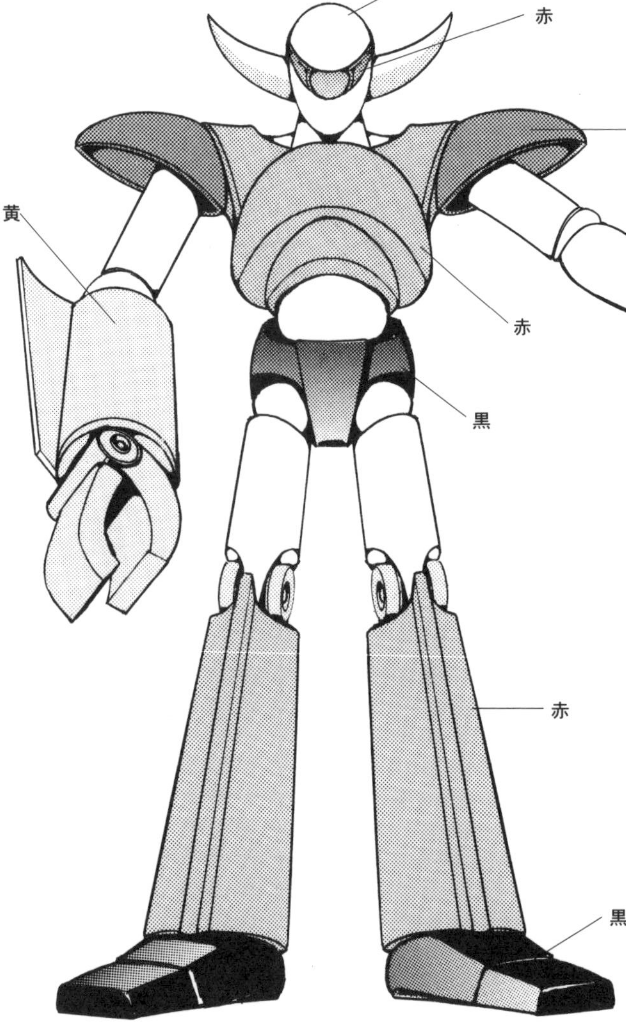

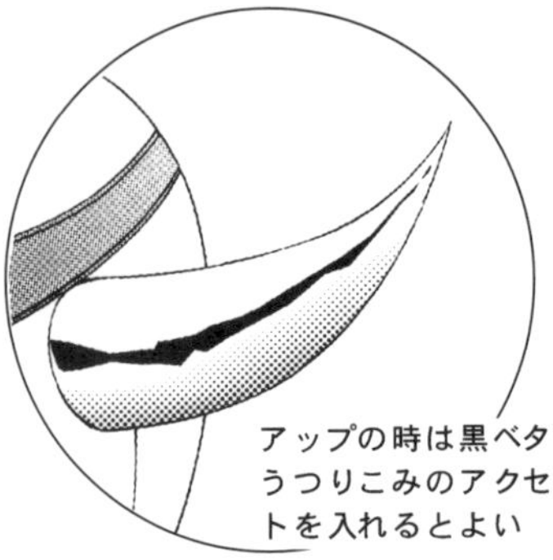

アップの時は黒ベタでうつりこみのアクセントを入れるとよい

黒.	黒塗り・ベタ
赤.緑.（濃い色）	30％
	25％
紫.青.金.	20％
	※金色は濃いめのトーンを削ってコントラストを強める。ベタも併用すると良い
空色.黄色.銀.	15％
	10％
	5％
白.光.	白（0％）

※一般に濃い色、強い色は濃いめのトーン、薄い色、淡い色合いは薄めのトーンを使う。
濃い・薄い（貼る、貼らないなど）、最低2箇所のコントラストはあると良い。

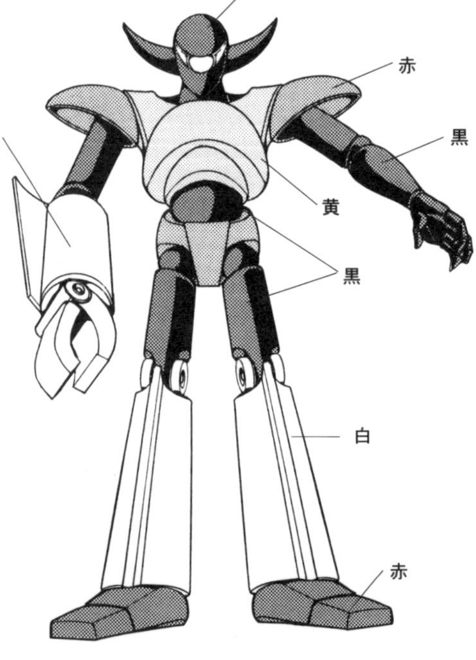

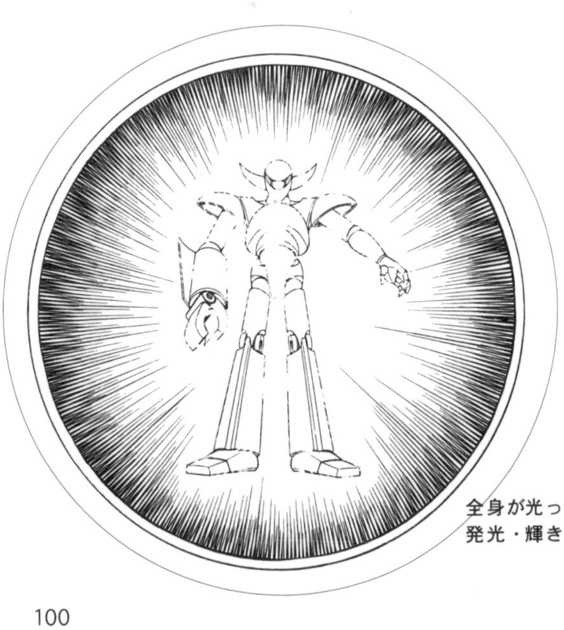

全身が光ったとき。
発光・輝き表現

【炎・バックファイヤー】

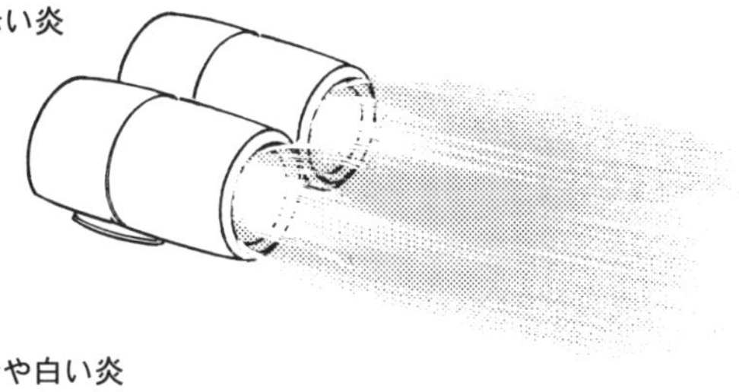
赤い炎

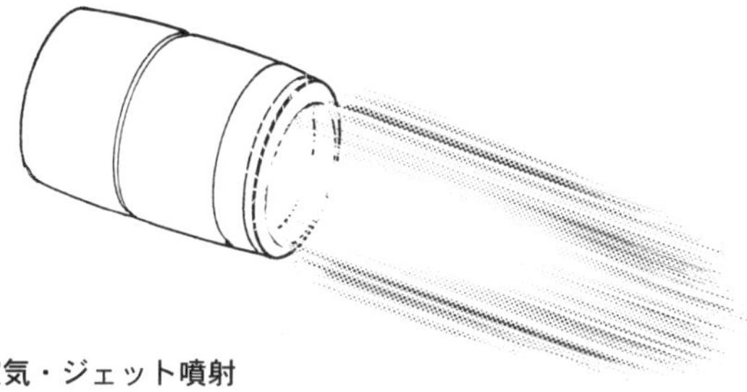
青や白い炎

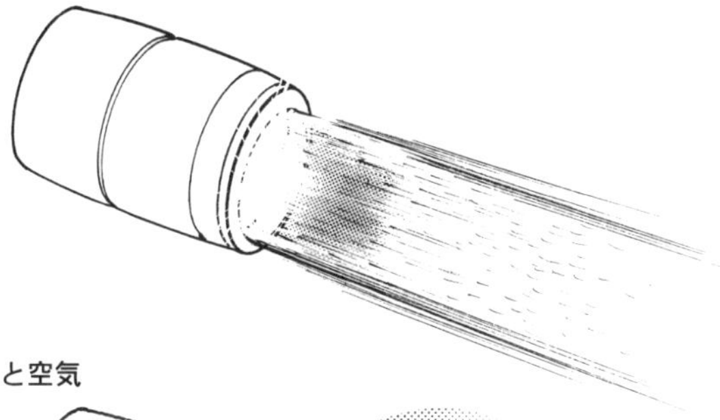
空気・ジェット噴射

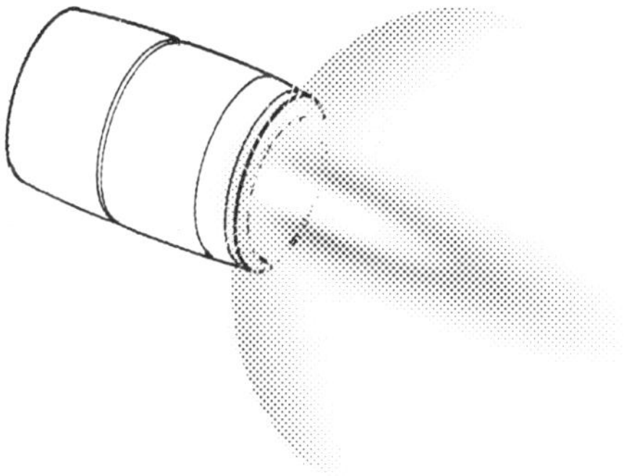
炎と空気

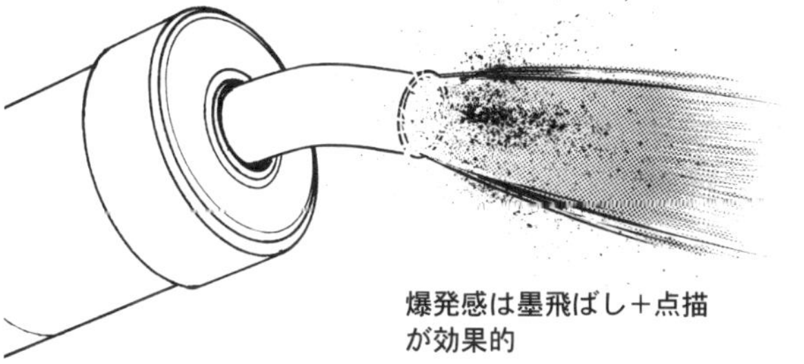
爆発を伴った赤

爆発感は墨飛ばし+点描
が効果的

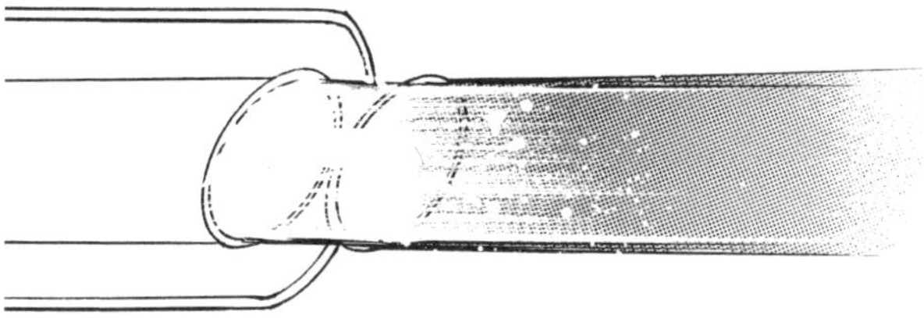
勢いの良い赤

【目に関わる演出】

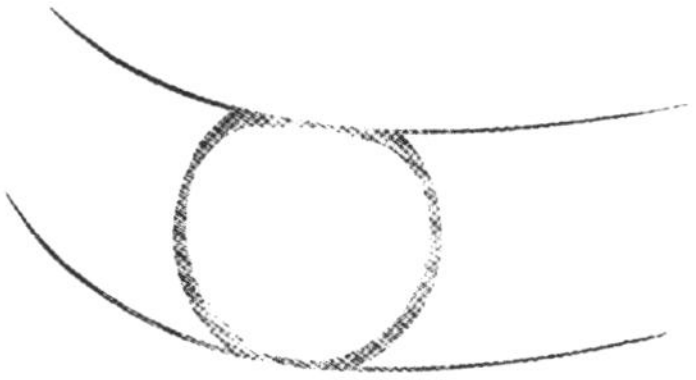
鈍く光る

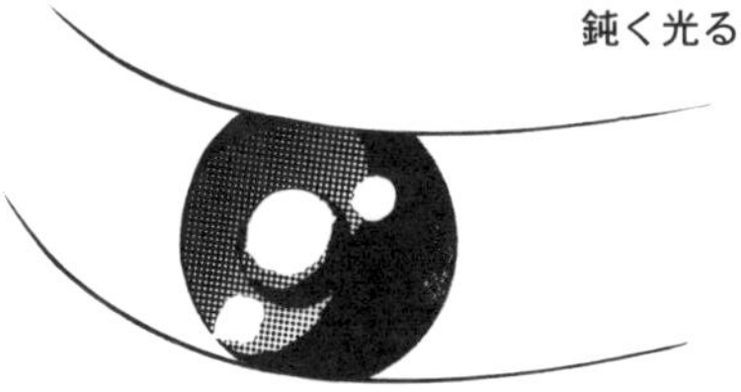
普通の状態

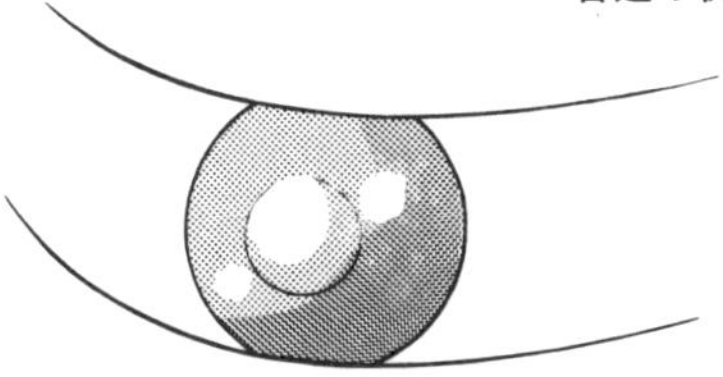
赤くなる

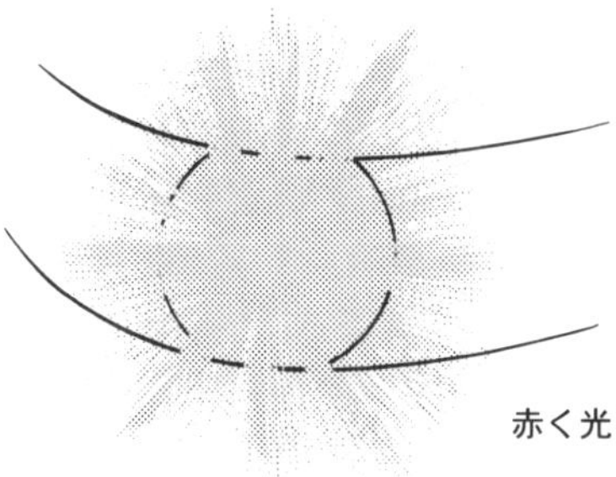
赤く光る

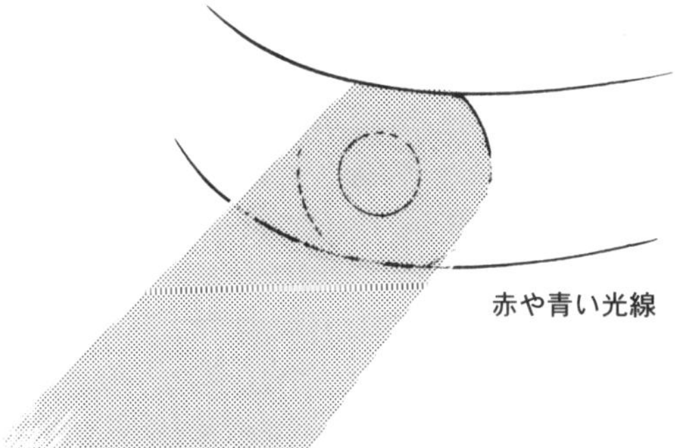
赤や青い光線

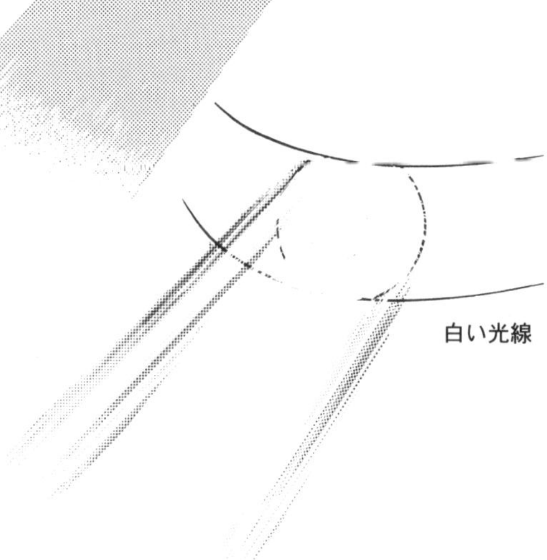
白い光線

【爆発と煙】

1, 下絵

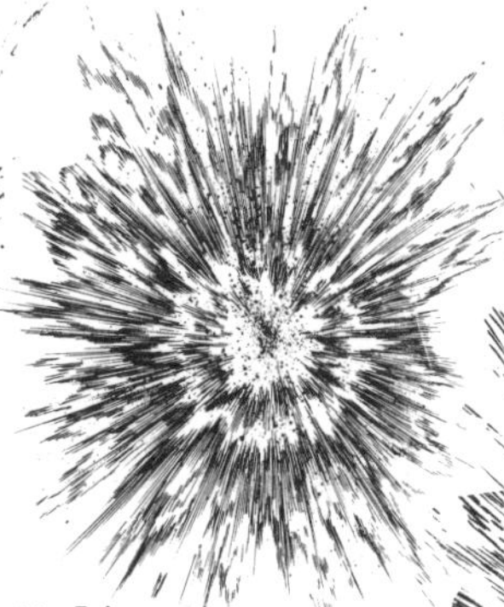

2, ペン入れ

3, 仕上げ。トーン処理＋
ホワイトを中心部にとばす

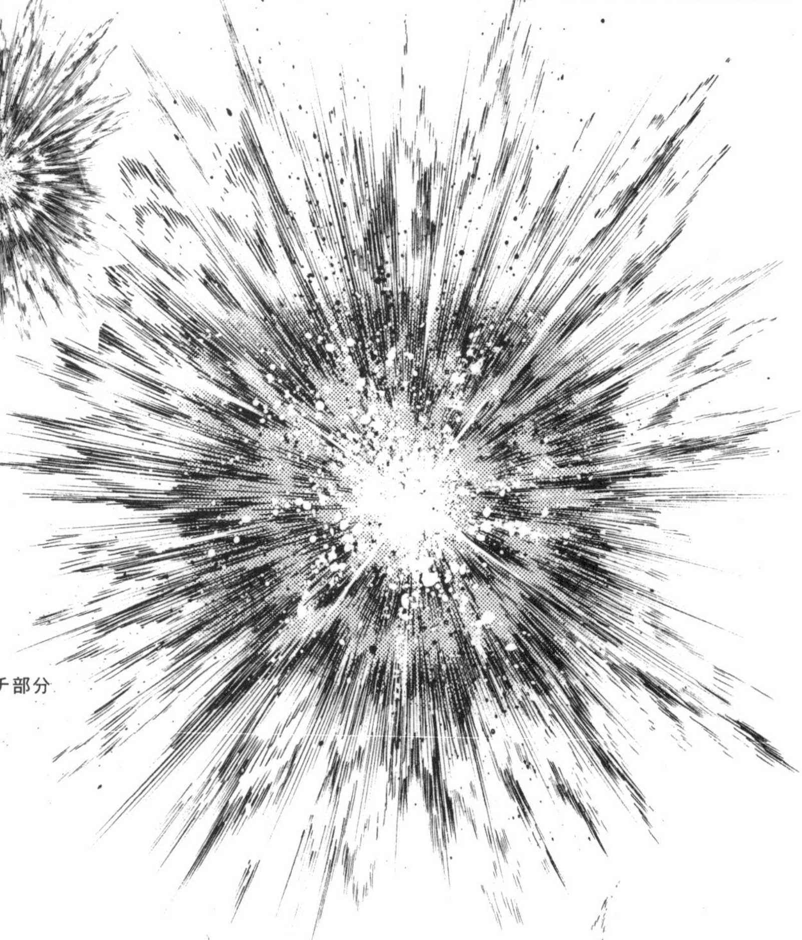

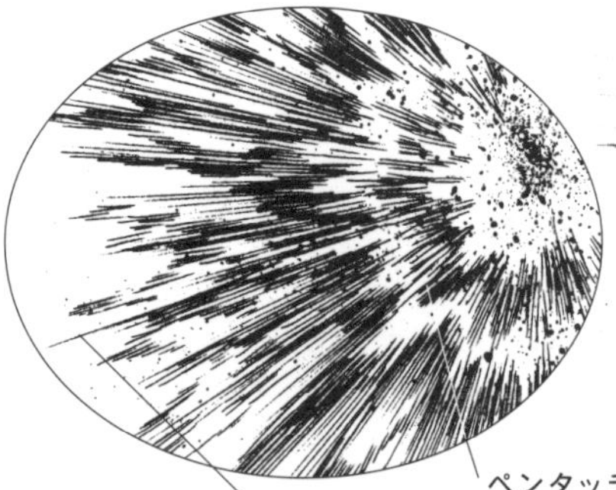

1, 爆発の中心から広がるように

2, ペン入れ。定規は使わない

3, 中心部はトーンのケズリ＋ホワイト

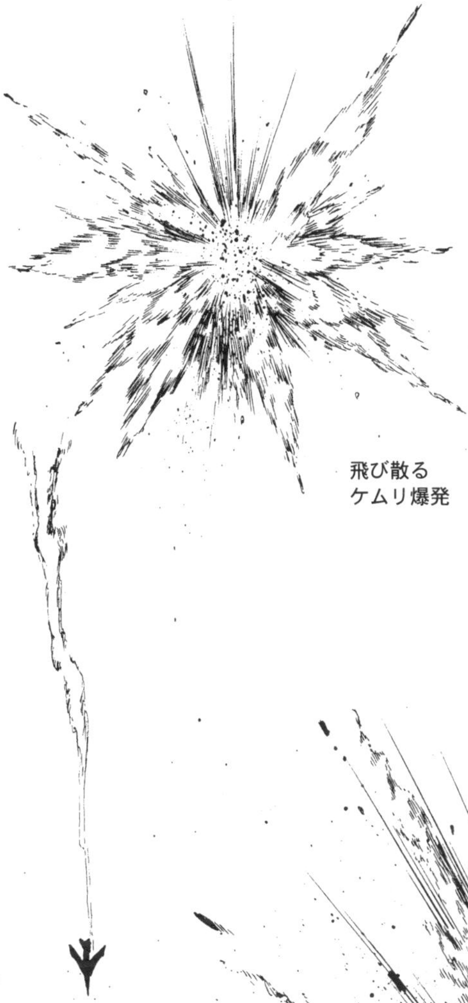

飛び散る
ケムリ爆発

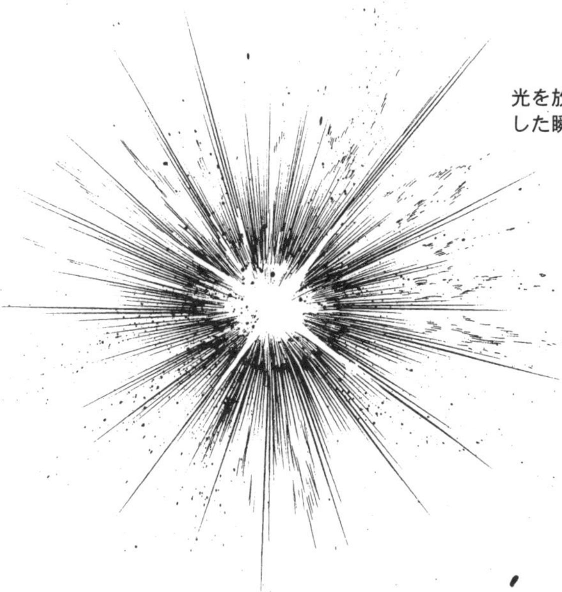

光を放って爆発
した瞬間

土を巻き上げて炸裂

オリジナルにデザインする

体の部品、パーツを考えて描いていこう。基本的な三面図や、各パーツごとにデザインして組み合わせていくとオリジナリティが生まれる。

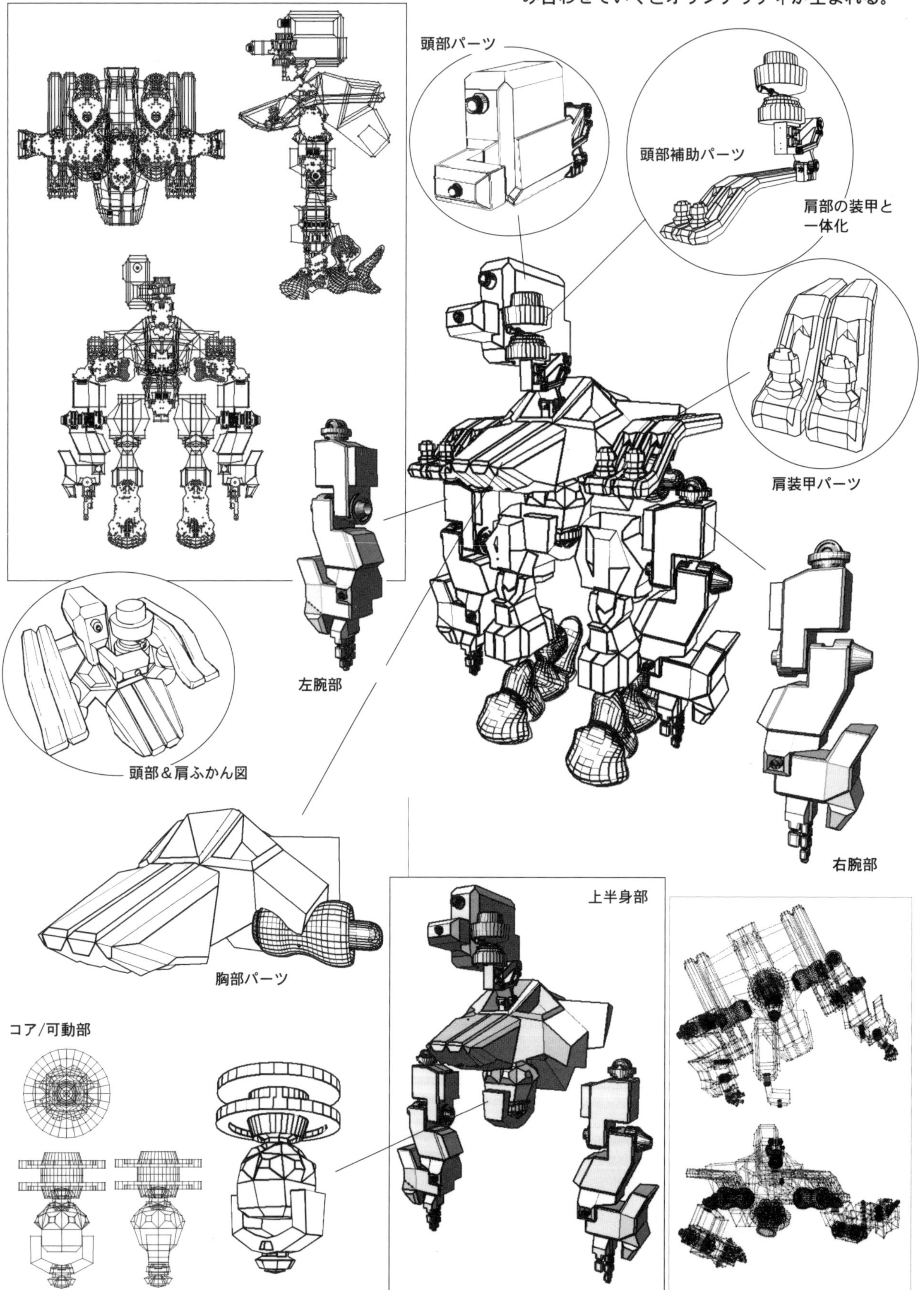

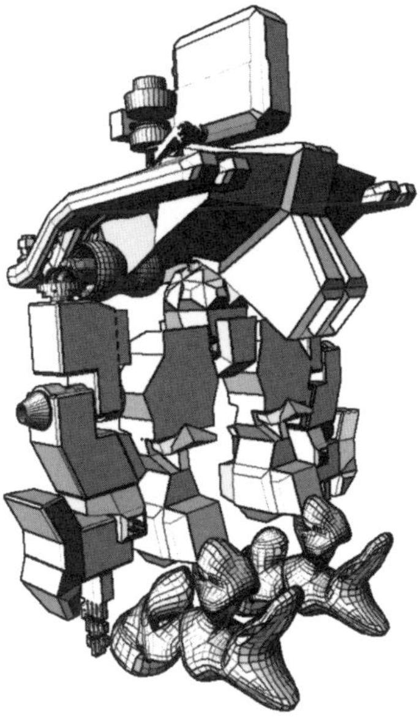

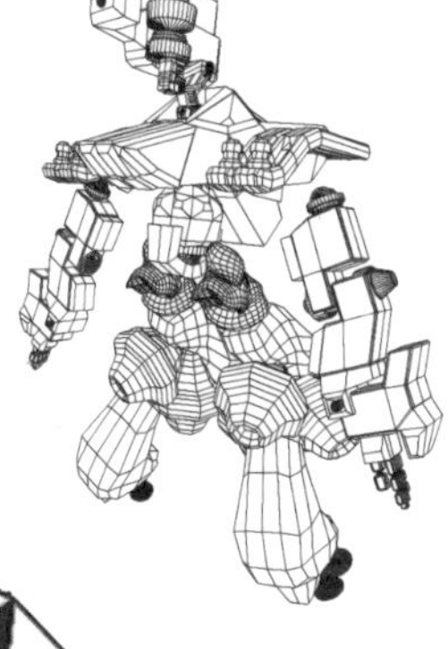

すねパーツをつける

パワーアップ、装甲強化、飛行補助などの目的で足回りを補強する

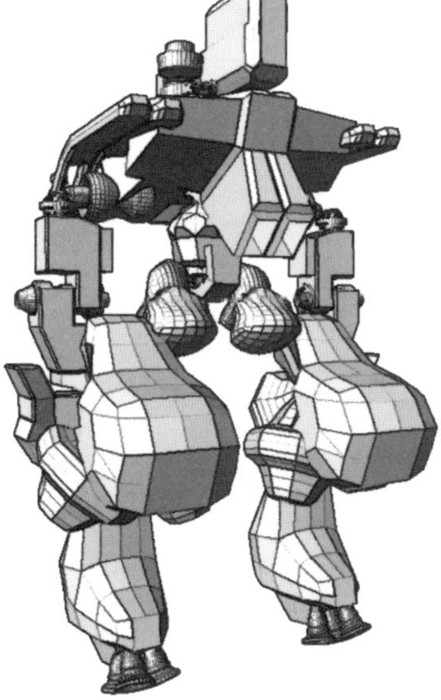

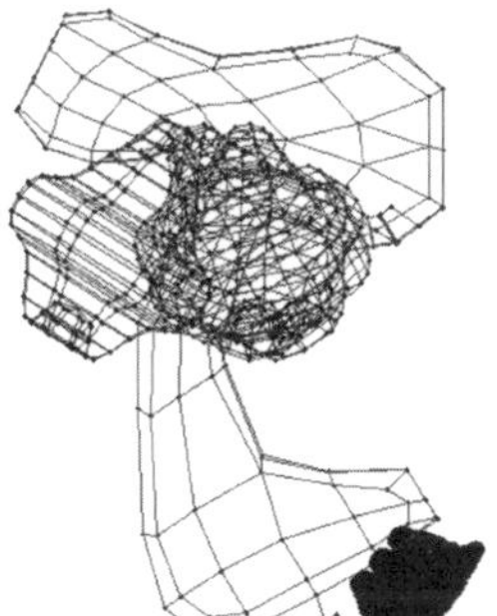

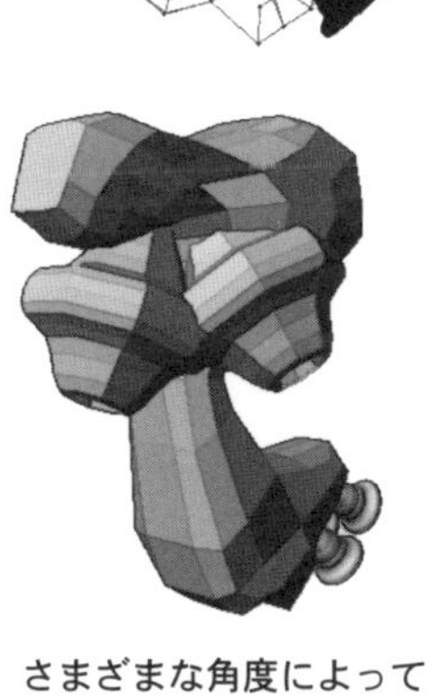

さまざまな角度によって見える形が変わる

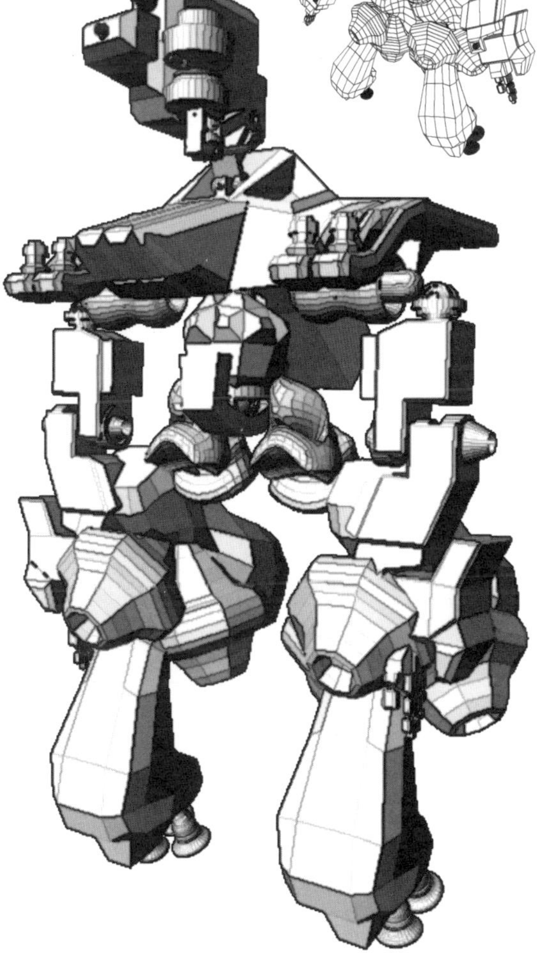

【飛行タイプ・バーニアユニットタイプ】 飛行パーツ装着オプション。頭部を交換して用途の違いを強調する。

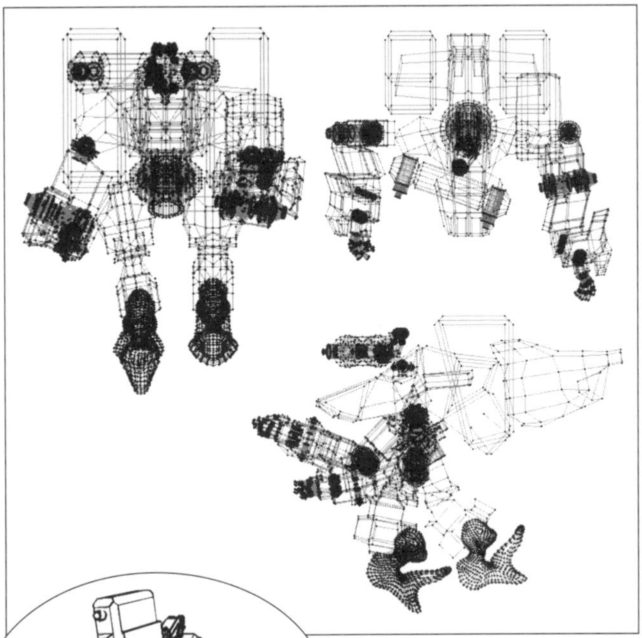

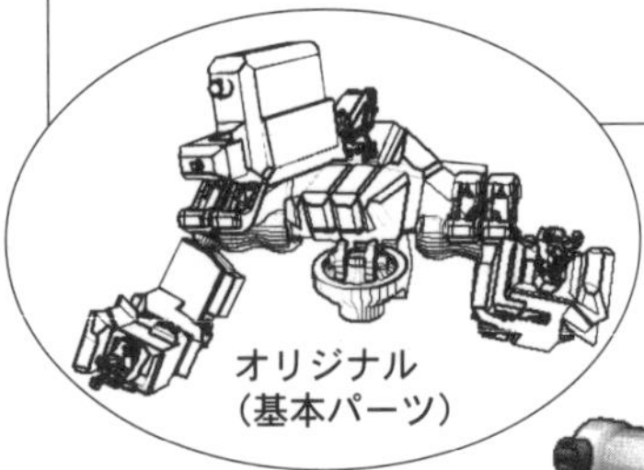

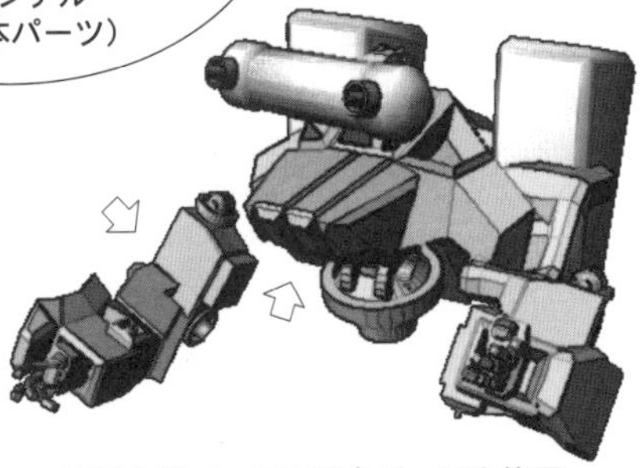

胸部と腕パーツは基本パーツを使用

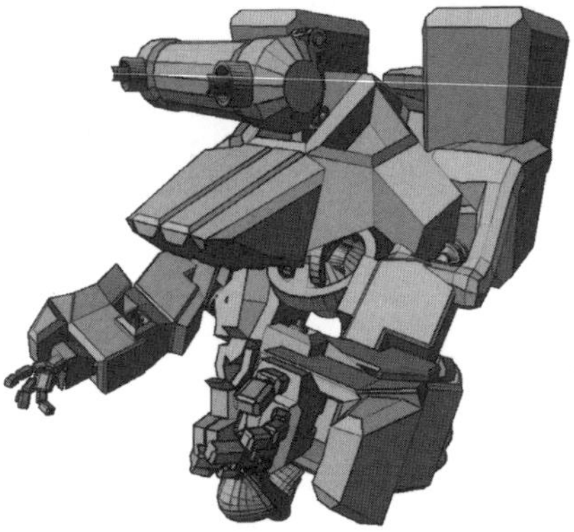

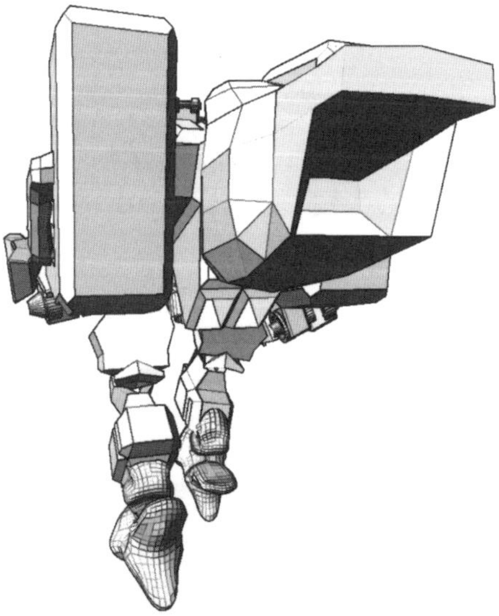

翼パーツをつける

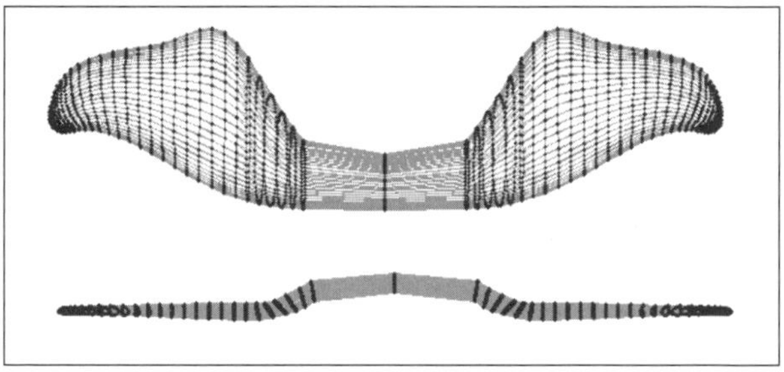

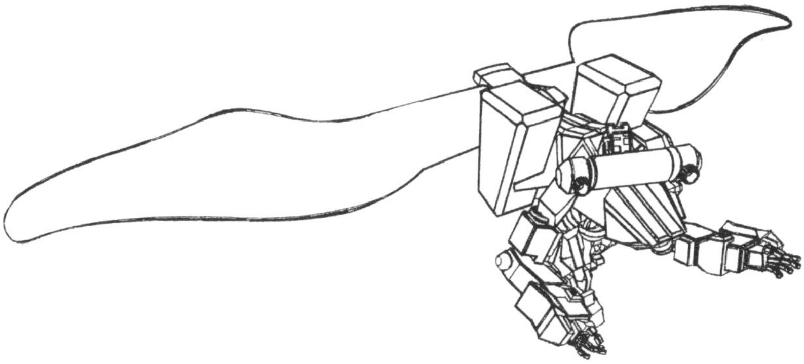

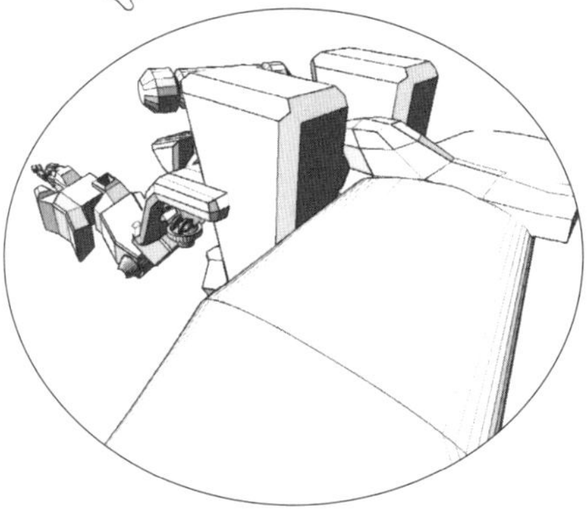

翼タイプのバリエーション

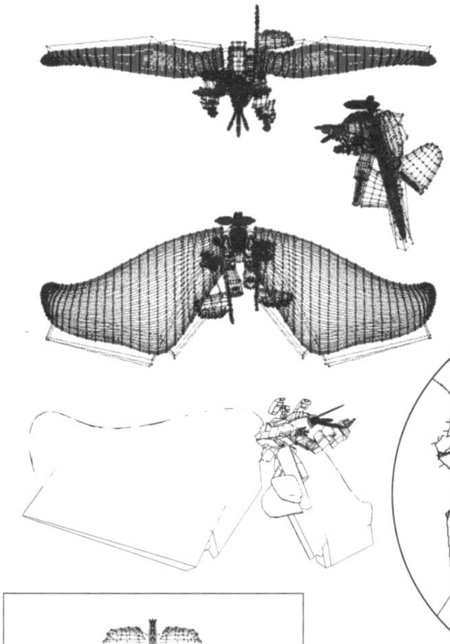

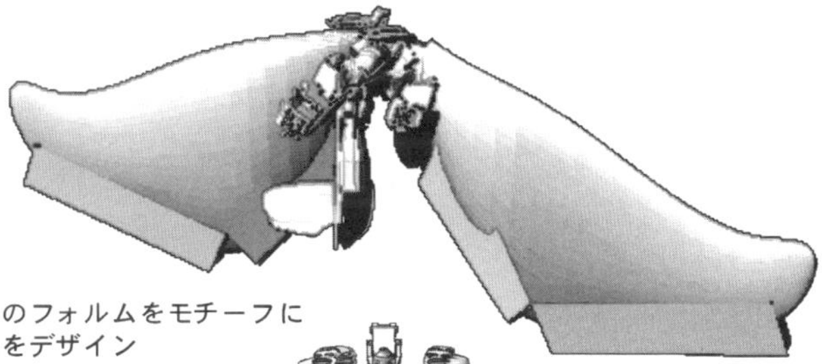

ガのフォルムをモチーフに
翼をデザイン

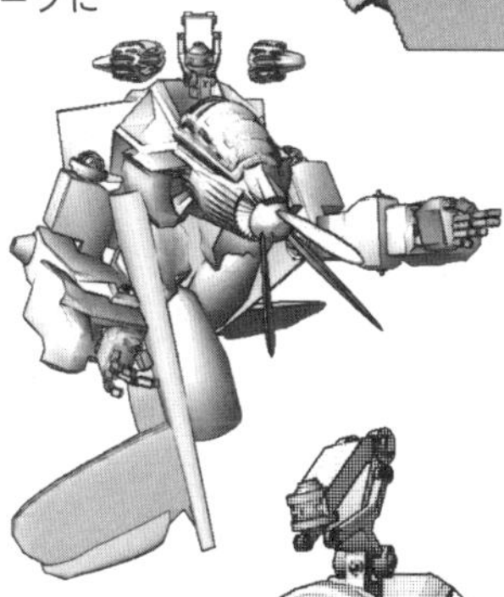

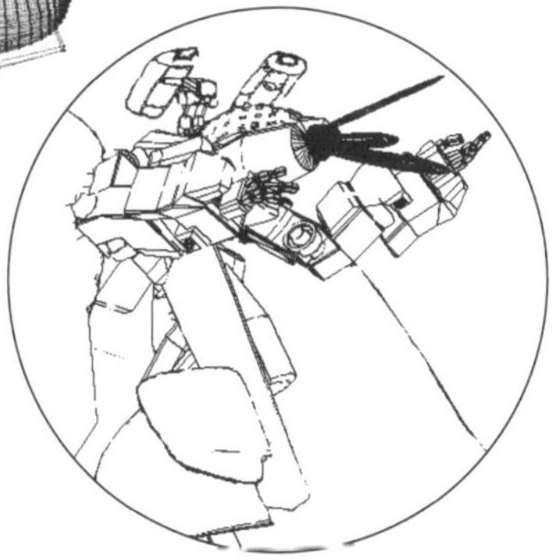

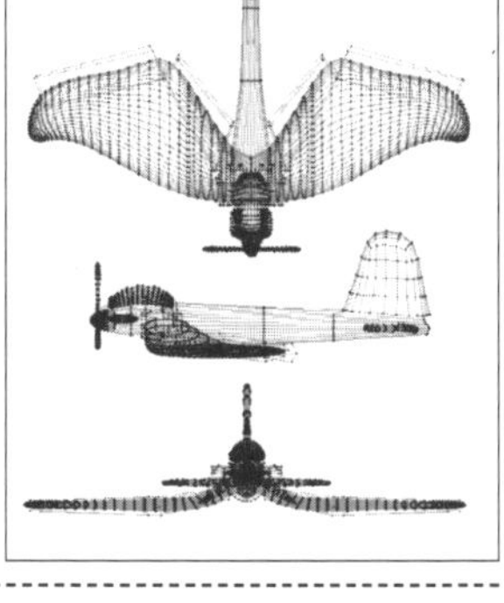

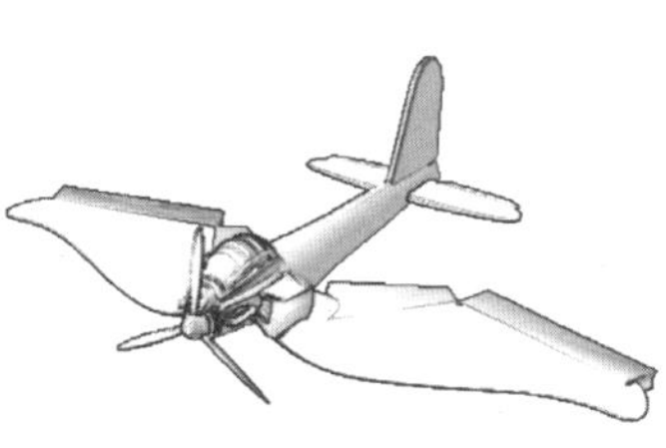

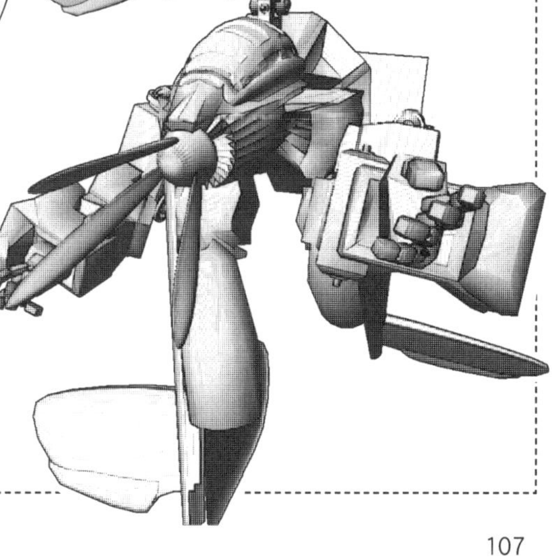

飛行タイプのロボデザインにあたって、もとにする飛行機からデザインするとより自分のコンセプトにそったものがデザインできる

【ジョイントパーツを加えて他のメカと合体する】

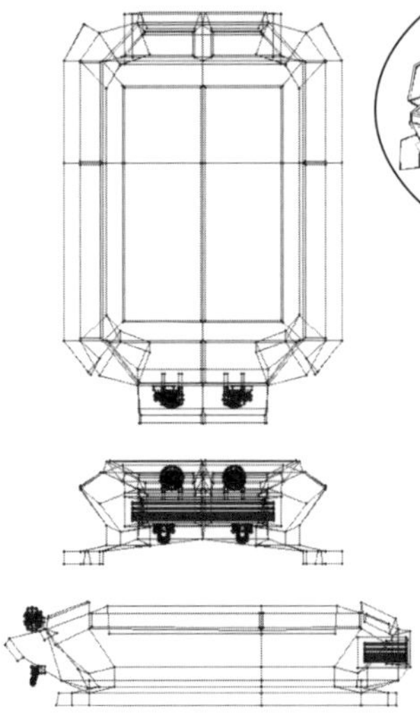

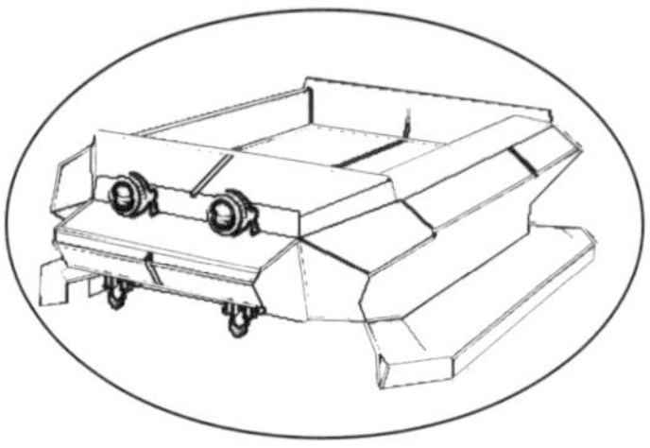

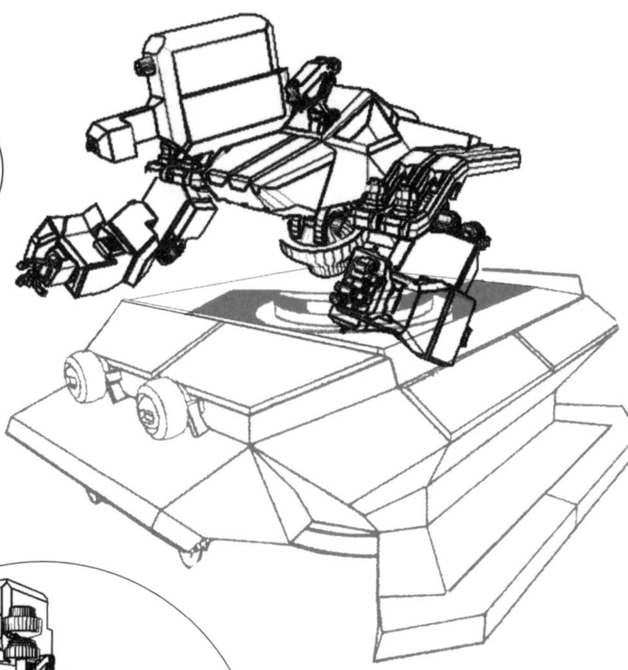

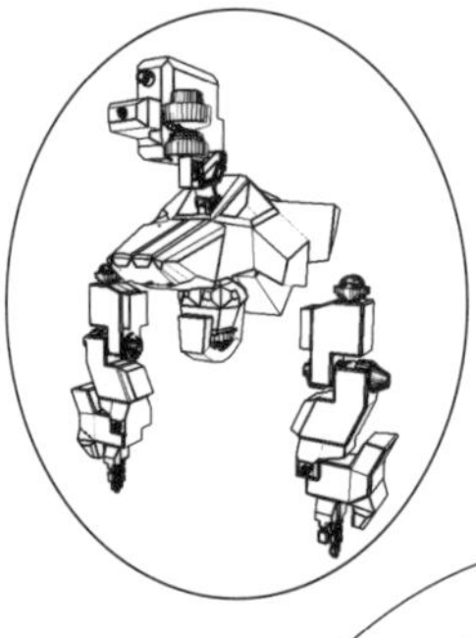

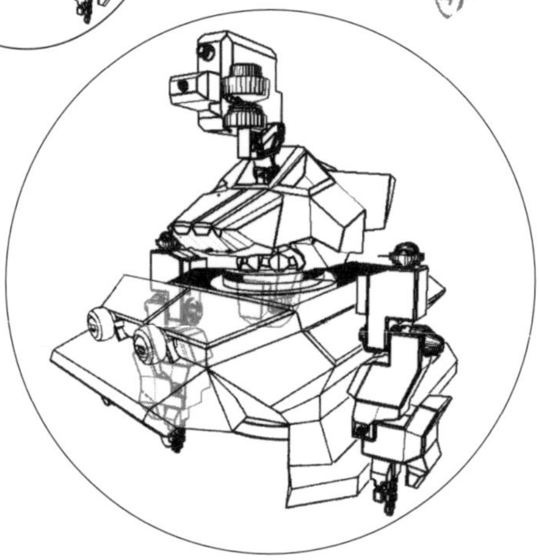

ホバーパーツと合成

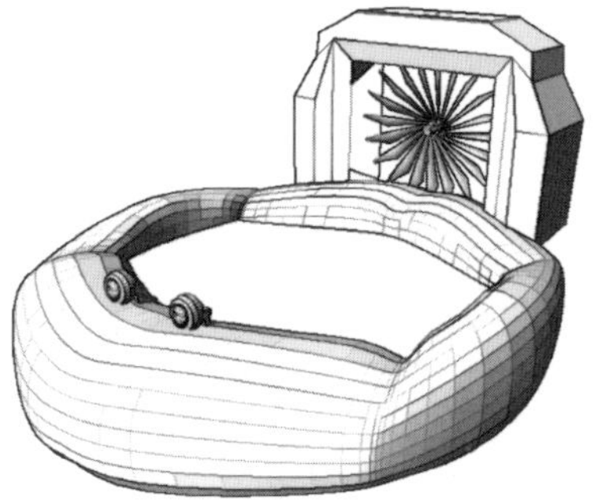

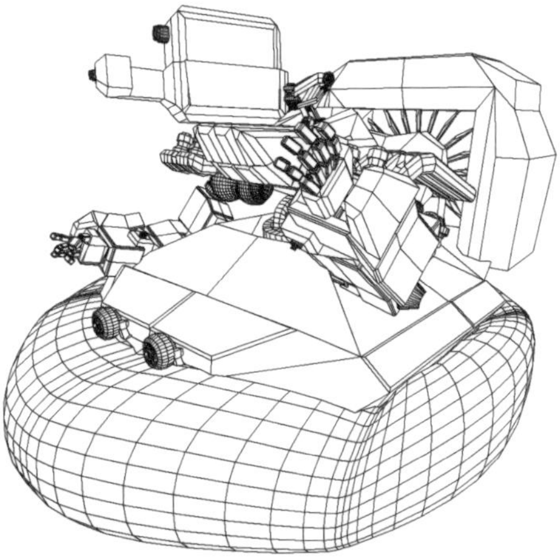

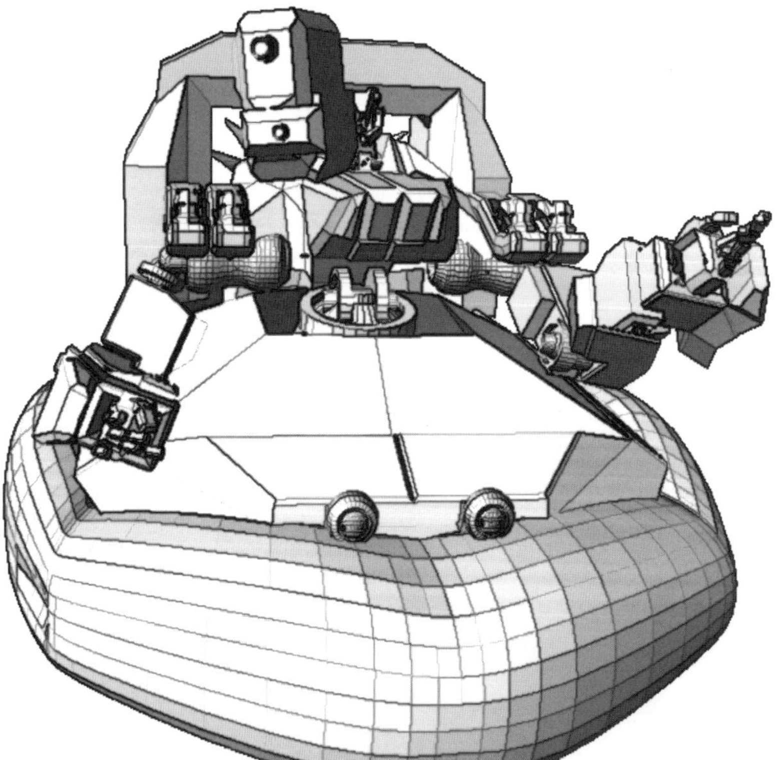

歩行型土台と合成

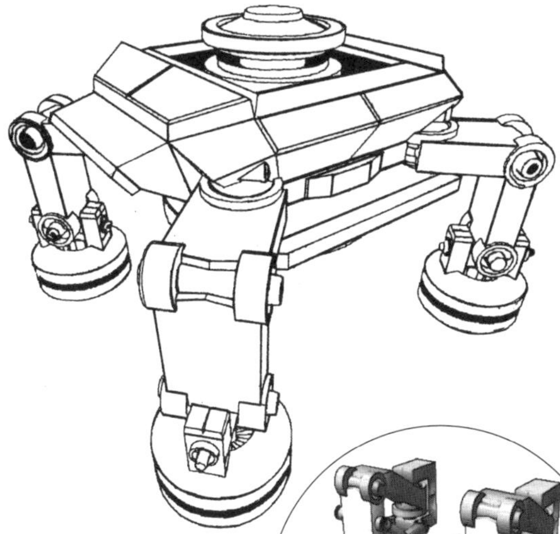

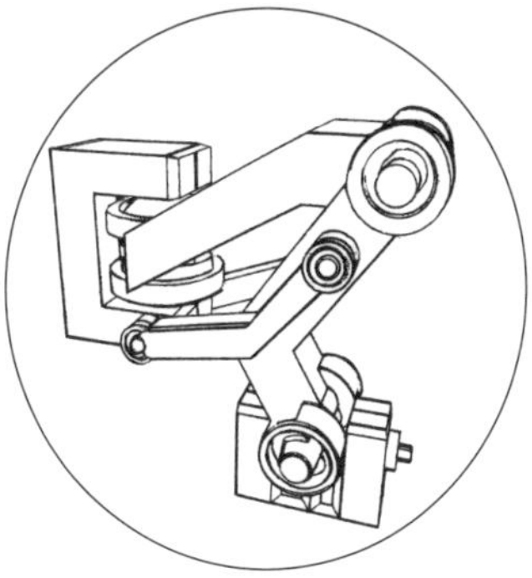

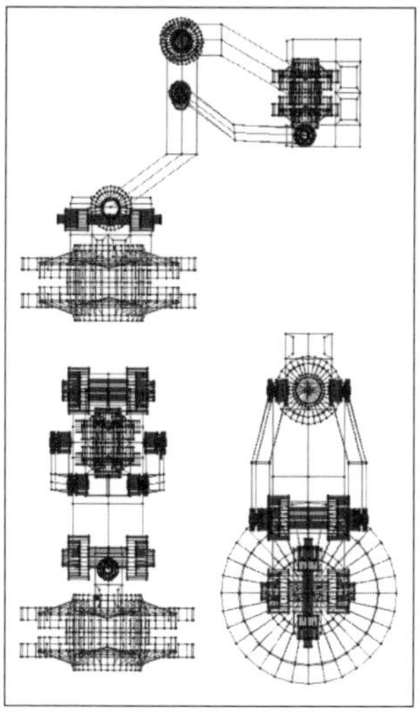

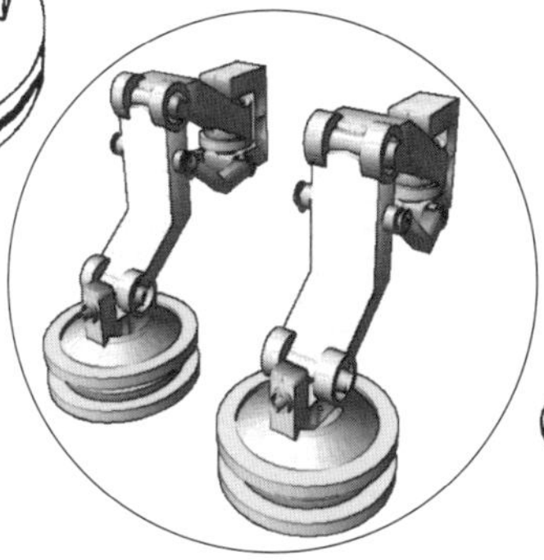

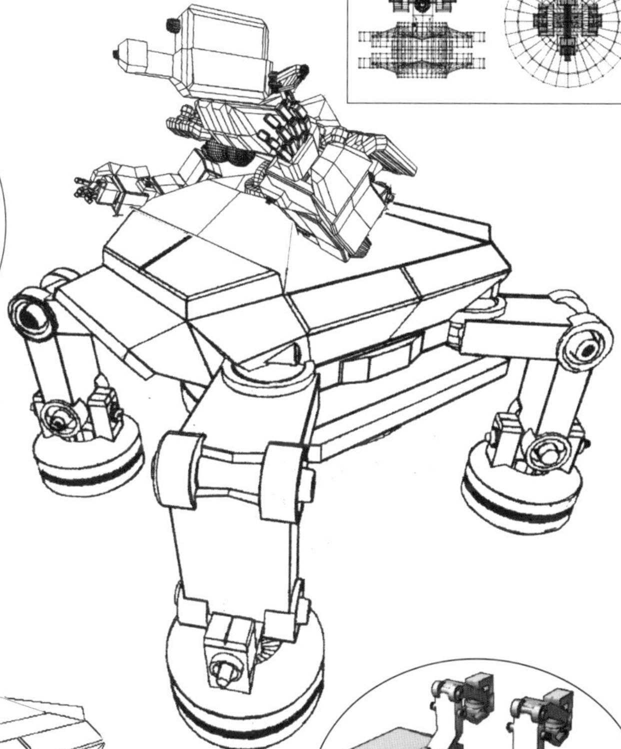

キャタピラ走行土台と合成

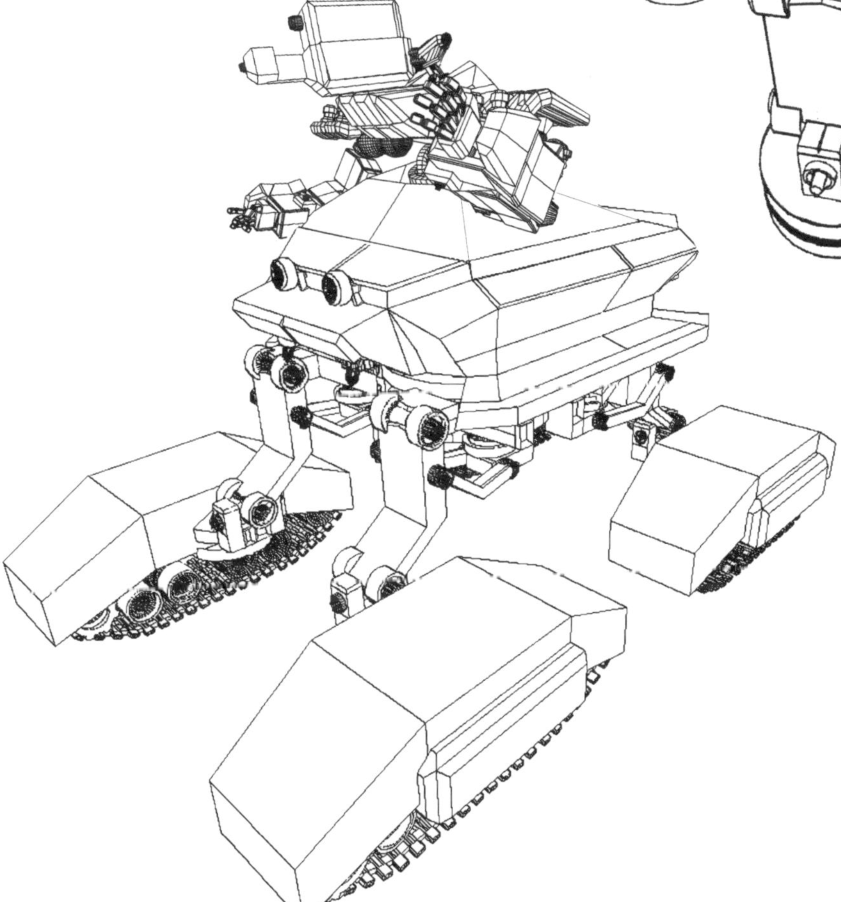

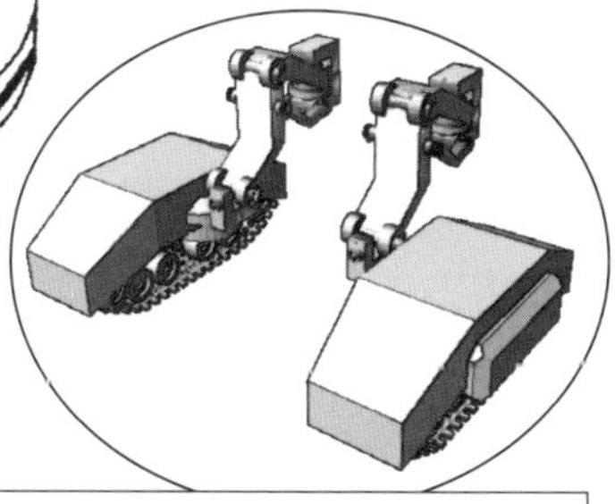

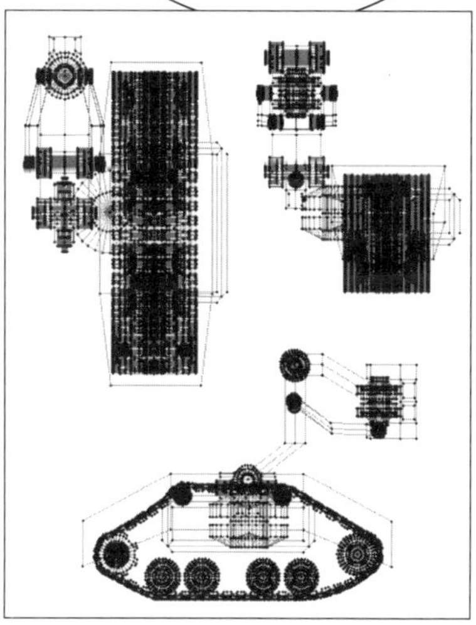

【タイヤ走行タイプ】

頭部と腕パーツはもとのまま。ボディに装甲をつけて下半身をタイヤ機構にすることで全く違うメカに見える

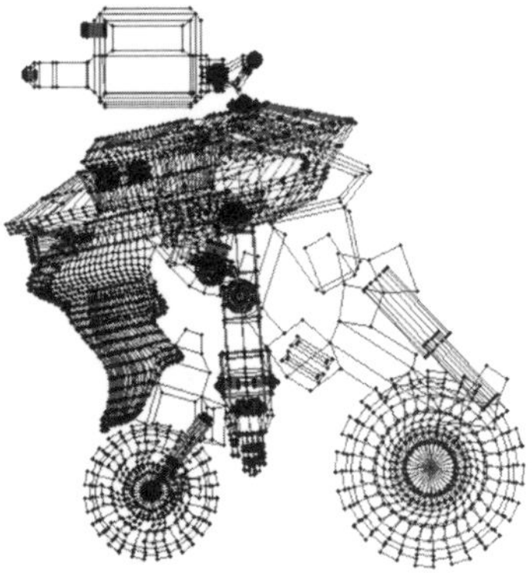

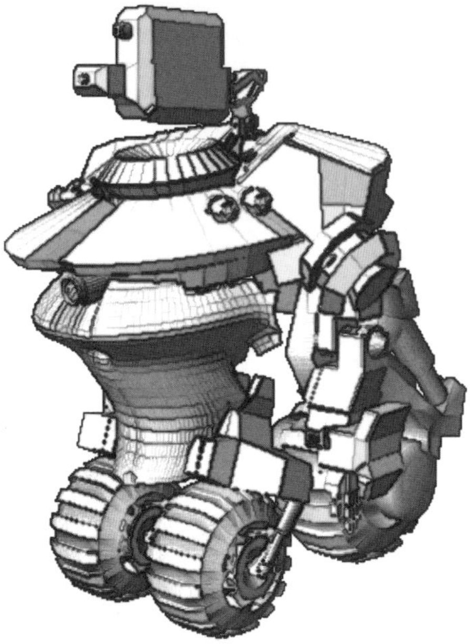

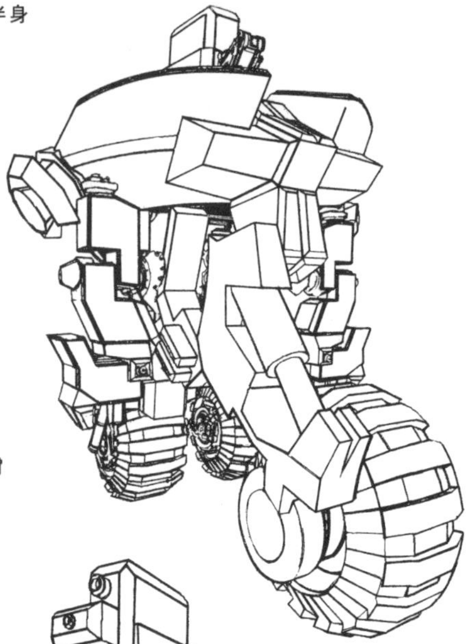

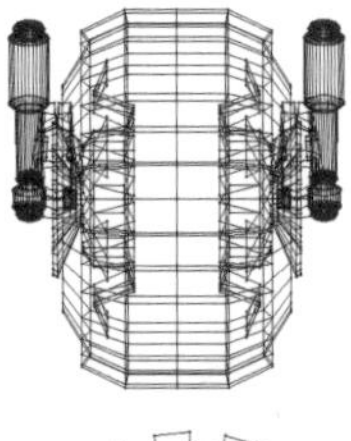

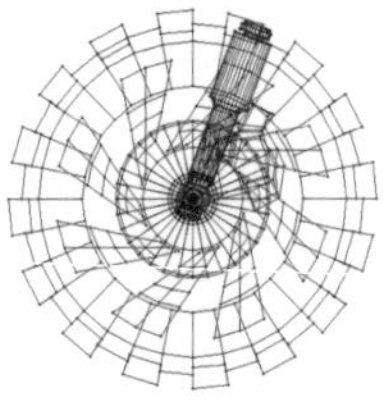

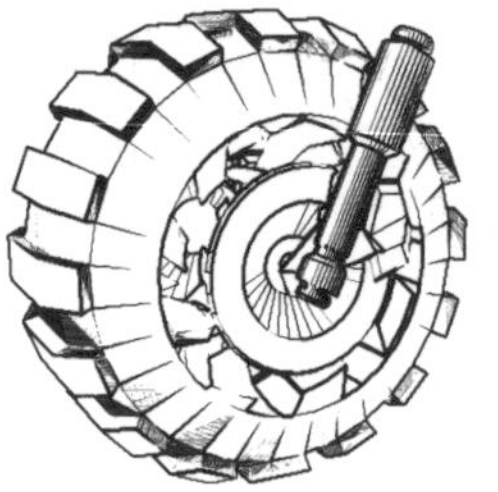

ダンプやトラクターのタイヤをベースにした悪路用強化タイヤ

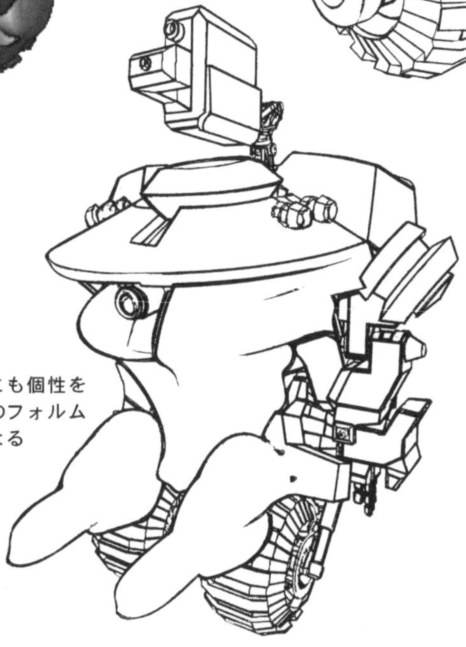

タイヤカバーの形にも個性を出すことで、全体のフォルムは全く別のものになる

キャタピラ

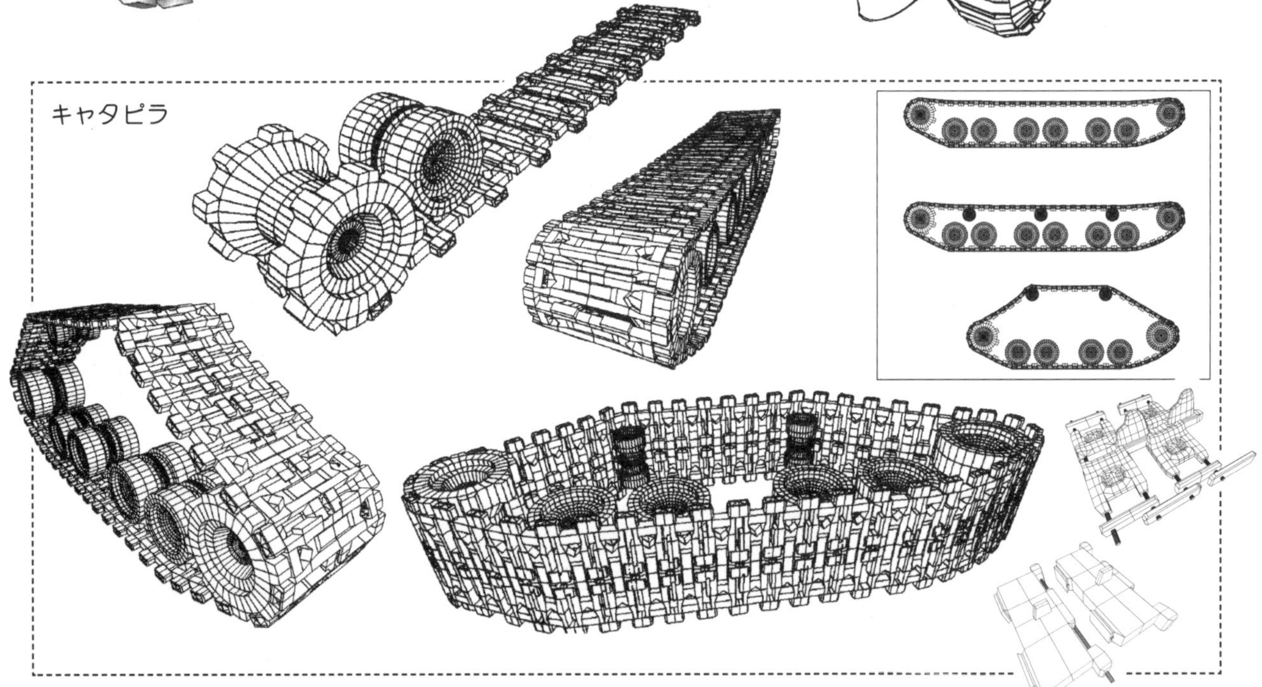

第3章
女のコ ロボ

ボディラインのデザイン化

身体特徴のデフォルメの仕方で2通りある。

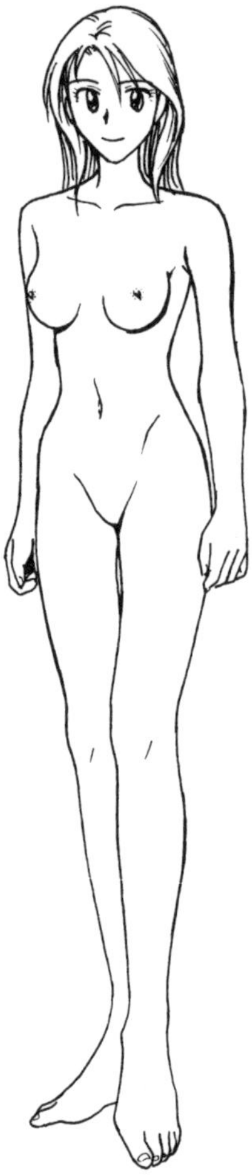

ヌードベース

【丸みをとって描く】
直線タイプ。鉄板を組み合わせて全身をおおったように描く。古典的「ロボット」の味がでる

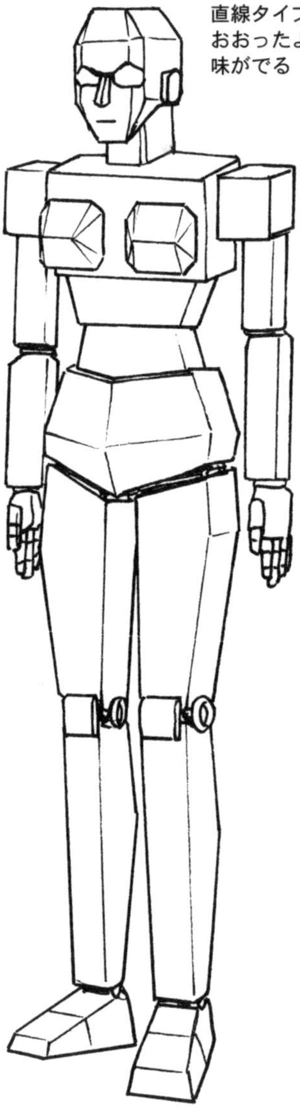

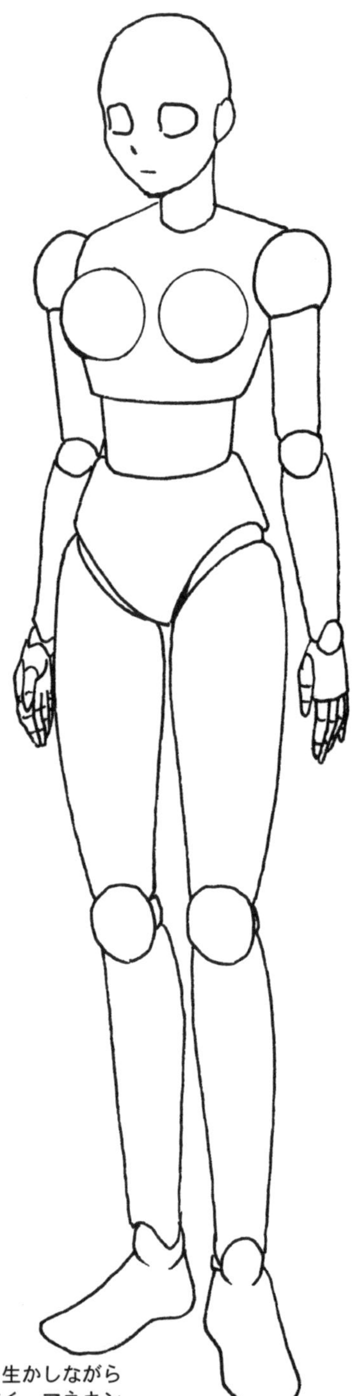

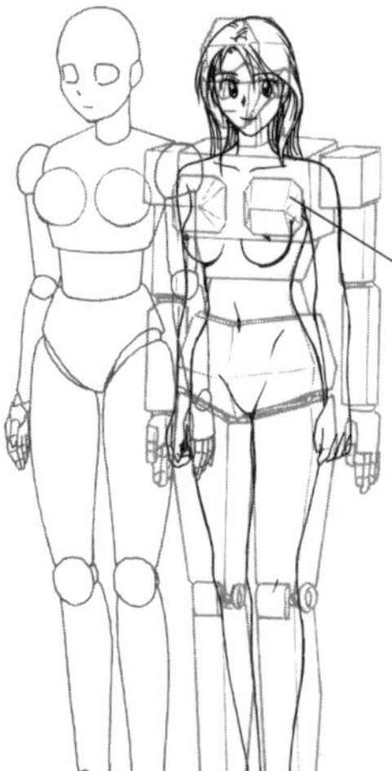

【曲線的に描く】
ボディの曲面、丸みを生かしながら曲線を主体に用いて描く。マネキンやフィギュアを参考にすると良い

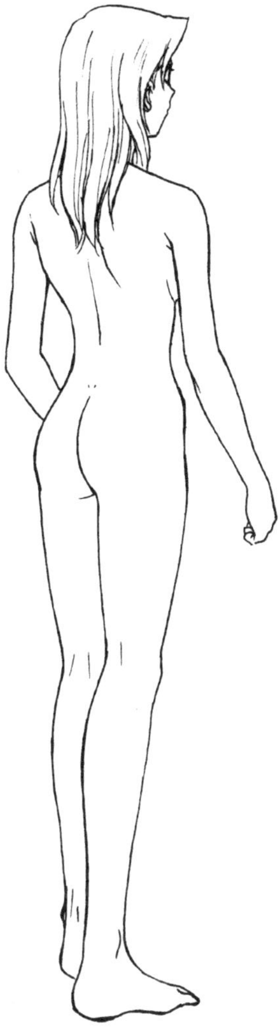

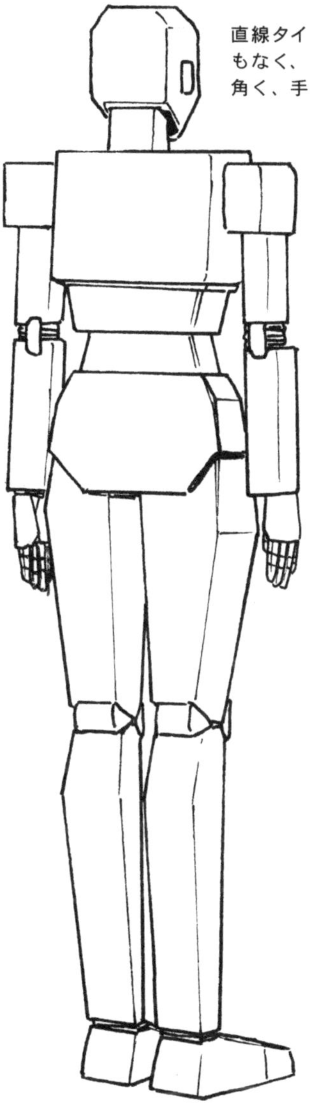

直線タイプは背中やお尻の丸みもなく、平面的にする。肩も四角く、手足も角柱っぽく描こう

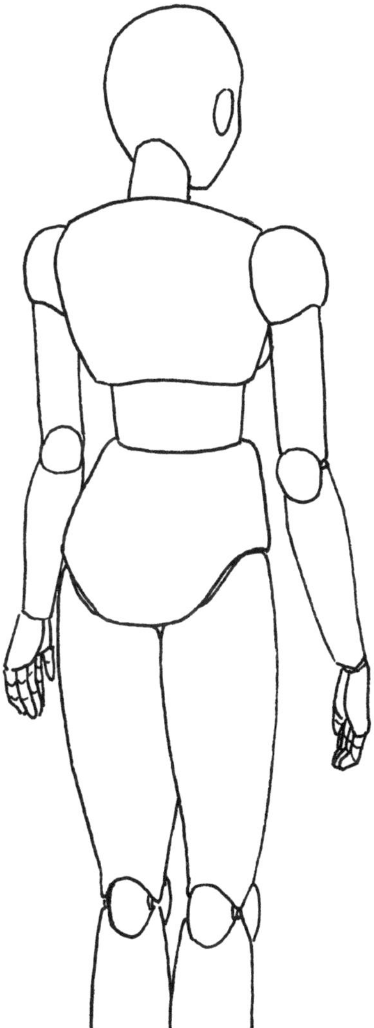

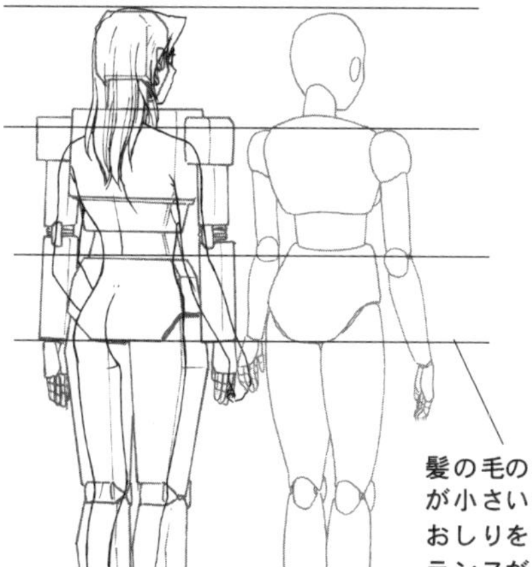

髪の毛のないロボは頭が小さい分、肩・腰・おしりを上にするとバランスがよい

曲面タイプはほとんどデッサン人形。関節・可動部も単純な球タイプにすると、ベーシックな印象を持つ

胸のデザイン化

デフォルメの仕方で大きく２通りになる。

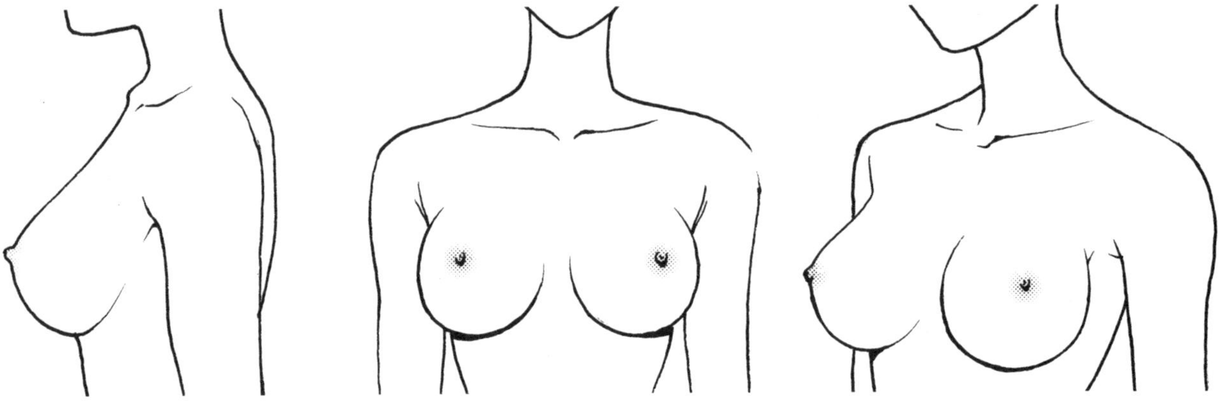

【角形ロボタイプ】

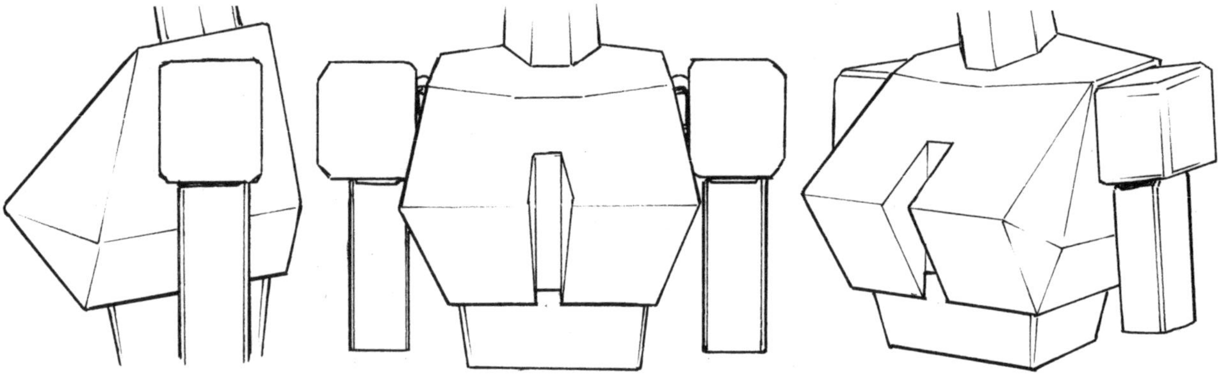

【マネキン・アンドロイドタイプ】

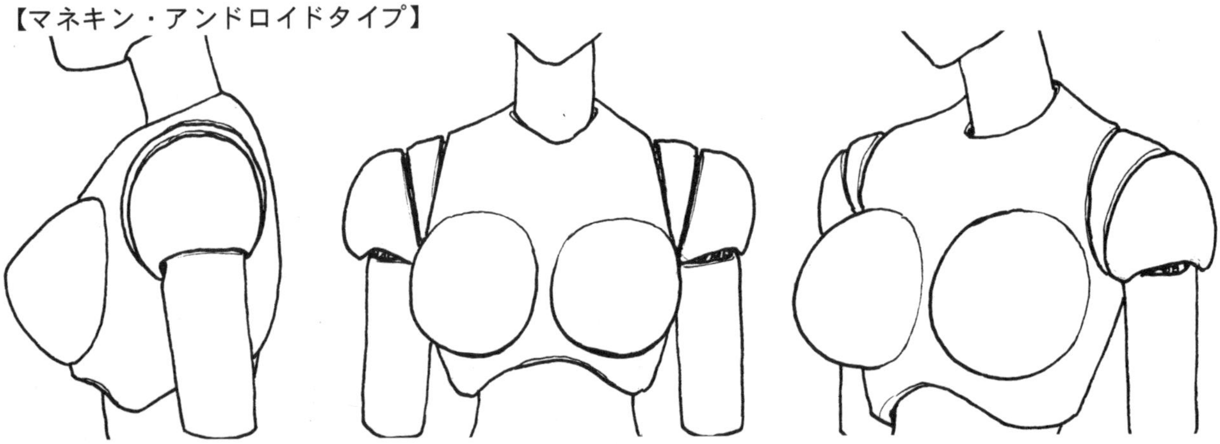

【バストアレンジバリエーション】

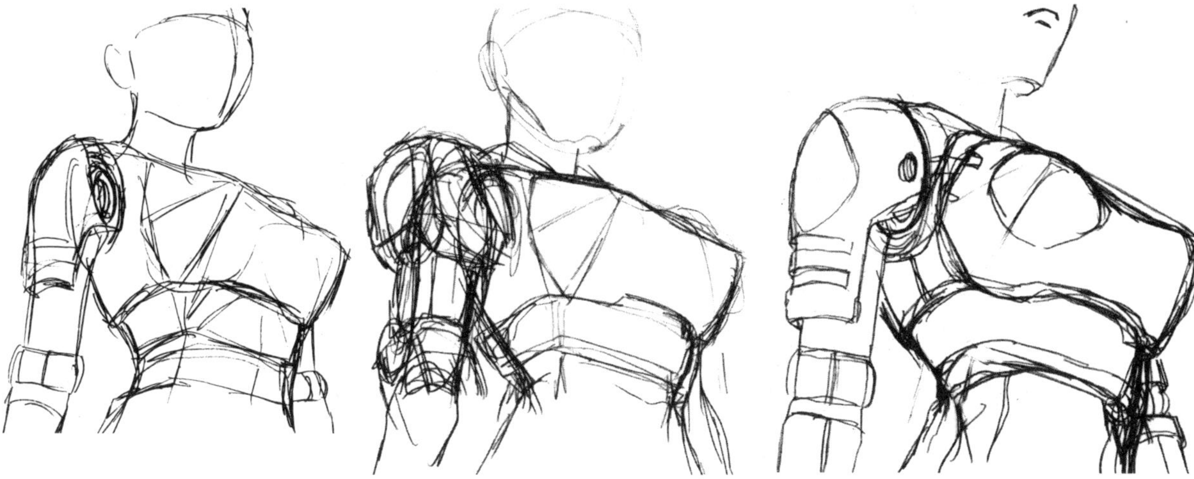

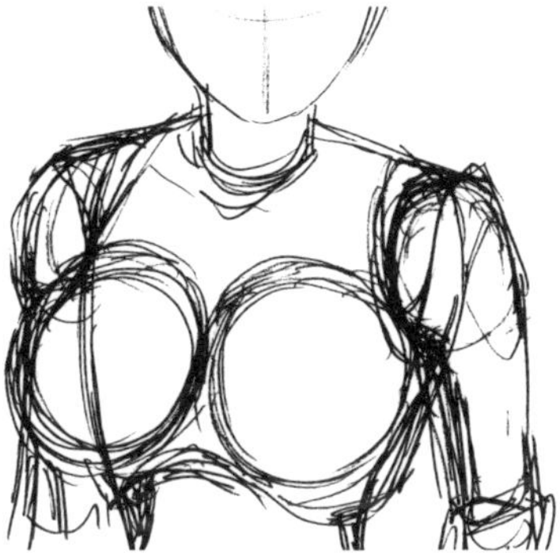

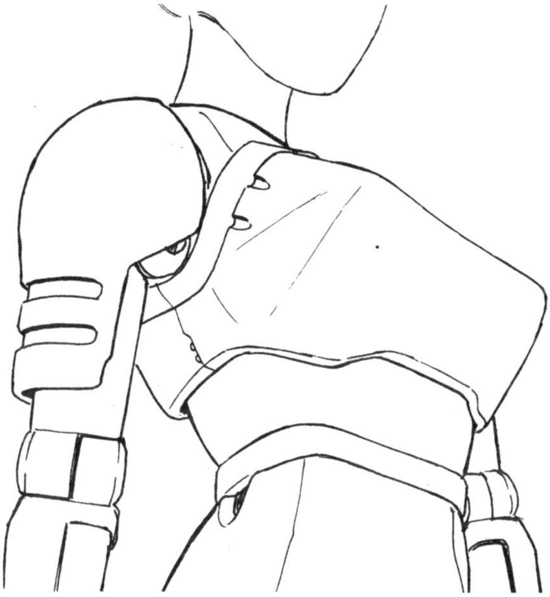

角形・装甲タイプ

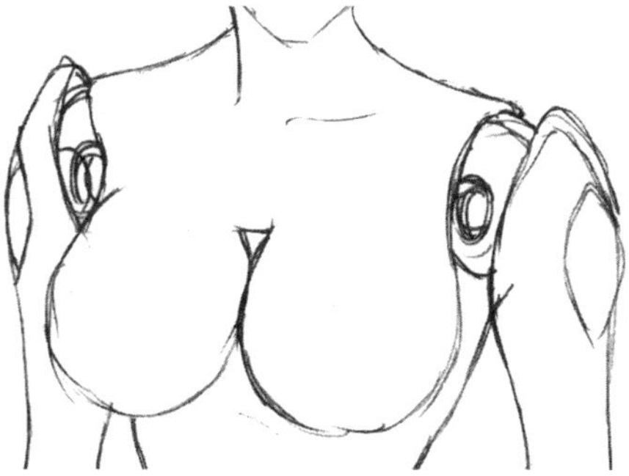

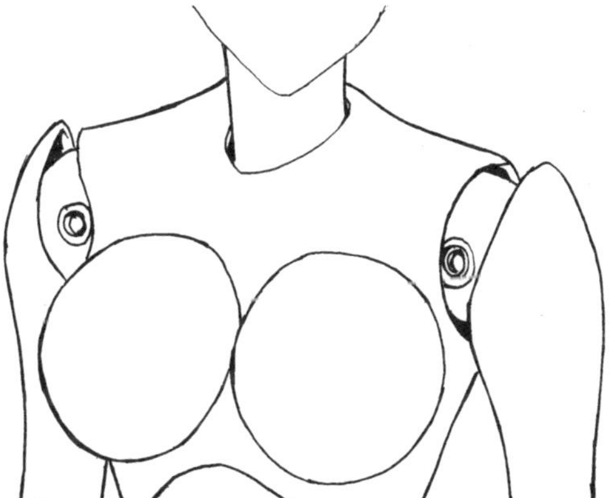

マネキン・シンプルタイプ

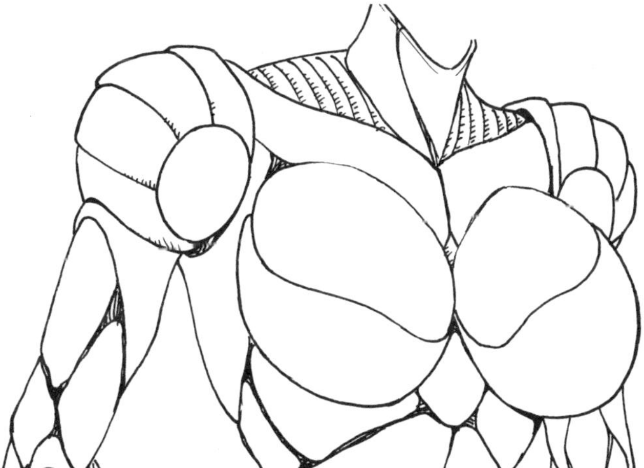

筋肉・生体金属タイプ

おしりのデザイン化

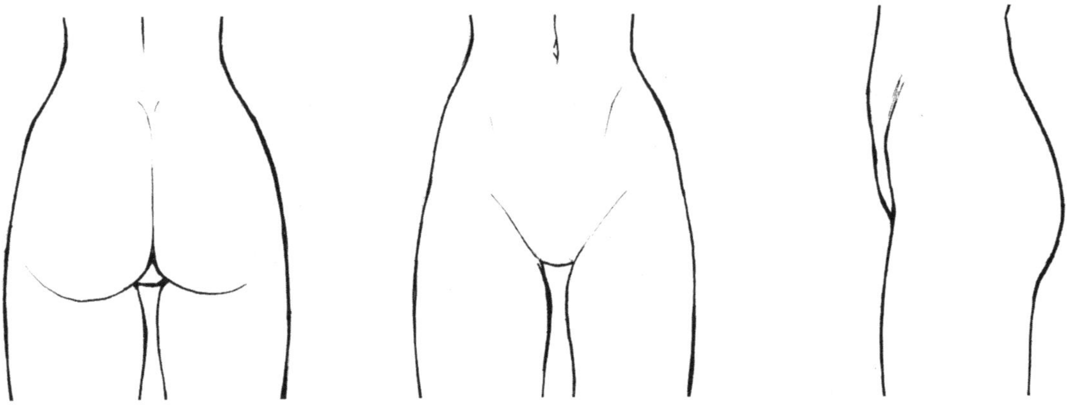

【角形ロボタイプ】

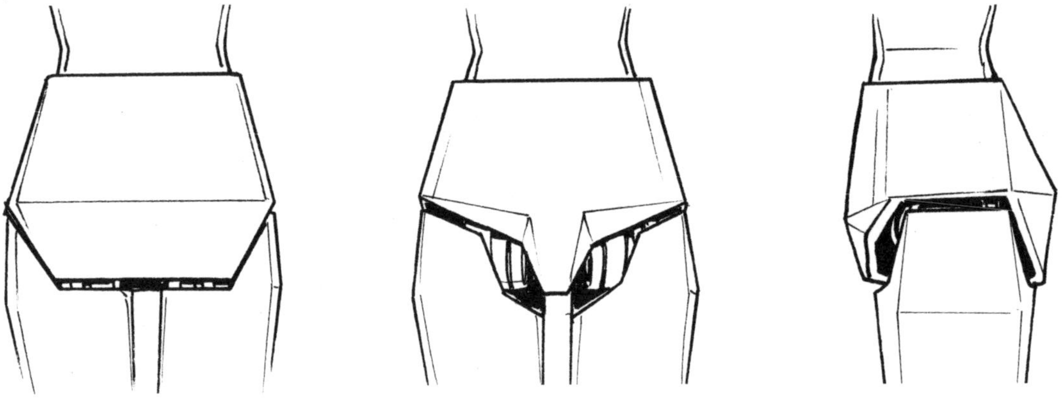

【マネキン・アンドロイドタイプ】

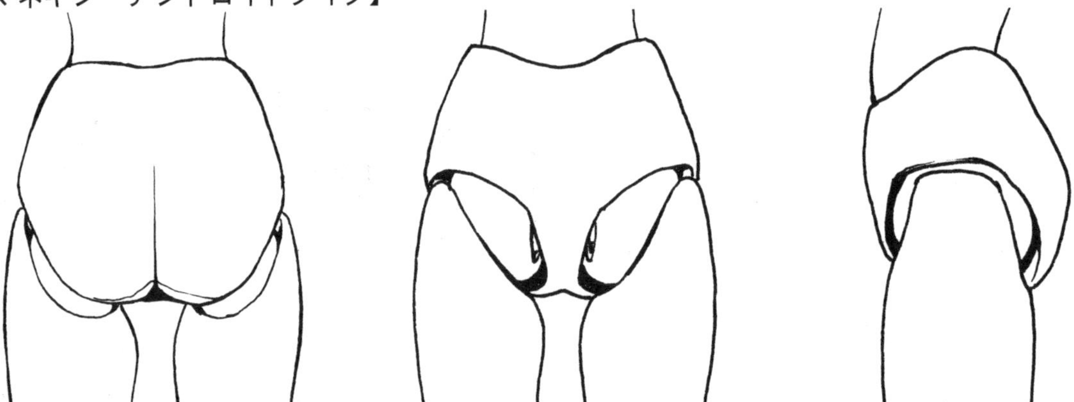

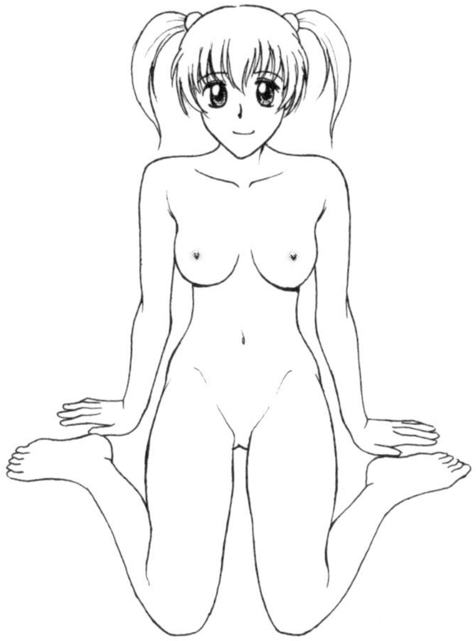
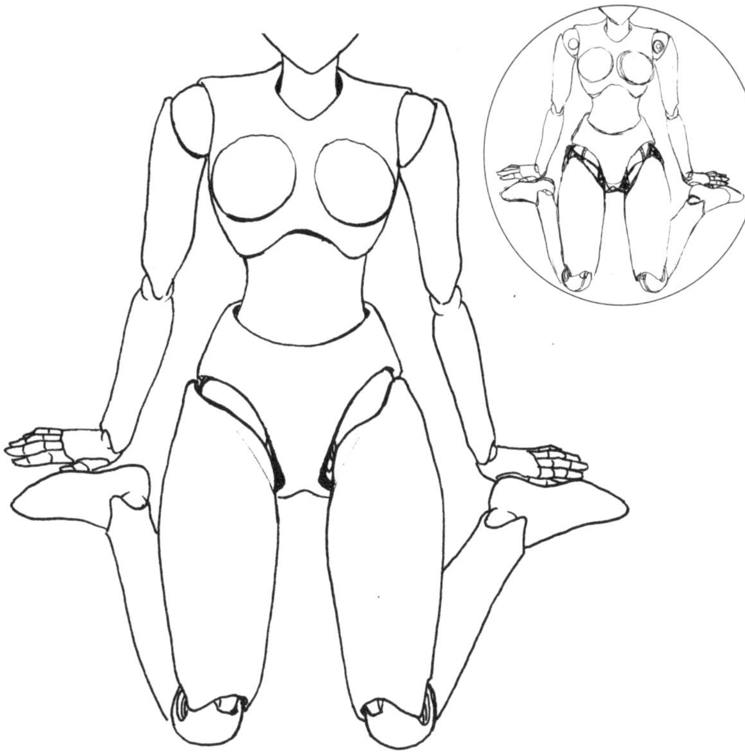
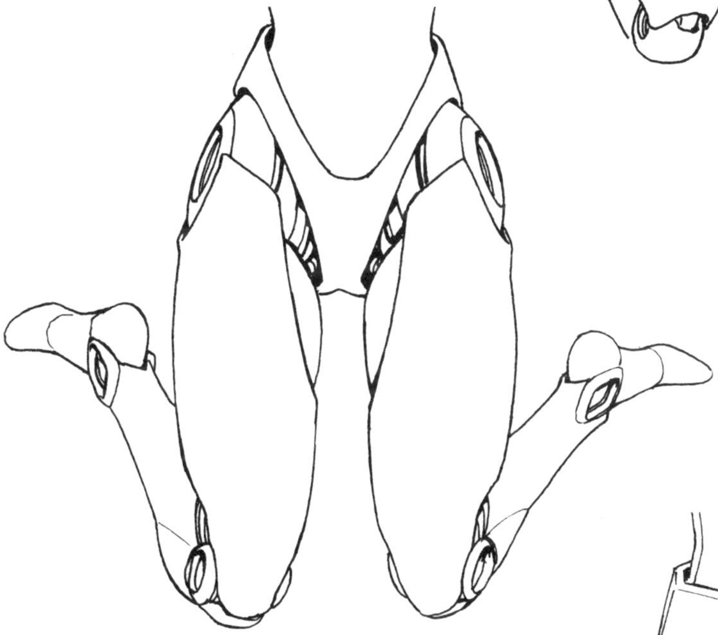
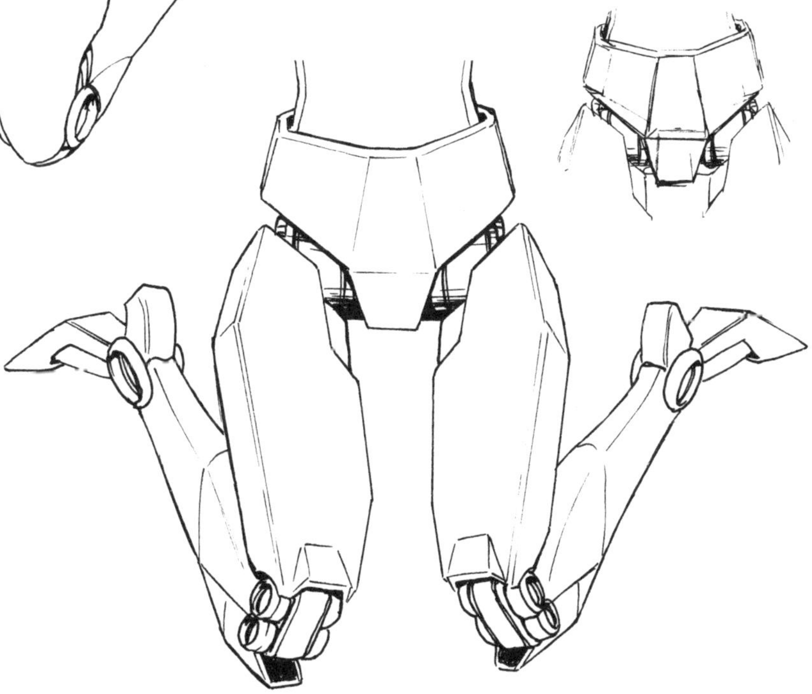

顔と髪の毛のデザイン化

ワイヤー・コードタイプ

立体成型タイプ

可動ブロックタイプ

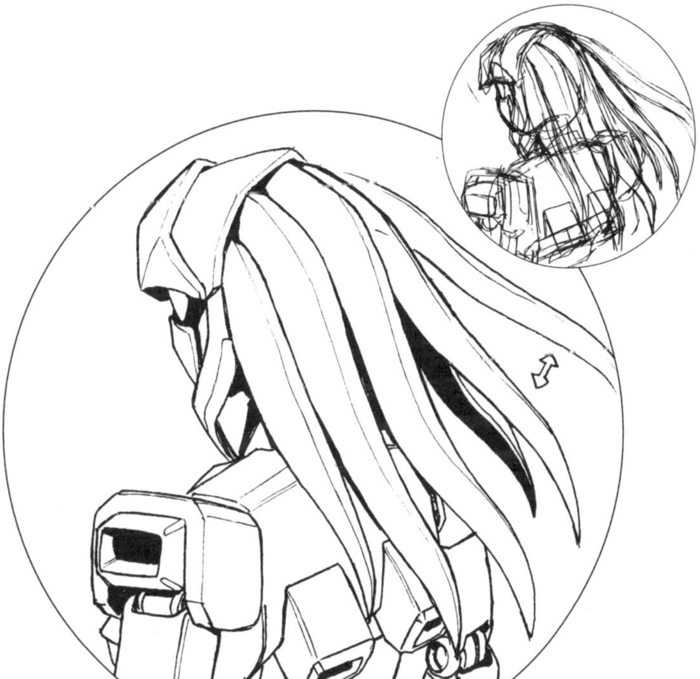

ボディパーツのデザイン化

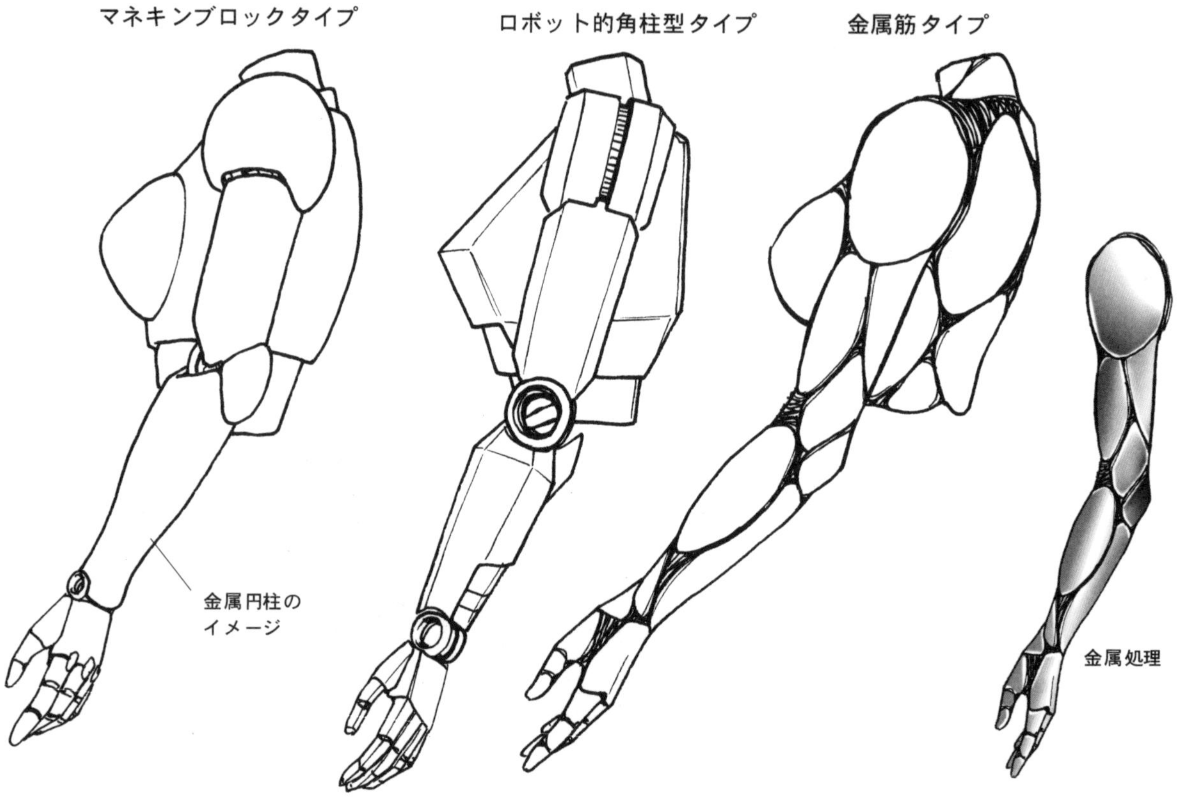

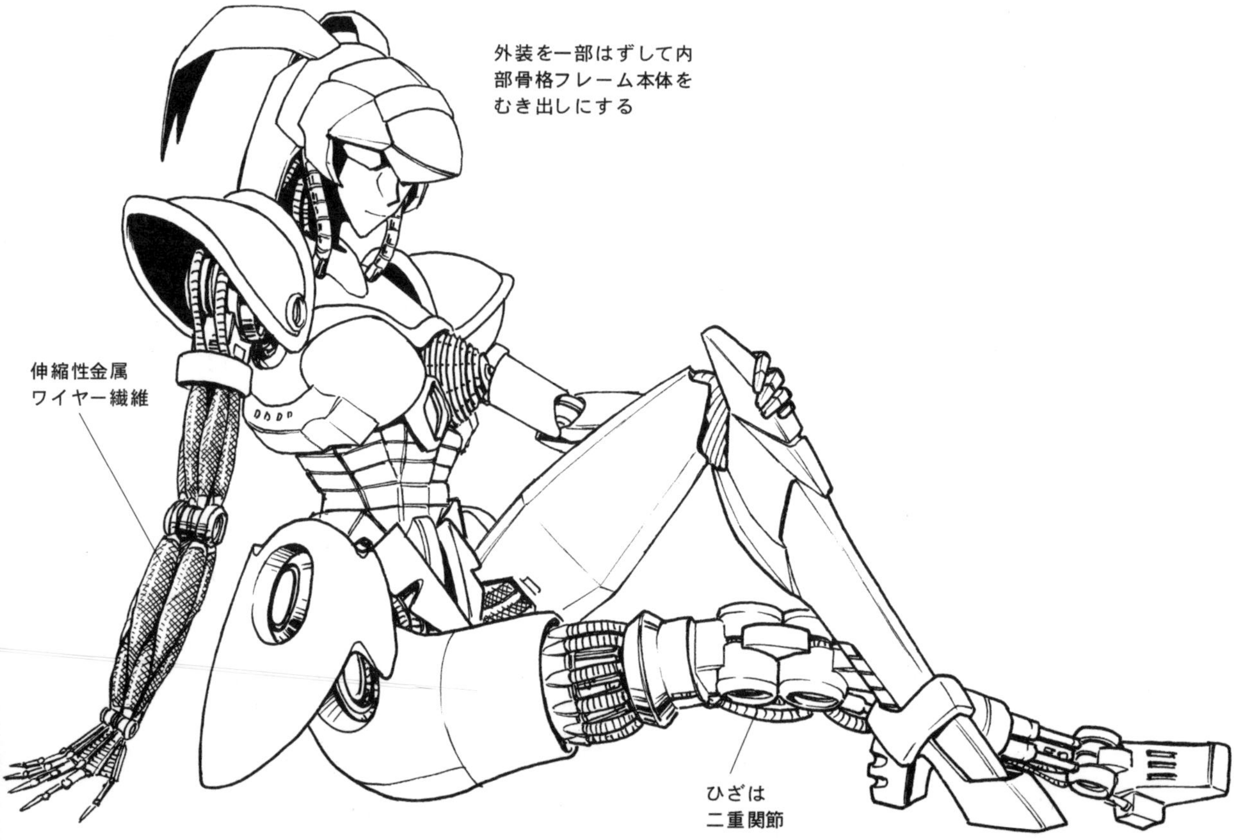

マネキンブロックタイプ
…人体に近い丸みを生かすので、やさしい感じがでる

ロボット的角柱タイプ
…金属板でおおわれた無骨なイメージがでる

ファッションをベースにしたデザイン

【下着やボディスーツラインを生かす】

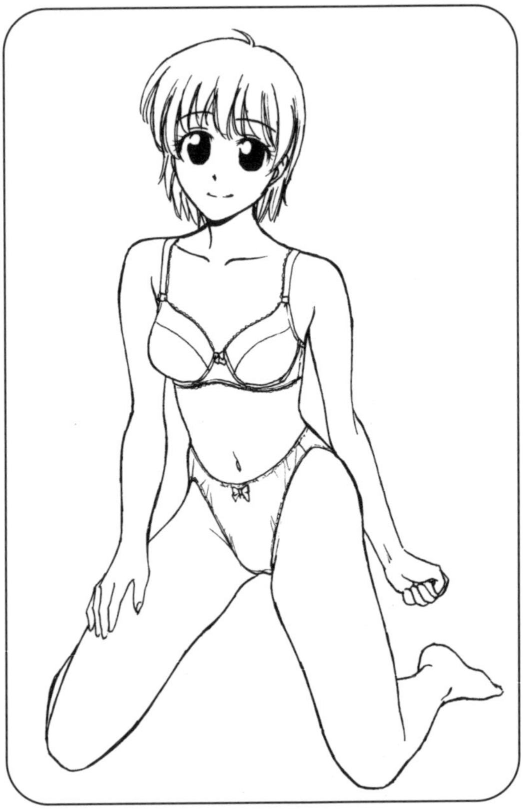

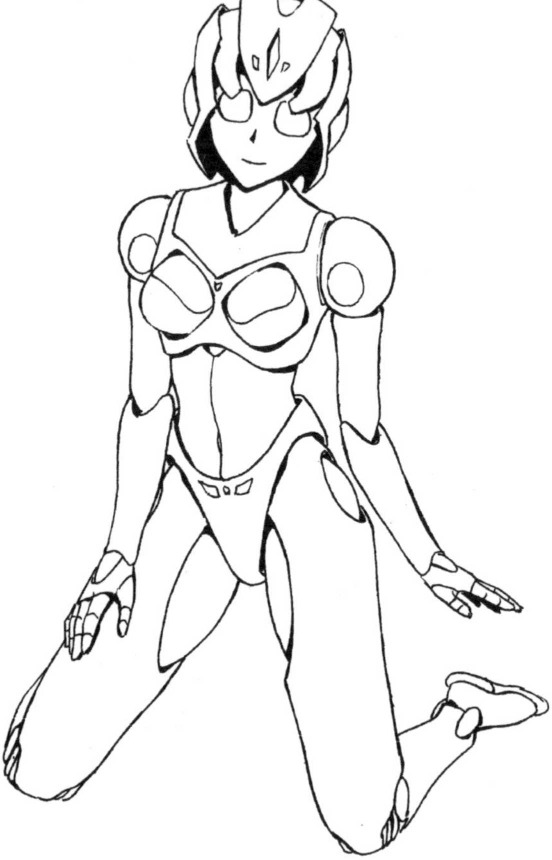

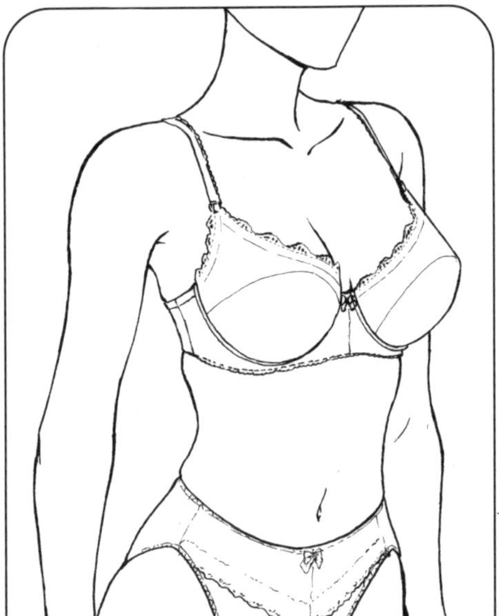

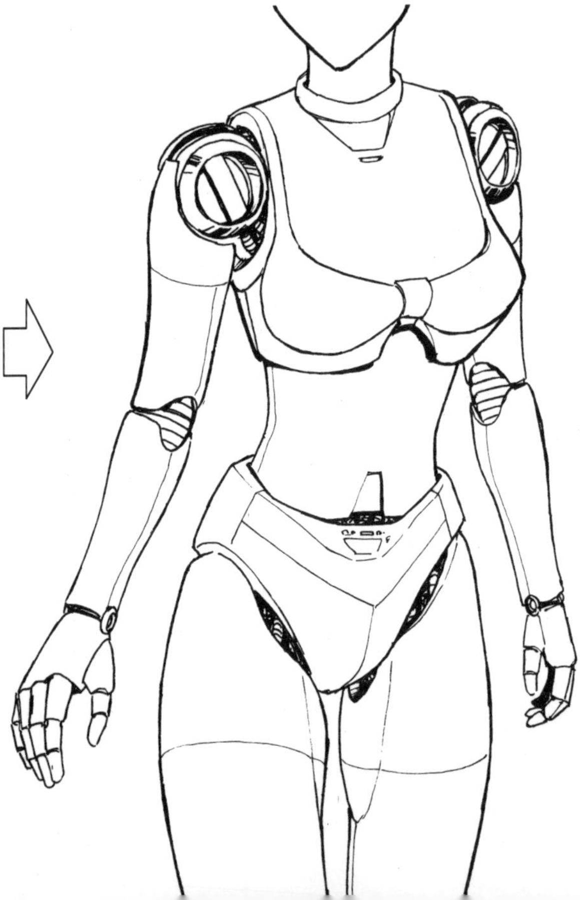

【バニーガールモチーフ】

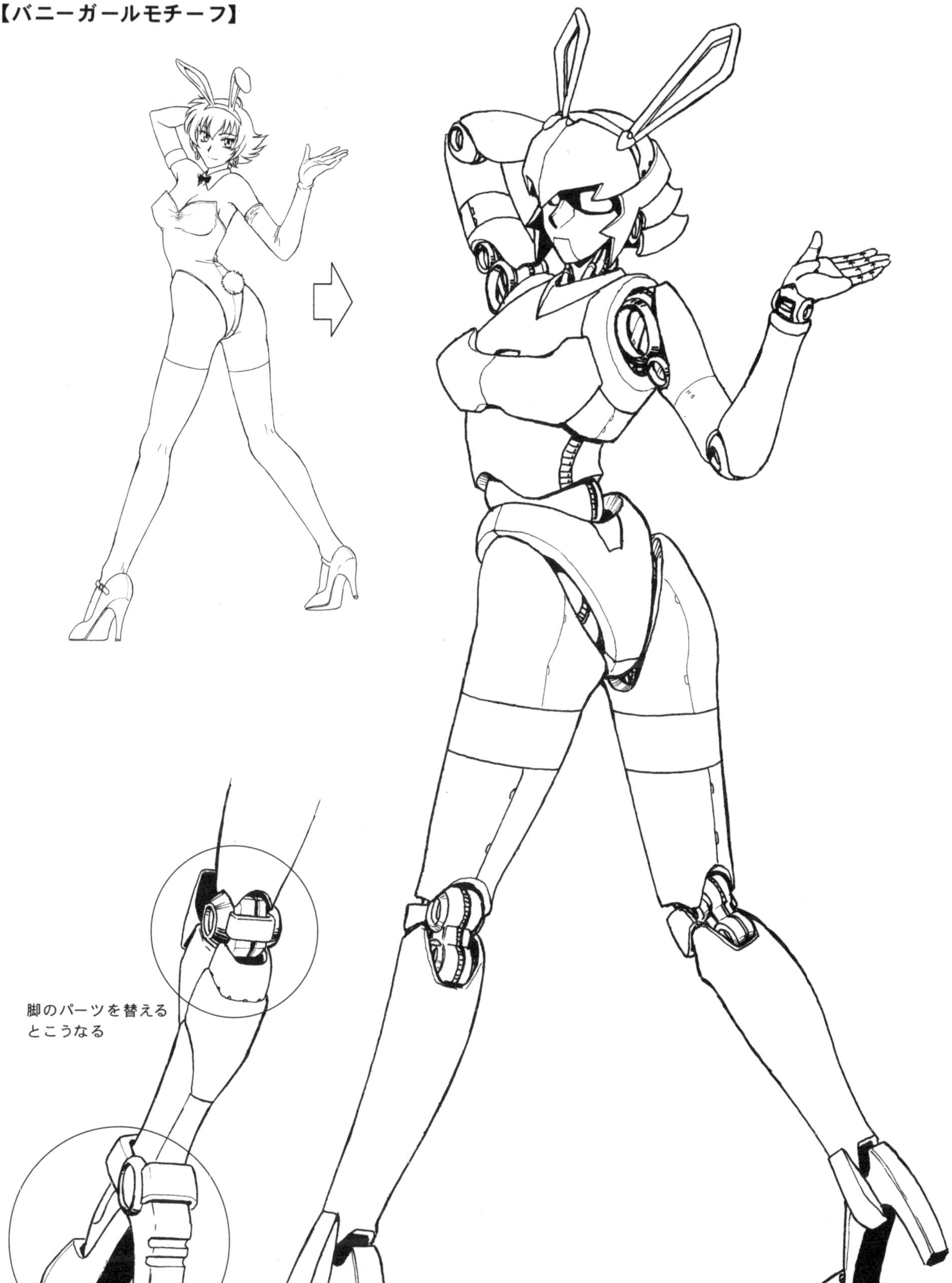

【スカートやシャツを生かす】

デザインラフの時に股間の
位置は決めておく

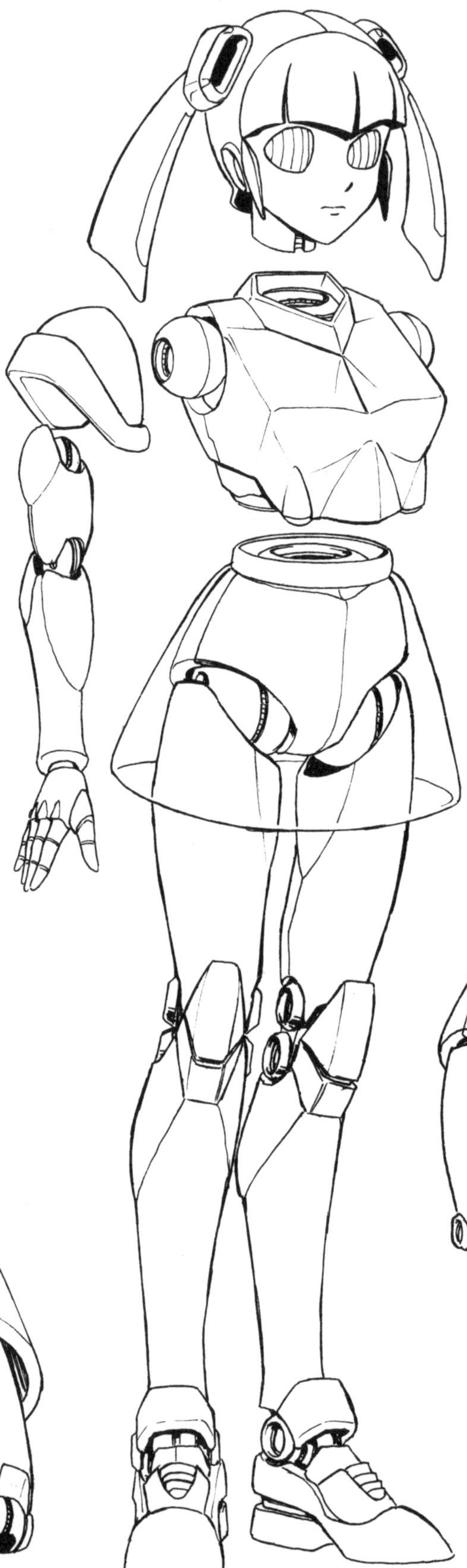

髪飾りやお下げパーツの
初期ラフデザイン

肩の関節パーツに穴。ホールポ
イントはメカらしさを出すテク
ニックだが、デザインがうるさ
くなることもある

スカートがオプション。
=取り外しできる場合

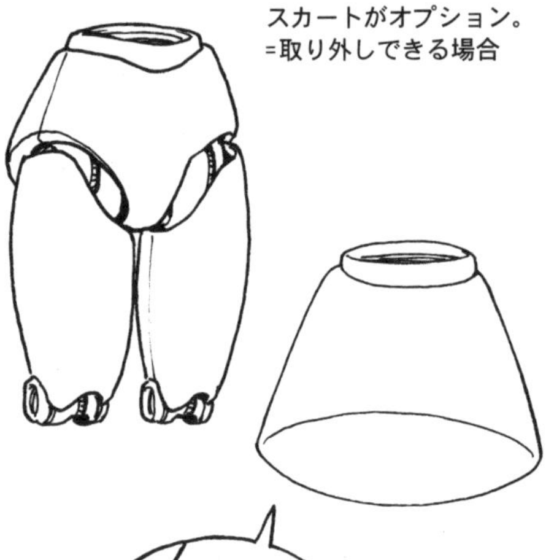

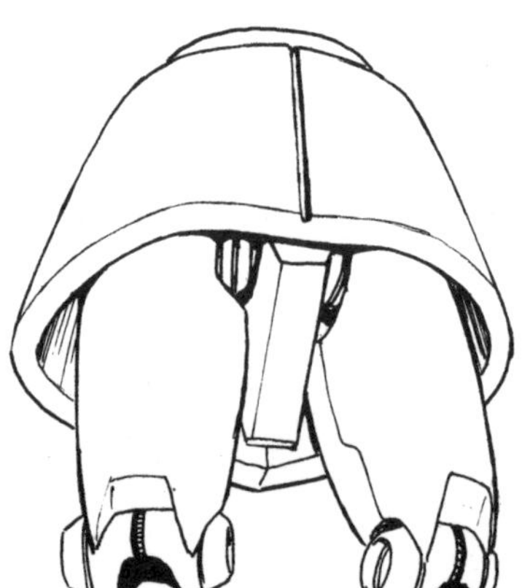

スカートと腰部が一体化
しているタイプ

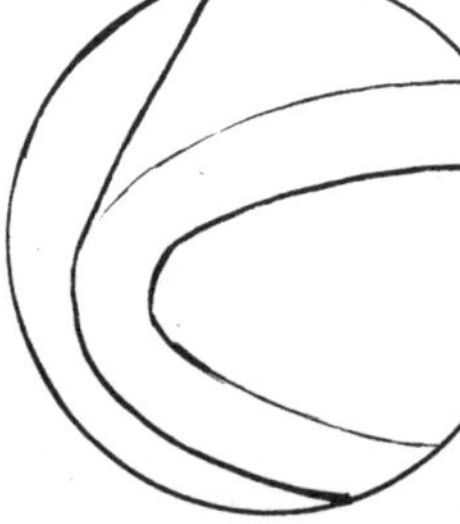

アップでは金属
の厚みがある

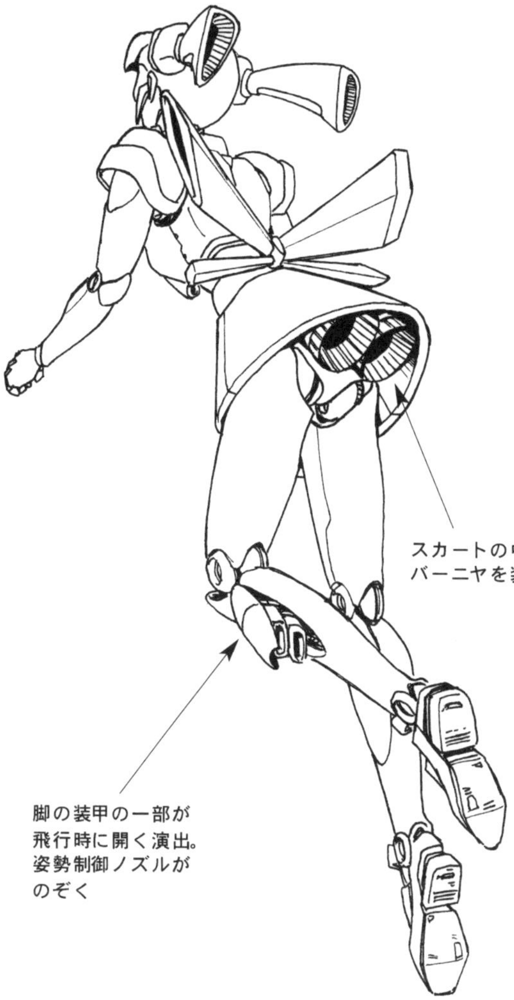

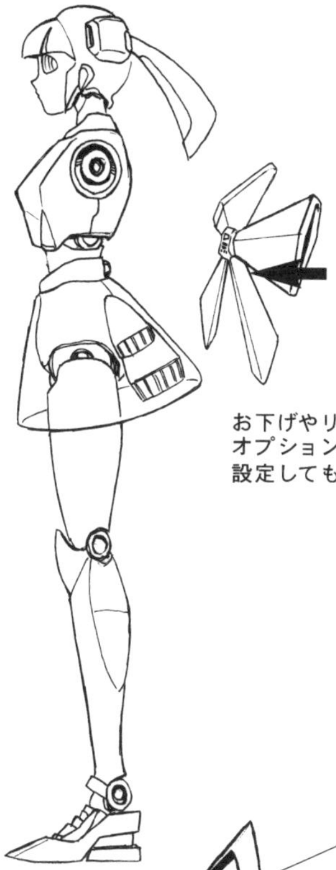

メイドファッションをベースにすると
メイドロボになる

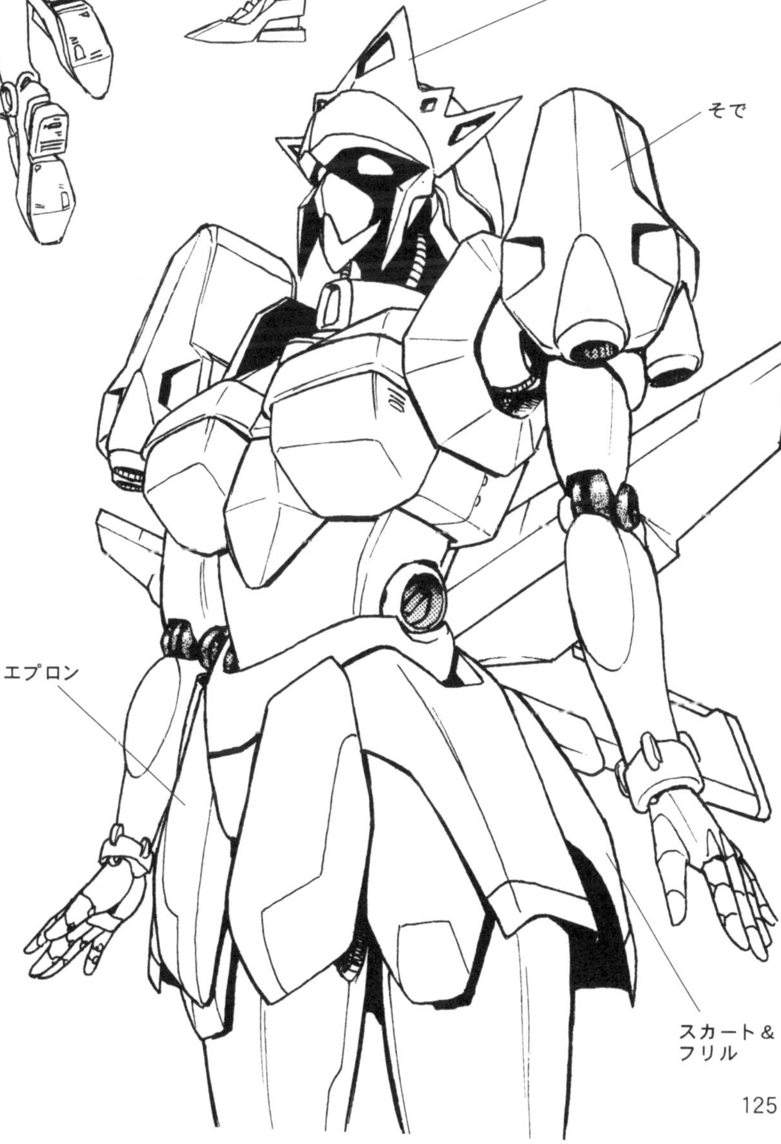

【金属表現にすると人物もロボットになる】 肌にうつりこみ（ベタのカゲ）を描き込んでグラデーションのトーンを貼るとロボットの質感を持ったものになる。

普通のイラスト

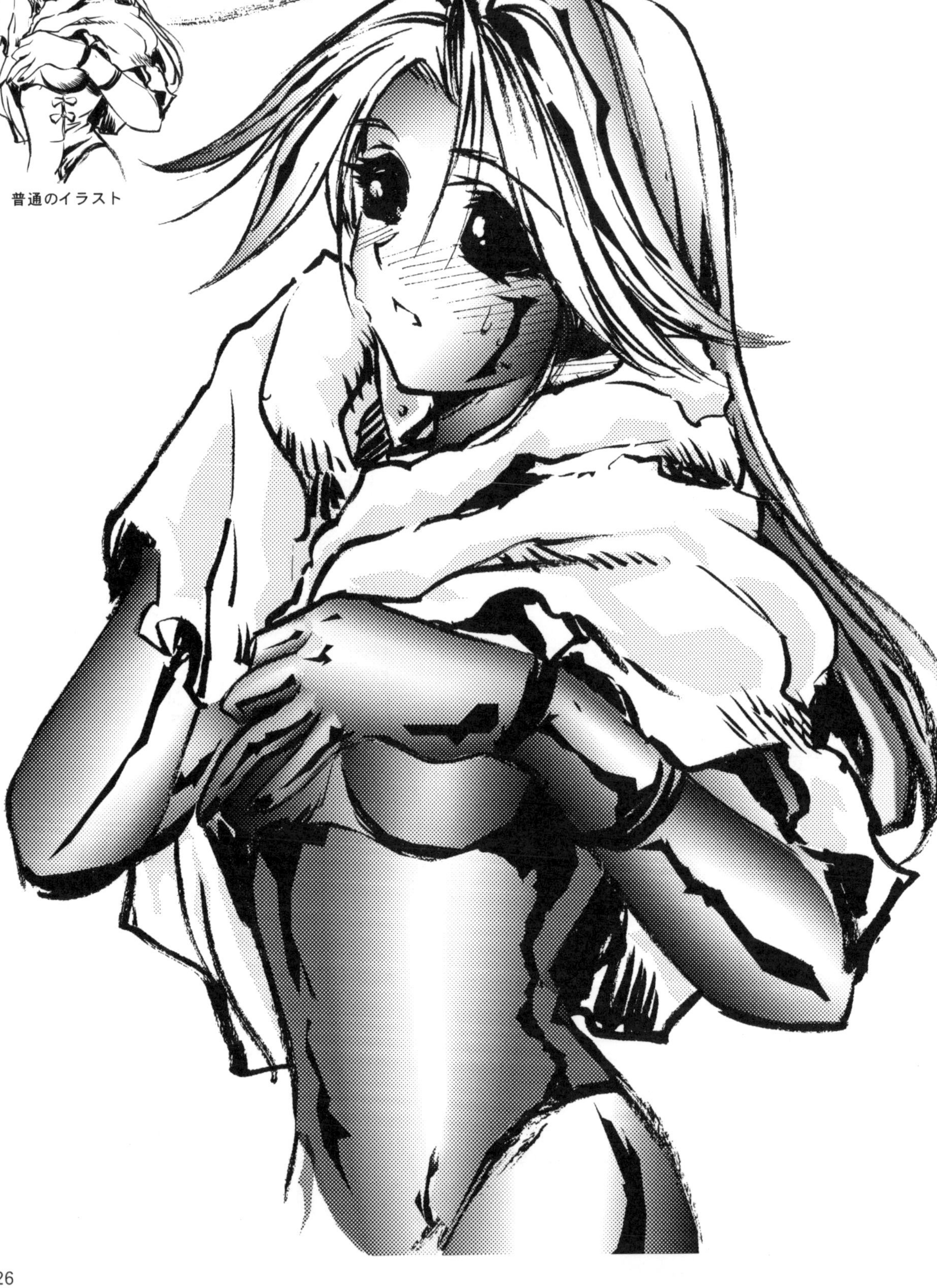

コミック用品・画材がALL20%off

*世界堂コミック用品の一例

（この他、各メーカー・画材を取り揃えております。）

	定価	通販・店頭価格	CBカード価格
エスイー　デリータースクリーン	280円	224円	212円
デザイントーンカラー	280円	224円	212円
サムトレーディング デザイントーン	350円	280円	266円
カラースクリーン	450円	360円	342円
マクソン　コミックパターンＢＩＧ	280円	224円	212円
開明　墨汁　180mℓ	400円	320円	304円
ドローイングゾルＫ　60mℓ	400円	320円	304円
パイロット製図用インク　30cc.	500円	400円	380円
証券用インク　30cc.	500円	400円	380円
原稿用紙　世界堂　135kg　Ｂ４　100枚	1500円	1200円	1140円
〃　90kg　Ｂ４　100枚	1100円	880円	836円
マクソン外枠目盛り付 135kg　Ａ４　40枚	300円	240円	228円
デリーター　〃	300円	240円	228円
サムトレーディング　〃	430円	344円	326円
ミューズ　〃	370円	296円	281円
アートカラー　〃	450円	360円	342円
プロ用原稿用紙　135kg　Ｂ４　40枚	800円	640円	608円
漫画練習用紙　90kg　Ｂ５　50枚	200円	160円	152円
ＴＨＥ漫画組セット	3000円	2400円	2280円
マンガ修正インク　20cc.	200円	160円	152円
マンガインク純墨　30cc.	400円	320円	304円
アートトレース台Ａ型（570×370）	16000円	12800円	12160円
〃　Ａ型２灯式	22000円	17600円	16720円
〃　Ｃ型（360×280）	12500円	10000円	9500円

	定価	通販・店頭価格	CBカード価格
レタートレス台Ａ３ＬＴ（406×305）	19500円	15600円	14820円
ペン軸　スタビロスワン	150円	120円	114円
ブラウゼ１６１６	300円	240円	228円
ブラウゼ１６１４	300円	240円	228円
ＳＬ２００１	500円	400円	380円
ＳＬ２０２０	550円	440円	418円
リラ　木製	180円	144円	136円
リラ　コルク	400円	320円	304円
ニッコー／ゼブラ　丸ペン軸	170円	136円	129円
丸ペン先　1グロス（144本）	10000円	8000円	7600円
Ｇペン先　〃	6000円	4800円	4560円
スクールペン先　〃	6000円	4800円	4560円
サジペン先（クロームＯＲニューム）〃	6000円	4800円	4560円
ドクターマーチン　14色セット（Ａ～Ｄ）	7000円	5600円	5320円
ブリードプルーフホワイト	750円	600円	570円
マクソン　トリムスケール	3200円	2560円	2432円
吹き出しネームプレート	1600円	1280円	1216円
コミックツインマーカー	200円	160円	152円
エアーブラシスターティングセットＭＣＳ-301	28500円	22800円	21660円
オリンボス　ピースコンビ　PCB-100Ａ	28500円	22800円	21660円
ＢＢリッチエアーブラシミニ3点セット	25850円	20680円	19646円
エスイー　マーカー　ネオピコワン	180円	144円	136円
デリーター　スケッチブックＢ５	240円	192円	182円
ヌーベル　ピグマ　グラフィック	200円	160円	152円

*世界堂各店

CBカード（入会金500円、2年間有効）を店頭でご利用いただくと更に5～20%の割り引き!!

世界堂本店
TEL 03-5379-1111
〒160-0022
新宿区新宿3-1-1 世界堂ビル
年中無休
AM 9：30～PM 8：00

新宿西口店
TEL 03-3346-1515
〒160-0023
新宿区西新宿1-11-11
年中無休
AM 9：30～PM 8：00

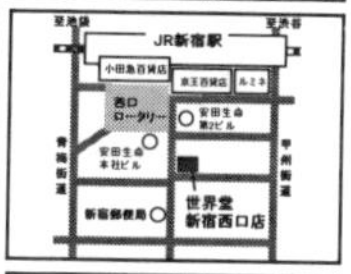

池袋パルコ店
TEL 03-3989-1515
〒171-0022
豊島区南池袋1-28-2
池袋パルコ6F
AM10：00～PM 9：00

ルミネ立川店
TEL 042-527-6555
〒190-0012
立川市曙町2
ルミネ立川6F
AM10：00～PM 9：00

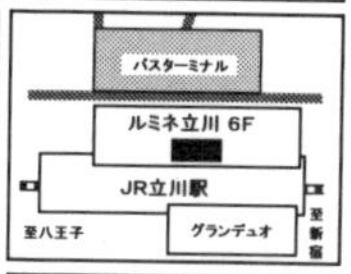

アートマン店
TEL 042-337-2583
〒206-0011
多摩市関戸1-11-1
京王アートマンA館3F
AM10：00～PM 8：00

町田店
TEL 042-710-5252
〒194-0013
町田市原町田4　C-1
年中無休
AM 9：30～PM 9：00

相模大野店
TEL 042-740-2222
〒228-0803
相模原市相模大野4-5-17
ロビーファイブ相模大野
AM10：00～PM 8：00

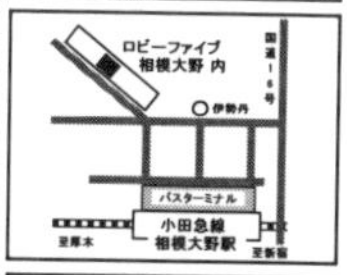

ルミネ横浜店
TEL 045-444-2266
〒220-0011
横浜市西区高島2-16-1
ルミネ横浜5F
AM10：00～PM 9：00

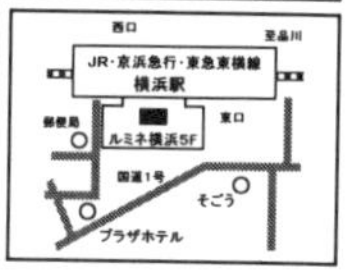

*通信販売　申込方法

ご希望の商品名・通販価格・消費税（価格×0.05）・送料735円（一律・税込）の合計金額及び氏名・〒・住所・TEL/FAX、コミック通販申込と記入のうえ現金書留にてお送り下さい。２週間以内にお届け致します。

☆会員制ではありませんのでお気軽にお申し込み下さい。

画材・トーンなどの詳しい資料 **カタログセット** を御用意しております。切手580円分を同封のうえ封書にてご注文下さい。商品ご注文時に『カタログセット希望』とご記入の方には無料で同封いたします。

お問い合わせ・ご質問は…
〒160-0022　東京都新宿区新宿3-1-1　世界堂　コミック通販係
TEL：03-5360-4009／FAX：03-5360-4010

http://www.sekaido.co.jp/

資料ご請求の方は、はがきに住所・氏名・年齢をご記入の上、資料請求券を貼って、上記のコミック通販係までお申し込みください。

資料請求券
M-G係

◆ 著者紹介 ◆
林　晃（はやし　ひかる）
1961年　東京生まれ
1986年　東京都立大学　人文科学科 哲学専攻卒業
1987年　集英社「ビジネス・ジャンプ」奨励賞、佳作受賞。古川肇氏のアシスタントに。
1989年　集英社「週刊ヤングジャンプ」井上紀良氏に師事
1992年　集英社「ベアーズクラブ」より実録もの「アジャ・コング物語」でデビュー
1997年　マンガ・デザイン制作事務所 Go office設立
1998年　『女のコの描き方』『男のコの描き方』『ふたりの描き方』『バトルの描き方』
1999年　『世界の美少女の描き方』『美少女キャラの描き方』『オカルトの描き方』『女のコの描き方２』
2000年　『動物の描き方』をグラフィック社より発行。著作プロデュース、現在に至る。

ロボットの描き方

2001年1月25日初版第1刷発行

著　　者　ゴー・オフィス／林　晃
発 行 者　菅谷誠一
印刷製本　凸版印刷株式会社
写　　植　三和写真工芸株式会社
発 行 所　株式会社グラフィック社
〒102-0073　東京都千代田区九段北1-9-12
Tel 03-3263-4318　Fax 03-3263-5297
http://www.graphicsha.co.jp/
振　　替　00130-6-114345
ISBN4-7661-1206-7　C2379

ご意見・ご感想はこちらまでお寄せ下さい
E-mail:hika5@alpha-net.ne.jp
ゴーオフィス ホームページ http://www.alpha-net.ne.jp/users/hika5/index.html